영단어 ②
이미지 기억법

단어를 분석하여 쉽게 외우는
영단어 이미지 기억법2

발행일	2023년 12월 27일		
지은이	전왕	감수	박 프란세스, Jeffrey Fuller, 최신혜
펴낸이	손형국		
펴낸곳	(주)북랩		
편집인	선일영	편집	김은수, 배진용, 김부경, 김다빈
디자인	이현수, 김민하, 임진형, 안유경	제작	박기성, 구성우, 이창영, 배상진
마케팅	김회란, 박진관		
출판등록	2004. 12. 1(제2012-000051호)		
주소	서울특별시 금천구 가산디지털 1로 168, 우림라이온스밸리 B동 B113~114호, C동 B101호		
홈페이지	www.book.co.kr		
전화번호	(02)2026-5777	팩스	(02)3159-9637

ISBN   979-11-93499-85-6 13740 (종이책)   979-11-93499-86-3 15740 (전자책)

(주)북랩 성공출판의 파트너
북랩 홈페이지와 패밀리 사이트에서 다양한 출판 솔루션을 만나 보세요!
홈페이지 book.co.kr   •   **블로그** blog.naver.com/essaybook   •   **출판문의** book@book.co.kr

작가 연락처 문의 ▸ ask.book.co.kr
작가 연락처는 개인정보이므로 북랩에서 알려드릴 수 없습니다.

단어를 분석하여 쉽게 외우는

영단어 ②
이미지 기억법

전왕 지음 | 박 프란세스, Jeffrey Fuller, 최신혜 감수

영단어 기억의 원리,
몸통을 찾고 형상화하여 의미를 부여하라!

 북랩

영단어 기억의 원리

1. 몸통 찾기

영어 단어는 몸통(어근, 語根, root / 어간, 語幹, stem - 단어의 실질적 의미를 나타내는 중심 부분으로 더 이상 분해할 수 없는 부분)에 접두사(ab, ad, bene, con, dis, ex, pre 등), 접미사(ate, ics, tion, ward 등)가 결합된 구조로 되어 있다. 보이지 않는 실체를 공략하기 위해서는 몸통을 찾아야 하듯이 영어 단어를 정복하기 위해서는 우선 몸통을 찾아야 한다. 단어의 몸통은 단어 형성 초기의 가장 원시적이고 기본적인 형태로서 대체로 그 기원은 라틴어, 그리스어에 있다. 이것을 찾으면 관련 단어를 쉽게 이해할 수 있다. 예컨대 라틴어 caput(머리)에서 나온 cap을 몸통으로 하여 escape, cape, capital 등의 단어가 만들어지는데 escape는 밖으로(es=ex) 머리(cap)를 내밀어 「탈출하다」. cape는 바다로 머리를 내민 곳, capital은 사업을 위해 가장 중요한 머리에 해당하므로 '자본'이 된다.

라틴어 tingere(물들이다, 염색하다)에서 tin, tinge라는 몸통을 찾아낼 수 있는데 tin, tinge는 '물들다', '접촉하다'의 의미를 가지게 되고 여기서 tint(색조, 염색하다), tinge(색채를 가미하다), contingent(대표단, 우발적인), contiguous(인접한, 근접한)가 만들어졌다.

trad(라틴어 tradere - 넘겨주다, 인도하다)를 몸통으로 하여 trade(거래), tradition(전통), extradite(범죄인을 인도하다)가 만들어졌다. 농사를 짓기 전 인류는 forest(숲)에서 사냥하거나 채집 생활을 하며 먹을 것을 찾았기 때문에 fo 또는 for는 먹이와 관련이 있다. food(음식), foster(먹이를 주어 양육하다), foray(먹이를 낚아채기 위해 습격하다)에는 모두 fo(for)가 몸통으로 들어가 있다. 항구(port)에 가면(ap=ad ~쪽으로) 기회(apportunity)가 있고 ramp(경사로)에는 풀이 걷잡을 수 없게 자란다(rampant 걷잡을 수 없는). 이런 식으로 영어 단어는 그 몸통을 찾으면 그 의미를 쉽게 유추할 수 있으므로 단어의 몸통을 찾는 것은 기억에 매우 유리하게 작용한다.

2. 형상화

문자가 발명되기 전 인류 역사의 대부분 동안 인간은 이미지로 기억해 왔기 때문에 인간은 이미지로 기억하도록 진화되어 왔다(수백만 년의 인류 역사에 비하면 문자를 사용한 2,000년 정도의 기간은 지극히 짧은 기간이다). 뇌과학 이론에 따르면 인간의 기억은 학습(경험) 당시의 분위기, 학습자의 감정과 섞여 일련의 스토리가 되어 맥락으로 저장되어 있고 인간은 기억할 때 이미지를 먼저 떠올리는데 진화 과정에서 쌓아온 인간의 이미지 재생능력은 매우 탁월하다. 기억할 내용의 이미지는 전체 기억의 골격이 되고 우리가 이미지를 떠올릴 수 있다면 이미 절반 이상은 기억한 것이다. 따라서 기억하고 싶은 내용을 이미지로 저장하는 것은 기억 재생에 있어서 매우 유리한 조건이 된다.

---

3. 의미 부여

"숲속을 헤매다가 기진맥진한 상태에서 맛본 잊을 수 없는 그 과일의 맛"처럼 기억하고자 하는 대상에 특별한 의미가 있다면 그것은 더 잘 기억된다. 의미를 부여하는 것은 기억의 접착제 역할을 한다. 이미지를 만드는 것이 기억이라는 건물의 골격을 만드는 것이라면 의미를 부여하는 것은 건물 벽에 접착제로 외장재를 붙이는 것이 되어 기억의 완성도가 더 높아지게 된다. 암기한 단어는 의미를 부여하고 이해해야 그것을 완전히 안다고 말 할 수 있다.

4. 이 책의 특징

- 단어의 어원에서 단어의 실질적 의미를 나타내는 몸통(어근, 어간)을 찾아서 기억하기 쉽도록 이미지로 형상화하였다.
- 영단어의 몸통에 해당하는 부분을 이미지로 형상화한 후 몸통에서 파생되는 여러 단어를 찾아 관련성 있는 어휘를 모두 익힐 수 있도록 하였다.
- 수록된 단어에 의미를 부여하여 이해를 통해 기억의 완성도를 높이고 그것을 다른 학문 분야와 연결하여 다방면의 지식과 통합함으로써 세상사 전반에 대한 사고력, 통찰력을 기를 수 있도록 하였다.

- p.s: 이 책의 영어문장을 감수해 주신 박 프란세스 선생님과 미국인 Jeffrey Fuller 선생님 그리고 최신혜 선생님께 감사드립니다. 이 책의 1권, 2권에 수록하지 못한 단어는 시간이 허락하는 대로 후속편을 통하여 순차적으로 소개하고자 합니다.

2023. 12월

저자 전왕

이 책의 공부 방법

1.

왼쪽 페이지의 그림과 단어를 보고 그 의미를 짐작해 본 후 자신이
생각했던 의미와 일치하는지 확인해 본다.

2.

왼쪽 페이지의 그림과 박스 부분에서 어원을 파악하고 단어의 기본적 형
태가 어떻게 변형되어 파생어를 낳게 되는지 살펴본다.

3.

오른쪽 페이지의 박스 부분에서 단어의 상세한 의미를 이해하고
박스 아래쪽의 예문, 구문으로 단어의 구체적 활용법을 익힌다.

4.

단어를 생각할 때 그 이미지를 떠 올려서 쉽게 기억할 수 있도록
그림을 머릿속에 입력시킨다.

5.

최상의 방책은 반복이라는 점을 명심하고 이미지와 내용이
상승작용을 일으킬 수 있도록 반복적으로 보고 읽는다.

Contents

74. aversion, stiff, stiffen
75. esteem, estimate, unrequited, requital
76. inert, inertia, surmount, surmountable
77. indiginity, sneeze, sneer, sloth
78. insult, segregate, hang around
79. flee, fleet, fleece, sym이 들어 있는 단어
80. will, willingness, desperate, despair
81. metamorphic, metamorphose, intercourse, tumble
82. fault, failure, false, default, cram
83. fuzzy, brainstorm, ignite
84. fast, fastidious, bough, branch. twig, sprig
85. indifference, differ
86. scent, sentient, sentiment, general
87. underdog, resemble, similar
88. scribe가 들어 있는 단어
89. omni가 들어 있는 단어, lude가 들어 있는 단어
90. egoism, egocentric, selfish, altruism
91. signify, significant, examine, examination
92. contradict, master, mastermind
93. depress, conspicuous, lament
94. locate, local, echolocate, localize
95. assume, presume, makeshift, tinker
96. apathy, apatheia, confer, conference
97. crude, cruel, affinity
98. individual, majority, minority
99. bland, blandish. privilege, underprivileged
100. tolerance, tolerate, conspire
101. stun, astonish, astound, opportunity, choke
102. comply, complete, compliment, praise, dichotomy
103. context, texture, exploit, explicate
104. rite, ritual, ceremony
105. communism. commune, common, dumbfound
106. procrastinate, instigate, stimulus, stimulate
107. identify, identity, unidentified, modest
108. altar, character, uncharacteristic
109. deliberate, algorithm, arithmetic
110. pursue, pursuit, prosecute, intuit, intuition
111. adapt , aptitude, serene, serenity
112. deceive, deceit, deception, solidarity, unity, union
113. impetus, procede, precedence, unprecedented
114. defer, postpone, sophist, sophisticate
115. tort, torture, tortuous, skeptical
116. novate, innovate, excel, excellent, celebrate, celebrity
117. defile, foul, agony, anguish
118. convex, concave, stage, static
119. conduce, conduct, convection, radiate
120. apparent, appear, transparent, repel, repellent
121. enormous, normal, anomaly, complicate
122. racy, race, discipline, disciple
123. reign, rein, reinforce, thrift, thrive
124. condemn, damn. extinguish
125. initial, initiate, initiative, assert
126. illusion, disillusion, excavate, cave in
127. lavish, variation, variety, variant, variable
128. weird, weirdo, slash
129. muscle, mussel, masculine, vest, vested
130. marital, extramarital, marriageable, applaud, plausible
131. mystery, mystical, preserve, preservatives
132. compel, compulsive, compulsory, regal, crook
133. classify, declassify, victim, victimize
134. osmosis, dwindle, verdict
135. delic, deli가 포함된 단어, sect가 포함된 단어
136. nounc, nunc가 들어 있는 단어
137. mini, minu가 포함된 단어, limp
138. backward, backdown, backpedal, canvass
139. project, inject, reject
140. penetrate, pierce, animate
141. consume, consumable, consumption, tremble
142. incorporate, corpse, peep, peek
143. cohere, coherent, incoherence, impress
144. mature, immature, premature, snatch, snack, snap
145. flect가 포함된 단어, complacent
146. inveterate, veteran, wedlock, caution, precaution
147. encounter, counterattack, counterfeit, layman, lewd
148. slack ,slackness, vision, envision
149. dense, densify, condense, valid, invalid
150. heredity, heritage, inherit, disherit, edible

anachronism, chronic, backlash, backfire

chronos

프란시스코 고야
〈아이를 잡아먹는 사투르누스〉

*chronos
시간
*chronic
만성적인

chronic headache

로마제국 735　예수 탄생　서로마제국멸망 476　동로마제국멸망 1453

BC ← 0 ——————→ AD

chronicle

ana
anachronic

時代錯誤
anachronism

backlash

backfire

*backlash
반발, 반동
*backfire
역효과를 낳다

anachronism 시대착오, 시대에 뒤떨어진 것
* **chronos** 시간, 제우스의 아버지
크로노스는 물리적 시간으로 시계로 재는 시간이다. 크로노스는 왕위를 빼앗기지 않기 위해 아들 제우스를
잡아먹지만 크로노스는 결국 제우스에게 쫓겨나게 된다. 이 이야기는 시간의 흐름은 거역할 수 없고, 구세대는
새로운 세대로 교체될 수밖에 없다는 것을 나타낸다.
* **chronic** 만성적인, 만성질환을 앓고 있는 (= chronical)
* **chronicle** 연대기, 연대기 순으로 기록하다
* **ana(back** 뒤로) + **chronic**(시간의) → * **anachronic** 시대착오적인 * **anachronism** 시대착오

예문

He is suffering from chronic bronchitis. 그는 만성 기관지염을 앓고 있다.

The younger generation considers the older generation an anachronism.
젊은 세대는 구세대를 시대착오적이라고 여긴다.

구문

• **chronic shortage of housing** 만성적 주택 부족
• **chronic disease** 지병
• **chronic pain** 만성 통증
• **the chronicle of war** 전쟁의 연대기

• **chronicle world events**
  세계의 사건들을 연대기 순으로 기록하다
• **a chronology of his life** 그의 생애 연대표

backlash 반발, 반동(반격)
* **back**(뒤로) + **lash** (채찍 끈, 후려치다, 휘갈기다) → **backlash** 채찍(**whip**)을 휘두를 때 채찍 끈(**lash**)이 앞으로
나갔다가 되돌아오는 것 같은 갑작스럽고 강력한 반발(반동)을 뜻한다.
* **backfire** 역효과(부메랑 효과)를 낳다

예문

Men voters staged a backlash against feminism. 남성 유권자들은 페미니즘에 대한 강한 반발을 보였다.

Heavy taxation on homeowners has caused a strong backlash.
주택 소유자에 대한 중과세가 강한 반발을 초래하였다.

Wouldn't it backfire? 그럼 더 시끄럽지 않을까요?

Political propaganda would backfire against the ruling party.
정치 선전은 집권당에 역효과를 초래할 것이다.

구문

• **provoke a severe backlash** 심한 반발을 촉발시키다
• **face an angry backlash** 심한 반발에 직면하다
• **backlash effects** 역효과

• **a backlash from laborers** 노동자들의 반발
• **may backfire** 역효과를 가져올 수도 있다

2

bright, brilliant, turnip

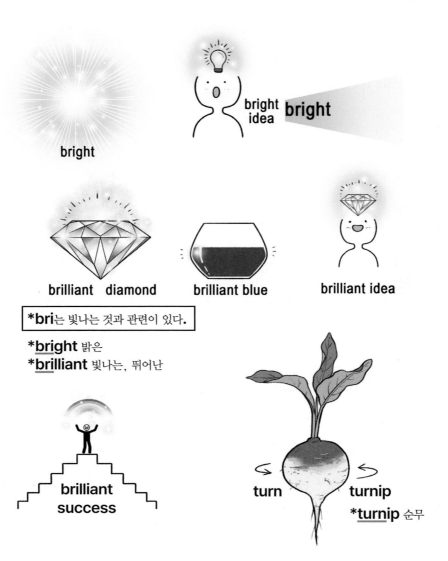

bright

bright idea **bright**

brilliant   diamond   brilliant blue   brilliant idea

*bri는 빛나는 것과 관련이 있다.

*bright 밝은
*brilliant 빛나는, 뛰어난

brilliant
success

turn   turnip
*turnip 순무

bright 밝은, 선명한, 반짝이는
* **bri**는 빛나는 것과 관련이 있다.
* 이태리어 **brillare** 빛나다.
* 프랑스어 **briller** 빛나다, 뛰어나다.
→ **bright** 밝은 * **brighten** 밝아지다, 밝히다 * **brightness** 밝음, 광휘
* **brilliant** 빛나는, 탁월한, 뛰어난, 총명한

(예문)

We will miss your bright eyes and sweet smile.
우리는 당신의 반짝이는 눈과 상큼한 미소를 그리워할 겁니다.

Tone up cream will brighten up your face. 톤 업 크림을 사용하면 얼굴이 환해져요.

His presence will brighten up the party. 그가 참석하면 파티 분위기가 밝아질 거야.

They say you are taking the sunshine that has brightened cur path.
사람들은 당신이 우리의 앞길을 비춰 주는 햇빛을 가져간다고 말한다.

We have lots of brilliant ideas. 우리는 뛰어난 아이디어를 많이 가지고 있다.

(구문)

• a bright star 밝게 빛나는 별
• bright spotlights 환한 스포트라이트
• a bright smile 환한 미소
• the bright colors 밝은 색깔
• brighten the screen 화면을 밝게 하다
• brighten your hair 머리를 윤기 있게 하다
• brighten the dark 어둠을 밝히다

• brighten the future 미래를 밝게 하다
• the brightness of light 빛의 밝기
• adjust brightness 밝기를 조절하다
• a brilliaht success 눈부신 성공
• a brilliant public speaker 뛰어난 대중 연설가
• a brilliant performance 뛰어난 연기
• a brilliant feat 눈부신 위업, 뛰어난 솜씨

turnip 순무
* **turn**(돌리다) → **turnip** 순무(순무는 둥글다)

(예문)

Get blood from a turnip. 순무에서 피를 뽑다 (벼룩의 간을 내먹다).

The nobles are like turnips. 귀족은 순무와 같다(혈통밖에 자랑할 것이 없다).

(구문)

• turnip harvest 순무 수확

• pull out a turnip 순무를 뽑다

*라틴어 **cedere** 양도(양보)하다 → **cede**는 양도(양보)와 관련이 있다

***concede** 양보(양도)하다

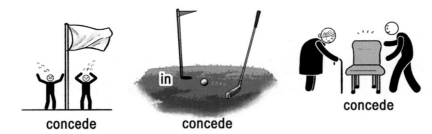

concede
    concede
    concede

mutual concession

결과를 겸허히 수용...

concession speech

***indi**(안에) + **gene**(유전자) + **ous**

→ **indigenous** 토착의, 토종의

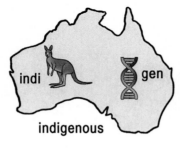

indigenous

indigenous
people

hoa
친구

Aroha
사랑해

indigenous
language

concede ① 양도(양보)하다 ② (패배를) 인정하다, 수긍하다
* 라틴어 **cedere**(양도하다, 양보하다) → 영어 **cede**
* **con** (완전히) + **cede**(양도하다) → **concede** 양보(양도)하다
* **concession** ① 양보, 양해 ② 인정, 승복

예문

The ruling party was obliged to concede power to the opposite party.
여당은 어쩔 수 없이 야당에 권력을 양도하였다.

The company made a substantial concession to labor union to avoid the strike.
파업을 피하기 위해 회사는 노조에 상당한 양보를 했다.

I will not make any concession. 나는 어떤 양보도 하지 않겠다.

They interpreted my silence as concession.
그들은 나의 침묵을 양해로 해석했다.

구문

- **concede defeat** 패배를 인정하다
- **concede readily** 기꺼이(선뜻) 양보하다
- **concede the logic of his theory**
  그의 이론의 논리를 인정하다
- **concede a point to each other**
  서로 한 발씩 양보하다
- **I offer my concession.** 승복합니다.

- **interpret one's silence as concession**
  침묵을 양해로 해석하다
- **ask for a concession** 양보를 요구하다
- **by mutual concession** 상호 양보에 의해
- **concession speech** (선거 결과) 승복 연설
- **win a concession from** ~로부터 양보를 얻어내다

indigenous 토착(토종)의, 원산의, 고유의
* **indi**(안에) + **gene**(유전자) + **ous**(접미사) → **indigenous** 토착의, 토종의

예문

Kangaroos are indigenous to Australia. 캥거루는 오스트레일리아의 토착 동물이다.

Coffee is indigenous to Ethiopia. 커피는 이디오피아가 원산지다.

Tomatoes are indigeneous to the Andes. 토마토는 안데스 지역이 원산지다.

구문

- **indigenous people** 토착민
- **indiginous crops** 토종 작물

- **indigenous language** 고유 언어
- **indigenous industry** 토착 산업

custody, sort

*라틴어 **custos** 지키는 사람, 수호자
→ **custo**는 지키는 것, 보호하는 것과 관련이 있다

*<u>**custody**</u> 양육권, 유치, 구금

custody battle

custody

재판은 언제...?

custody

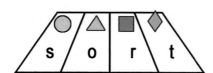

sort out the mess

mess

*sort 종류, 유형, 분류하다

*sort out 해결(정리)하다

custody ① 양육권, 보호권 ② 유죄, 구류, 구금, 보관
* 라틴어 **custos**(지키는 사람, 수호자, 보관자, 경비원) * 라틴어 **custodia**(경계, 경비, 지킴)
→ **custody** 양육권, 유치, 구금

(예문)

The courts gave her custody of kids.
법원이 그녀에게 아이들 양육권을 주었다.

The swindler was taken into police custody.
그 사기꾼은 경찰 유치장에 갇혔다.

(구문)

• **be locked in a bitter battle for custody** 치열한 양육권 분쟁에 휘말려 있다
• **award custody to the child's mother** 아이 엄마에게 양육권을 주다
• **be taken into police custody** 경찰 유치장에 갇히다
• **be in the custody of the police** 경찰의 보호하에 있다
• **provide safe custody for** ~를 안전하게 보호(보관)해 주다
• **youth custody** 소년범 보호 관리
• **be kept in custody** 구금(구류) 중이다

sort ① 종류, 유형 ② 분류하다., 구분하다.
sort out (문제를) 해결하다, 정리(처리)하다

(예문)

What sort of gift should I give her? 그녀에게 어떤 선물을 사 주어야 할까?

What sort of price did you want to pay? 어느 정도의 가격을 지불하려고 했나요?

Leave it with me. I'll sort it out. 그건 내게 맡겨. 내가 해결할게.

How would you sort out this problem? 이 문제를 어떻게 해결할 거야?

(구문)

• **this sort of company** 이런 종류의 회사
• **this sort of attitude** 이런 식의 태도
• **domestic sort of person** 가정적인 사람
• **sort out the mess** 엉망이 된 상황을 정리하다
• **sort out the toys that can be thrown away** 버려도 되는 장난감들을 구분하다

vigil, surveil

vigil

vigilant

vigilance

*__vigil__은 밤샘, 경계하는 것과 관련이 있다 → 밤샘 간호, 철야 기도(농성)

*__vigil__ant 바짝 경계하는
*sur__veil__ 감시(감독하다)

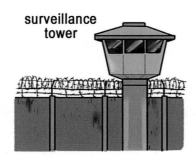

surveillance
tower

panopticon

panoptic surveillance
system

vigil (밤샘) 간호, 철야 기도(농성)
* 라틴어 **vigil** 잠 안 자고 깨어 있는(지키는) → **vigil**(밤샘) 간호, 철야 기도(농성)
* **vigilant** 바싹 경계하는, 조금도 방심 않는
* **vigilance** 잠자지 않음, 주의 깊게 경계함(**watchfulness**)
surveil 감시하다, 감독하다
sur(위에, 넘어서) + **veil**(**vigil**의 변형) → **surveil** 감시하다, 감독하다
* **surveillance** 감시, 원격 감시 * **surveillant** 감시자, 감시(사찰, 정찰)하는

(예문)

He kept a constant vigil by her bedside.
그는 잠을 자지 않고 그녀의 병상을 계속 지켰다.

We have to remain vigilant against terrorism.
우리는 테러에 대해 경계를 늦추지 말아야 한다.

He asked me to heighten my vigilance.
그는 나에게 경계를 강화할 것을 요청했다.

We have the capacity to surveil the industrial spies in a special way we have never done before.
우리는 전에 해 보지 않았던 특별 방법으로 산업 스파이들을 감시할 역량을 가지고 있다.

We are keeping the supects under constant surveillance.
우리는 그 용의자들을 계속 감시하고 있다.

(구문)

• **the vigil demonstration** 철야 시위
• **hold a vigil** 보초를 서다, 철야 기도를 하다
• **keep one's vigil at the bedside** (간호하며) 병석을 지키고 있다
• **keep vigil for two nights** 이틀 연속 밤새하다
• **keep a vigilant guard over the house** 잠자지 않고 집을 지키다
• **remain vigilant** 경계 상태를 유지하다 = **stay vigilant(alert, watchful)**
• **surveil the prisoners** 죄수들을 감시하다
• **a surveillance device** 감시 장치
• **a surveillance camera** 감시 카메라
• **a surveillance society** 감시 사회

6

felicity, acquaint

*라틴어 **felix** 비옥한, 풍요로운

***felicity** 더할 나위 없는 행복
***felicitous** 아주 적절한

felicity

종달새 노래는
꽃 위에 쏟아지는
봄 소나기 소리

felicitous phrase

felicitous

Quaint

acquaint

***ac**(방향 **ad**) + **quaint**(진기한)

→ **acquaint** 익히다, 숙지하다

acquaintance

can't become
acquainted

felicity 더할 나위 없는 행복, 절묘하게 어울림(들어맞음), 아주 적절한 비유
* 라틴어 **felix**(행복한, 풍요로운)→ **felicity**
* **felicitous** 절묘하게 어울리는, 아주 적절한

예문

To strive with difficulties and to conquer them is the highest form of human felicity.
어려운 일과 싸워서 그것을 정복하는 것은 가장 높은 형태의 인간의 행복이다.

The timing of the decision couldn't have been more felicitious.
그 결정의 시기 선택은 더 이상 적절할 수 없었어.

구문

• **felicity of phrase** 절묘한 표현
• **bring felicity into my life** 내 삶에 행복을 가져오다
• **make it with felicity** 그것을 솜씨 좋게 만들다
• **a felicitous turn of phrase** 절묘한 어구 전환

• **the felicitous title** 잘 어울리는 제목
• **deal with the matter in a felicitous manner**
　가장 적절한 방법으로 그 문제를 처리하다

ROOT / STEM

acquaint ① 익히다, 숙지하다, ② 알리다
* **ac**(**ad**방향 = **to**) + **quaint**(진기한, 예스러운) → **acquaint** 익히다, 숙지하다, 알리다
acquaint → **acquaintance** ① 아는 사람, 지인 ② 약간의 친분, 면식

예문

I am acquainted with that area. 나는 그쪽 지역을 잘 안다.

Avarice and happiness have never met each other, how then should they become acquainted?
-Benjamin Franklin
탐욕과 행복은 서로 본 적이 없는데 어떻게 그들이 사귈 수 있겠는가? -벤자민 프랭클린

He is just a business acquaintance. 그는 그냥 사업상 아는 사람이다.

구문

• **quaint old customs** 진기한 옛날 풍습
• **a quaint person** 괴짜
• **acquaint oneself with one's job** 일을 숙지하다,
　일에 익숙해지다
• **get acquainted with** ~를 알게 되다(알고 있다)
• **acquaint him with it** 그에게 그것을 알리다(소개하다)

• **deny acquaintance** 모른 체하다
• **have little acquaintance with**
　~에 대해 아는 것이 거의 없다
• **acquaintance network** 교류망
• **acquaintance of the victim** 면식범

7

organ, buff, buffer, buffalo

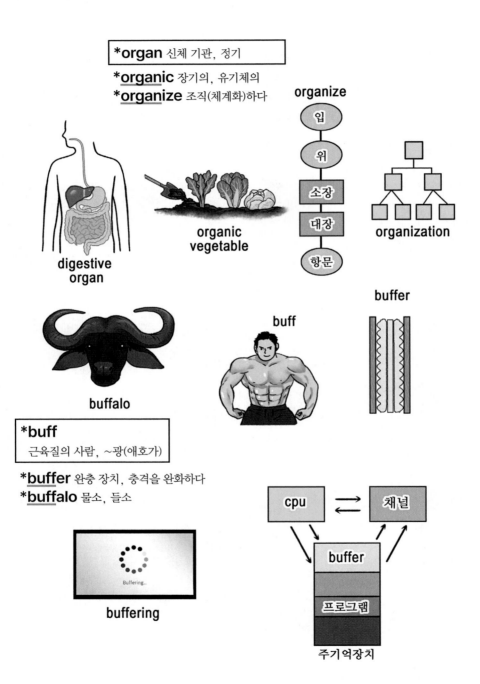

*organ 신체 기관, 정기

*organic 장기의, 유기체의
*organize 조직(체계화)하다

organize

입
위
소장
대장
항문

organization

digestive
organ

organic
vegetable

buffer

buff

buffalo

*buff
　근육질의 사람, ~광(애호가)

*buffer 완충 장치, 충격을 완화하다
*buffalo 물소, 들소

buffering

cpu 　⇄　 채널

buffer

프로그램

주기억장치

> **organ** 신체 기관(장기), 오르간(악기)
> * 라틴어 **organum** 기관, 악기, 기계 → **organ**은 유기적, 조직적이다는 의미를 포함하고 있다.
> * **organic** 장기(기관)의, 유기체(생물)에서 나온, 유기농의, 유기적인
> * **organize** 조직(준비)하다, 체계화하다, 정리하다 * **organization** 조직, 단체, 기구, 구조

(예문)

The brain is a wonderful organ. 뇌는 놀라운 장기다.

The elephant's trunk is the most versatile organ in the animal kingdom.
동물 세계에서 코끼리의 코는 가장 용도가 다양한 기관이다.

Science is organized knowledge, wisdom is organized life. -Immanuel Kant
과학은 정리된 지식이다, 지혜는 정리된 인생이다. -임마누엘 칸트

(구문)

- **organ transplanting** 장기 이식
- **an oran donor** 장기 기증자
- **an organ grinder** 오르간 연주자
- **the organ-grinder's monkey**
  시키는 대로 재주부리는 곰
- **organic vesetables(food)** 유기농 채소(식물)

- **add organic matter** 유기 물질을 섞다
- **the organic method** 유기농법
- **an organic whole** 유기적 통일체
- **organize the party** 파티를 준비하다
- **organize a team** 팀을 조직(정비)하다
- **Non-Governmental Organization** 정부기구(NGO)

> **buffalo** ① 물소, 들소(아메리카 들소는 **bison**) ② 괴롭히다 (속어)
> * **buff** ① 소가죽 옷을 입은 뉴욕의 소방관들은 열혈 팬이 많았다는 데서 **buff**는 ~광, 애호가라는 뜻을 가지고 있다.
> ② 버팔로는 근육질이므로 **buff**는 몸짱인 사람(미국 속어)을 뜻한다. ③ 컴퓨터 데이터를 완충 기억 장치로 옮기다..
> * **buffer** ① 완충제, 완충 장치 ② 충격을 완화하다(소가죽은 충격을 완화시킨다)

(예문)

He is a film buff. 그는 영화광이다.

The chinese have viewed North Korea as a buffer state. 중국은 북한을 완충국으로 여겨 왔다.

(구문)

- **a music buff** 음악광
- **get buff** 근육질 몸매를 얻다
- **buff up** 근육을 키우다
- **buff guys** 근육질 몸매의 남자들
- **in buff** 벌거벗은, 알몸인
- **strip ~ to the buff** ~를 발가벗기다

- **the buffer zone** 완충 지대
- **a buffer against stress** 스트레스를 막는 완충제
- **a packing buffer** 포장 완충제
- **act as a buffer** 완충 역할을 하다
- **buffering action** 완충 작용
- **sound-buffering** 작동 시 소음이 적게 나게 하는 기술

8

mob, mobile, motivate, movement

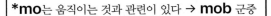

*mo는 움직이는 것과 관련이 있다 → **mob** 군중

*mobile 이동하는
*mobilize 동원하다
*mobility 이동성, 기동성

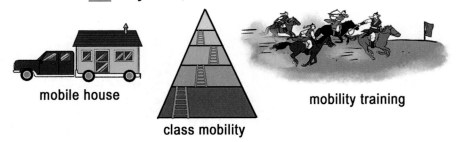

mobile house

class mobility

mobility training

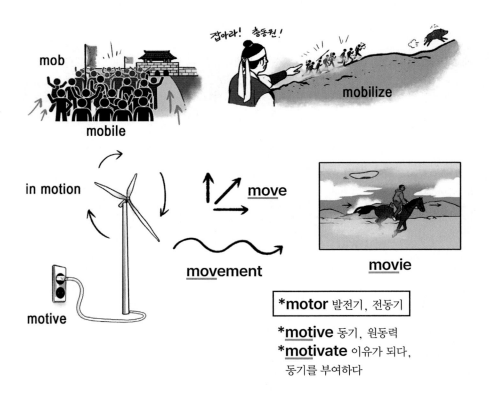

잡아라! 총동원!

mob

mobile

mobilize

in motion

move

movement

movie

motive

*motor 발전기, 전동기

*motive 동기, 원동력
*motivate 이유가 되다,
동기를 부여하다

ROOT/STEM

mobile 이동하는, 이동식의, 기동성 있는, 모빌(공예품)
* 라틴어 **mobilis**(움직일 수 있는, 이동성의, 흔들리는, 변하기 쉬운) → **mobile** 이동하는
* **mob** 군중, 무리, 떼 지어 모여들다(군중은 움직이고 변하기 쉽다)
* **mobility** 이동성, 기동성, 유동성   * **mobileze** 동원하다, 동원되다
* **mo**는 움직임과 관련이 있다.
  · 라틴어 **motio**(움직임) → **motion** ① 기계의 운동, 움직임, 동력 ② 발의안
* **motor** 전동기, 발전기
  · 라틴어 **motivum**(동기, 원동력) → **motive** 동기, 원동력
* **movivate** 이유가 되다, 동기를 부여하다
* 라틴어 **movere**(움직이다, 운동하다, 이동하다) → **move** 움직이다, 옮기다, 이동하다
* **movement** 주로 신체 부위의 움직임, 이동, 운동 * **movie**(영화)

예문

The wheels of change has been set in motion.
변화의 수레바퀴는 이미 굴러가기 시작했다.

The motion was pussed unanimously. 그 발의안은 만장일치로 통과되었다.

구문

- **a mobile phone** 휴대폰
- **a mobile home** 이동식 주택
- **people who are less mobile**
  이동이 덜 자유로운 사람들
- **social mobility** 사회적 유동성
- **class mobility** 계층 이동성
- **mobility training** 이동성 훈련
- **people who have mobility difficulties**
  거동이 불편한 사람들
- **have excellent mobility** 기동성이 뛰어나다
- **mobility of the arm** 팔의 움직임(유동성)
- **mobilize military forces** 병력을 동원하다
- **mobilize a fleet** 함대를 출동시키다
- **fully mobilize the available resources**
  가용 자원을 총동원하다
- **full mobilization order** 총동원령
- **be trampled by the angry mob**
  성난 군중들에게 짓밟히다

- **the usual mob** 늘 모이는 무리
- **mob psychology** 군중 심리
- **flash mob**
  플래시 몹(약속 장소에 모여 짧은 시간 동안 어떤 행동을 하고
  곧바로 흩어지는 것)
- **set the machinery in motion** 기계에 시동을 걸다
- **the swaying motion** 요동치는 움직임
- **with a cirlular motion** 동그라미 모양을 그리며
- **be still in motion** 아직 움직이고 있다
- **be set in motion** 작동되다, 굴러가다, 돌아가다
- **a motive for the murder** 그 살인 사건의 동기
- **an ulterior motive** 숨은(이면의) 동기, 저의
- **the rebel movement** 반란을 일으키려는 움직임
- **a mass movement** 대중 운동
- **block one's forward movement**
  ~가 앞으로 나가는 것을 막다
- **a sudden movement** 갑작스러운 움직임

9

dormant, dormitory, psyche, psychiatry, psychology

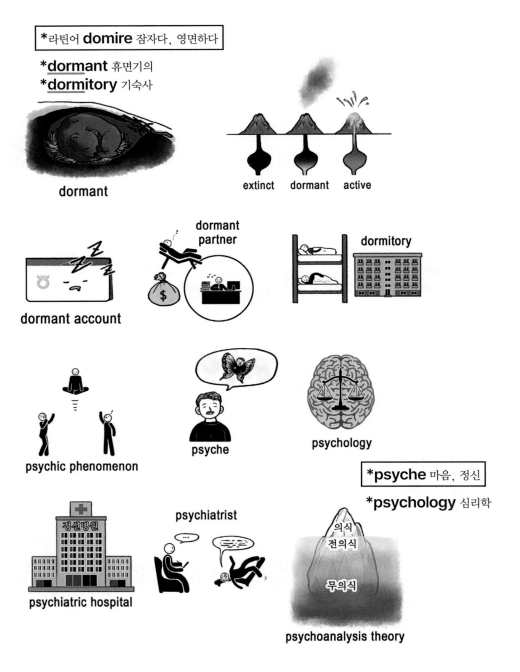

*라틴어 **domire** 잠자다, 영면하다

*__dormant__ 휴면기의
*__dormitory__ 기숙사

dormant

extinct   dormant   active

dormant account

dormant partner

dormitory

psychic phenomenon

psyche

psychology

*__psyche__ 마음, 정신

*__psychology__ 심리학

psychiatric hospital

psychiatrist

psychoanalysis theory

ROOT/STEM

dormant 휴면기의, 활동(성장)을 중단한

* 라틴어 **dormire**(잠자다, 영면하다) → **dormant** 휴면기의, 활동(성장)을 중단한
* 라틴어 **dormitorium**(침실, 영면소) → **dormitory** 공동 침실, 기숙사

예문

Many animals go into a dormant state during winter. 많은 동물들이 겨울 동안 동면을 한다.

Wake up your muscular cells that were dormant. 깊숙이 잠들어 있던 너의 근육 세포를 깨워라.

구문

* **a dormant volcano** 휴화산
  (**an active** ~ 활화산, **an extinct** ~ 사화산)
* **a dormant partner** 익명조합원
* **a dormant account** 휴면 계좌
* **lie dormant** 잠자고 있다, (권리 등이) 행사되고 있지 않다
* **dormant faculties** 잠자고 있는 능력
* **a dormitory inspector** 기숙사 사감
* **a dormitory town** 교외 주택지, 베드타운

ROOT/STEM

psyche 마음, 정신, 심령

* 그리스어 **psyche** (① 숨, 영혼, 정신 ② 에로스의 연인 프시케 ③ 신비로운 나비)
  → **psychic** 초자연적인, 심령의, 심령술사 * **psychiatric** 정신의학의
* **psychiatrist** 정신과 의사 * **psychiatry** 정신의학 * **psycho** 정신병자
* **psychopath** 폭력성을 동반하는 이상 심리 소유자 * **psychology** 심리(학), 심리 작용
* **psychologist** 심리학자 * **psychoanalysis** 정신 분석

예문

The psyche is made up of the ego, the super ego and the id.
정신세계는 자아, 초자아, 이드(무의식적 본능)로 구성되어 있다.

She has psychic powers. 그 여자는 신통력이 있다.

I'm not psychic. 나는 초능력자가 아니야.

Try get some psychiatric help. 정신과 치료를 좀 받아 봐.

구문

* **the mysteries of the human psyche**
  인간 정신의 신비
* **the national psyche** 국민 정서
* **the psyche of the murderer** 살인범의 정신 상태
* **a psychic power** 초능력
* **psychiatric disorder** 정신 질환
* **a psychiatric ward** 정신과 병동
* **the psychiatric patient** 정신병 환자
* **a psychiatric hospital** 정신병원
* **a psyche drama** 심리극
* **an expert in child psychology**
  아동심리 분야 전문가
* **a degree in psychology** 심리학 학사 학위

10

blackmail, deride

공갈협박

blackmail

blackmailer

derisive laugh

deride

the target of derision

kkk....

deride

*de(아래로) + 라틴어 ridere(웃다)

→ deride 조롱하다, 비웃다
*derision 조롱, 조소

blackmail 공갈 협박, 갈취, 공갈 협박(갈취) 하다
* mail은 스코틀랜드 씨족장이 농부들을 보호한다는 명목으로 뜯어간 공납물
→ **mail** ① 우편물 ② 발송하다
black(검은) + **mail** (우편물) → **blackmail** 공갈 협박, 갈취(하다) * **blackmailer** 협박범

예문

He was arrested for blackmailing her. 그는 그 여자를 공갈 협박 한 혐의로 체포되었다.

He was sentenced to 5years in prison on blackmail charges.
그는 공갈협박죄로 5년형을 선고받았다.

The pictures were used for blackmail. 그 사진들은 공갈 협박용으로 쓰였다.

She blackmailed him by threatening to tell others about their affair.
그 여자는 그들의 불륜 관계를 알리겠다고 협박하여 그의 돈을 뜯어냈다.

구문

• **blackmail him for cash** 그를 협박하여 돈을 뜯어내다　• **a case of blackmail** 협박하여 돈을 갈취한 사건

ROOT/STEM

deride 조롱(조소)하다, 비웃다
* **de**(아래로) + 라틴어 **ridere**(웃다) → **deride** 조롱(조소)하다, 비웃다
* **derision** 조롱, 조소 * **derisive** 조롱(조소)하는

예문

Don't deride me in front of them. 그들 앞에서 나를 조롱하지 마.

You shouldn't deride his efforts. 그의 노력을 비웃으면 안 돼.

His work was derided as lacking in ideas.
그의 작품은 아이디어 빈곤으로 무시당했다.

There was something derisive in his words.
그의 말에는 뭔가 조롱하는 듯한(경멸적인) 태도가 들어 있었다.

He was the derision of the class. 그는 학급에서 조롱거리였다.

구문

• **be derided as old fashioned**
　스타일이 고루하다는 조소를 받다
• **give a derisive laugh** 조롱 섞인 웃음을 던지다
• **derisive comments** 조롱 섞인 평가 (비꼬는 말)

• **derisive cheer** 조롱 섞인 갈채(야유)
• **derisive way of talking** 조롱하는 듯한 말투
• **bring A into derision** A가 조롱거리가 되게 하다
• **the target of derision** 조롱의 대상

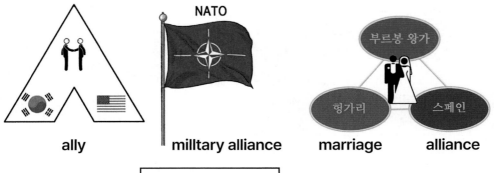

ally   milltary alliance   marriage   alliance

*ally 동맹, 동맹을 맺다

*alliance 동맹, 연합

guilty   innocent

declare somebody guilty

guilt-ridden

accuse

*guilt 죄책감, 유죄

*guilty
유죄의, 죄책감이 드는
*guilt-ridden
죄책감에 시달리는

ally ① 동맹국, 우방, 협력자 ② 동맹을 맺다(~ **with**)
* **al**(방향 **ad**) + 라틴어 **ligare**(매다, 맺다) → 라틴어 **alligare**(묶다, 붙들어 매다)
→ **ally** 동맹, 협력자, 동맹을 맺다 * **alliance** 동맹, 연합

(예문)

The U.S. is a historical ally to Korea. 미국은 한국의 전통적 우방(동맹국)이다.

The importance of the Korea - U.S alliance cannot be overemphasized.
한미동맹의 중요성은 아무리 강조해도 지나치지 않다.

* 한미동맹: 한미동맹이 있을 때 한국을 공격하는 것은 미국과의 전쟁을 의미한다. 러시아, 중국, 일본과 이웃하고 있는 우리는 한미동맹이 체결된 이후 안보 역량이 강화됨에 따라 경제 발전에 매진할 수 있었고, 산업화와 민주화에 성공하여 선진국 대열에 오르게 되었다. 군사력이 강하다고 해서 반드시 전쟁에서 승리하는 것은 아니고 오늘날은 국가 간의 안보 역량 분담과 협조가 중요하므로 대부분의 나라가 동맹 관계로 안보 문제를 해결하고 있다. 국방력이 강해도 동맹이 있으면 더 든든한 것이다. 자주국방이라는 말로 교묘히 국민의 자존심을 자극하여 한미동맹 해체를 주장하는 것은 북한공산주의 정권을 돕기 위한 술책이며, 바람직하지 않다.

The best way to cement an alliance is marriage.
동맹을 강화하는 가장 좋은 방법은 결혼이다.

(구문)

• **a close ally** 가까운 우방, 긴밀한 협력자
• **a major ally** 주요 협력자
• **join the war on the allied side** 연합군 측에 가세하여 참전하다
• **allied products** 관련 제품

• **allied troops** 연합군(allied forces)
• **a paper alliance** 종이 동맹
• **military alliance** 군사 동맹
• **marriage alliance** 결혼 동맹

guilt 죄책감, 유죄
* **guilty** 유죄의, 죄책감이 드는 * **guilt-ridden** 죄책감에 시달리는, 죄의식에 사로잡힌

(예문)

Can you imagine living with that guilt? 그런 죄를 갖고 사는 걸 상상할 수 있겠어?

Guilt is the most painful companion of death. 죄책감은 죽음의 가장 고통스러운 동반자이다.

Short is the joy that guilty pleasure brings. 죄의식을 동반한 즐거움이 가져다주는 기쁨은 짧다.

* 나쁜 사람이 행복하기 어려운 이유: 나쁜 사람은 수단, 방법을 가리지 않고 자기 이익을 추구하기 때문에 쾌락과 욕망을 충족시키기 쉽다. 그러나 그 기쁨의 시간은 짧다. 인간은 일시적 쾌락이 아니라 지속적인 행복을 갈망하기 때문에 장기적으로는 미덕을 갖춘 사람이 더 행복하다.

Suspicion always haunts the guilty mind. - William Shakespeare
죄지은 사람에게는 항상 의심이 뇌리를 떠나지 않는다. - 윌리엄 셰익스피어

(구문)

• **prove one's guilt** ~의 유죄를 입증하다
• **admit one's guilt** ~의 유죄를 인정하다

• **plead guilty** 유죄를 인정하다
• **a verdict of guilty** 유죄 평결

extravagant, vagabond. sparse. dense

extra 초과
+
vaga 유랑
+
ant (접미사)

*extravagant
낭비벽이 있는

extravagant

vagabond

sparse hair

sparsely populated

*sparse 드문, 듬성듬성 있는
*dense 빽빽한, 밀도가 높은

bone density

dense vegetation

less dense than water

denser than water

ROOT/STEM

extravagant ① 낭비벽이 있는, 사치스러운 ② 화려한, 과장된
* 라틴어 **vagant**(방황하다) * 라틴어 **vagatus**(유랑의, 방황하는)
extra(초과) + 라틴어 **vagatus**(유랑의, 방황하는) → **extravagant** 낭비벽이 있는, 사치스러운
* **extravagance** 낭비(벽), 사치(품), 화려함
* 라틴어 **vagatus**(방황하는) → **vagabond** 방랑자

예문

An extravagant man grows poor by seeming rich.
돈을 헤프게 쓰는 사람은 외견상 부유하게 보임으로써 가난해진다.

Her extravagance explains why she is always in debt.
그녀의 낭비벽은 그녀가 언제나 빚지고 있는 이유를 설명해 준다.

구문

- **extravagant meal** 호화로운 식사
- **extravagant price** 터무니없는(엄청난) 가격
- **extrava gant promises** 화려한(과장된) 약속
- **extravagant indulgence** 엄청난 사치
- **my only extravagance** 나의 유일한 사치
- **a tendency toward extravagance** 사치풍조

ROOT/STEM

sparse 드문, 듬성듬성 있는, 밀도가 희박한
* 라틴어 **spargere**(뿌리다, 살포하다) * 라틴어 **sparsus**(여기저기 뿌려진, 흩어진)
→ **sparse** 드문, 듬성듬성 있는 * **sparsely** 드문드문, 성기게, 간간이
* 라틴어 **densus**(빽빽한, 조밀한) → **dense** 빽빽한, 밀도가 높은 * **density** 밀도, 농도

예문

His hair is sparse. 그는 머리숱이 적다.

The higher we go up, vegetation becomes sparse.
우리가 높이 올라갈수록 식물이 드물어진다.

Canada is sparsely populated. 캐나다는 인구 밀도가 희박하다.

Helium is less dense than air. 헬륨은 공기보다 밀도가 낮다.

The marble is denser than the water. 대리석은 물보다 밀도가 높다.

구문

- **the sparse population** 희박한 인구
- **the sparse beard** 듬성듬성한 턱수염
- **watch sparsely** 띄엄띄엄 보다
- **sitting sparsely** 띄엄띄엄 앉아 있다
- **the dense vegetation** 울창한 수목
- **dense population** 조밀한 인구
- **densely populated** 인구가 조밀한
- **population density** 인구 밀도
- **bone density** 골밀도

superior, inferior, supreme, exhaust

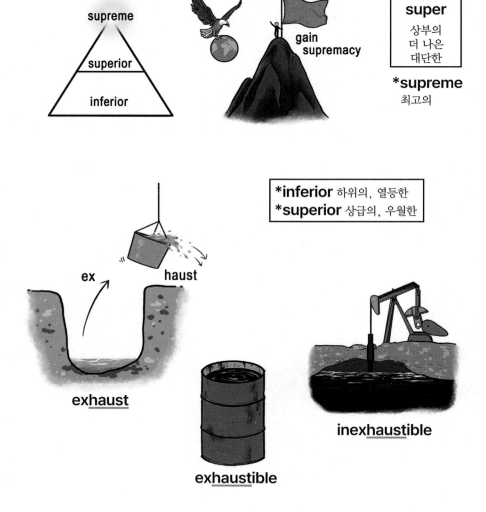

supreme

superior

inferior

gain
supremacy

super
상부의
더 나은
대단한

***supreme**
최고의

***inferior** 하위의, 열등한
***superior** 상급의, 우월한

ex   haust

exhaust

exhaustible

inexhaustible

superior ① 우수한, 우월한 ② 상관의, 상급의 ③ 윗사람, 상관, 상급자, 선배
* superiority 우월성, 우세, 지상주의
* inferior ① 하위의 ② 아랫사람, 하급자
* inferiority 열등감
supreme 최고의 * supremacy 패권, 우위, 지상주의
* 라틴어 superus(위에 있는, 천상의) → superior 우수한, 우월한
* 라틴어 supremus(맨 위의, 가장 중요한) → supreme 최고의 * supremacy 패권
* 라틴어 inferus(하부의, 아래쪽의) → inferior 하위의

(예문)

They won because of their superior numbers. 그들은 수적 우세 덕분에 이겼다.

Happiness is the supreme good. 행복은 최고선이다.

They battled for supremacy in the final match. 그들은 결승전에서 패권을 다투었다.

He is an inferior edition of his elder brother. 그는 형보다 못한 사람이다.

(구문)

- look superior 거만해 보이다
- tactically superior 전술적으로 우세하다
- the superior team 우세한 팀
- his immediate superior 그의 직속 상관
- express his supreme delight 그의 최고의 기쁨을 표현하다
- supreme court 대법원
- the supreme commander 최고 사령관

- supreme authority 최고 권위
- an feel inferior 열등감을 느끼다
- A is inferior to B A는 B에 비해 못하다(처진다)
- inferior diamond 하급 다이아몬드
- overcome numerical inferiority 수적 열세를 극복하다
- the battle for supremacy 패권을 추구하기 위한 싸움
- extablish total supremacy 완전한 우위를 확립하다

exhaust ① 다 써 버리다, 고갈시키다 ② 배기가스
* 라틴어 haurire(긷다, 퍼내다, 비우다) * 라틴어 haustus(물 푸는 일, 마시는 일)
* ex(밖으로) + haust(푸다) → exhaust 다 써 버리다, 고갈시키다
* exhaustible 고갈될 수 있는 * inexhaustible 무궁무진한, 고갈될 줄 모르는

(예문)

I felt exhausted. 나는 기진맥진한 기분이었다.

The pension fund is exhaustible. 연기금은 고갈(소진)될 수 있다.

This area has inexhaustible deposits of iron ore. 이 지역은 무진장의 철광 매장량을 갖고 있다.

(구문)

- exhausted marathon runners 탈진한 마라토너들
- exhaust fumes 배기가스 매연
- exhaustible resources 고갈될 수 있는 자원

- inexhaustible patience 무한한 인내력
- an inexhaustible supply of food
  무진장 제공되는 음식

libel, liberate, library

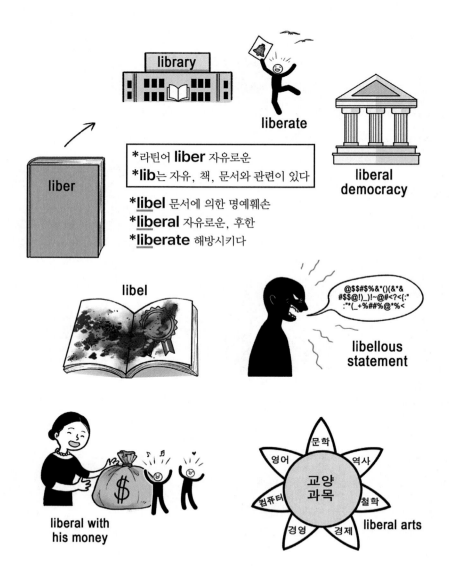

library

liberate

liberal
democracy

*라틴어 **liber** 자유로운
***lib**는 자유, 책, 문서와 관련이 있다

***libel** 문서에 의한 명예훼손
***liberal** 자유로운, 후한
***liberate** 해방시키다

liber

libel

libellous
statement

liberal with
his money

liberal arts

교양
과목

문학
영어   역사
컴퓨터   철학
경영   경제

libel (문서에 의한) 명예훼손, 명예를 훼손하다
* 라틴어 **liber**(자유로운, 제멋대로의, 대담한, 거침없는)
  → **libel** 명예훼손 * **libelous** 중상하는, 명예훼손의
* 라틴어 **liber**(책) → **library** 도서관, 서재, 장서들 * **librarian** 사서
* **lib**는 책, 문서, 자유와 관련이 있다(책은 자유를 준다)
* **liberal** 자유민주적인, 진보적인 * **liberalism** 자유주의, 진보주의
* **liberate** 해방시키다, 자유롭게 해 주다 * **liberation** 해방, 석방

(예문)

He charged you with libel. 그가 너를 명예훼손으로 고소했어.

He sued the newspaper for libel. 그는 그 신문사에 대해 명예훼손으로 소송을 제기했다.

You might run into a libel suit. 당신은 명예훼손 소송을 당할 수도 있습니다.

He is an out-and-out liberal. 그는 철저한 자유주의자이다

John was born into the liberal intelligentsia. 존은 자유주의적 지식인 계급에서 태어났다.

He is liberal with his tips. 그는 팁을 후하게 준다.

I am liberal of praise. 나는 칭찬에 후하다.

My grandfather fought to liberate Korea from communism.
할아버지는 한국을 공산주의로부터 해방시키기 위해 싸웠다.

I feel so liberated. 해방된 느낌이야(속시원하다).

(구문)

• **a libel case** 명예훼손 사건
• **a libel action** 명예훼손 소송
• **commit libel against one's colleague** ~의 동료를 비방하다
• **a libel an human nature** 인간성에 대한 모독
• **a libellous statement** 명예를 훼손하는 진술
• **libellous comments** 명예훼손적 발언들
• **liberal arts** (문과) 교양 과목
• **Liberal Democrats** 자유민주당
• **a liberalist** 자유주의자
• **be liberal with his money** 돈을 쓰는 데 후하다
• **a liberal translation** 의역
• **liberate a slave** 노예를 해방하다
• **liberate her from anxiety** 그녀를 불안감에서 벗어나게 하다
• **Liberation Day** 광복절, 독립기념일
• **liberation of sex** 성의 해방

ignore, ignorant, ignorance

에베베

몰라~무시해

ignore

*in(no)
+
*gnore(알다)

*ignore
모르는 체하다
못 본 척하다

경고!

ignore warning

education

knowledge

ignorance

why...??

ignorant of
other culture

ignore 무시하다, 못 본 척하다
* 라틴어 **gnosis**(앎, 지식, 깨달음) * **gno**는 아는 것과 관련이 있다.
* **i(in**부정) + 라틴어 **gnore**(알다) → **ignore** 모르는 체하다, 못 본 척하다
* **ignorant** 무지한, 무식한, 무지막지한 * **ignorance** 무지, 무식

(예문)

Make children happy by giving them something to ignore.
사소한 것을 주는 것으로 아이들을 행복하게 하라.

Ignore the unrealistic standards of other and concentrate on being happy with yourself as you are.
타인의 비현실적 기준을 무시하고 당신 그대로의 모습으로 행복하게 사는 것에 집중하라.

Never underestimate your own ignorance. -Albert Einstein
네 자신의 무지를 결코 과소평가하지 마라. -알버트 아인슈타인

The only good is knowledge and the only evil is ignorance. -Socrates
유일한 선은 앎이요, 유일한 악은 무지다. -소크라테스
* 소크라테스에 의하면 의도적으로 악행을 저지르는 사람보다 악이 무엇인지도 모르는 무지한 사람이 더 위험하다. 악이 무엇인지
  아는 사람은 선을 지향할 수 있는 가능성이 있으나, 무지에 빠져 있는 사람은 선을 행할 수 없기 때문이다. 세상의 대부분의 악은
  무지에 의해서 저질러진다. 교육은 우리 자신의 무지를 점차 발견해 가는 과정이다.

Real knowledge is to know the extent of one's ignorance. -Confucius
진정한 앎은 자신이 얼마나 모르는지를 아는 것이다. -공자

To conceal ignorance is to increase it.
무지를 숨기는 것은 무지를 늘리는 것이다.

(구문)

• **ignore one's advice** ~의 조언을 무시하다
• **ignore a friend** 친구를 몰라보다, 모른 체하다
• **ignore fractions** 우수리를 떼다
• **ignore one's warning** ~ 의 경고를 무시하다
• **be ignorant of other cultures** 다른 문화에 대해 무지하다
• **be ignorant of the reality** 현실을 무시하다

jest, jester, chill, chilli

jest

HA HA HA - !

jester

弄談
jest

half
in jest

농 담

*jest 농담

*jester 어릿광대

a jest with stings in it

chill

chilled salad

chilly

*chill
①냉기, 오한 ②느긋한

*chilli 고추, 칠리

chilli
pepper

chilli
powder

chill

chill out

jest 농담, 익살, 농담(장난)하다
* **jester** 어릿광대

（예문）────────────────

A jest which will hot bear serious examination is false wit.
진지한 숙고가 담겨 있지 않은 농담은 거짓된 재치다.

Many a true word is spoken in just. 농담 속에 많은 진심이 담겨 있는 법.

Don't say that even in jest. 농담이라도 그런 말 마세요.

（구문）────────────────

• **half in jest** 농담 반 진담 반
• **jest at me** 나를 조롱하다
• **break a jest** 농담하다
• **make a jest of him** 그를 조롱하다
• **a jest with a sting in it** 가시가 들어 있는 농담
• **retort a jest on a person** 농담을 되받아 돌려주다
• **a court jester** 궁중광대
• **play the jester** 광대 노릇을 하다

chill ① 냉기, 한기, 오한 ② 느긋한
* **chill out** 긴장을 풀다, 열을 식히다 * **chills** 오한 * **chilling** ① 으스스한 ② 냉각
* **chilli powder** 고춧가루 * **chilli pepper** 고추

（예문）────────────────

He cast a chill over the party. 그는 파티에 찬물을 끼얹었다.

The border dispute between the two countries chilled their relations.
두 나라 사이의 국경 분쟁은 관계를 냉각시켰다.

He is too chill. 그는 너무 느긋하다.

She was in a panic chilled by what he had said.
그 여자는 그가 했던 말에 완전히 겁을 먹고 겁에 질려 있었다.

I had no chill. 나는 침착하지 못했다.

The chilling truth is that the killer is still inside this building.
오싹한 사실은 살인자가 아직 이 건물 안에 있다는 것이다.

（구문）────────────────

• **a chill wind** 쌀쌀한 바람
• **wind chill** 풍속 냉각
• **chilled salad** 냉채
• **feel chilled** 느긋한 기분이다
• **find a place to chill out** 편히 쉴 장소를 찾다
• **feel chill** 추위(한기)를 느끼다
• **chilly weather** 쌀쌀한 날씨

grave, gravel, gravity, grieve

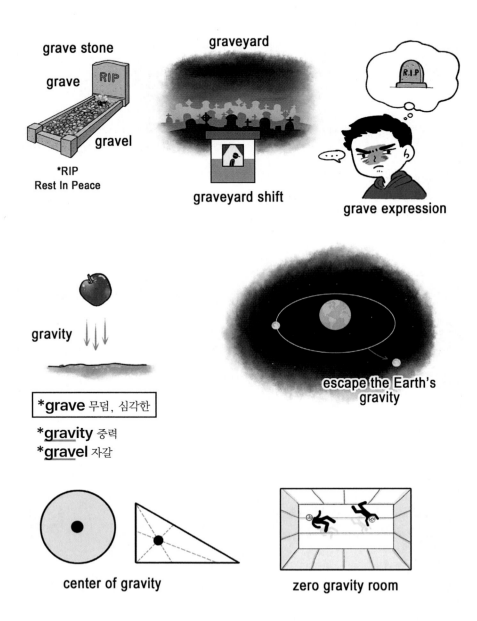

grave stone

grave

gravel

*RIP
Rest In Peace

graveyard

graveyard shift

grave expression

gravity

escape the Earth's gravity

*grave 무덤, 심각한

*gravity 중력
*gravel 자갈

center of gravity

zero gravity room

grave ① 무덤 ② 심각한
* 라틴어 **gravis**(무거운, 심각한) → **grave, grieve**
* **gravel** 자갈 * **graveyard** 묘지 * **graveyard shift** 야간 근무
* **gravity** ① 심각성, 중요성 ② 중력
* **grieve** 비통해 하다 * **grievance** 불만, 불평(거리) * **grief** 비탄, 큰 슬픔

(예문)

Before you embark on a journey of revenge, dig two graves. -Confucius
보복의 길을 떠나기 전에 두 개의 무덤을 파라. -공자

To have grievance is to have a purpose in life.
불만을 갖는 것을 인생의 목적을 갖는 것이다.

Never grieve for what you cannot control. 어쩔 수 없는 것에 대해 슬퍼하지 마라.

Waste no fresh tears over old griefs. 지나간 슬픔에 새로운 눈물을 낭비하지 마라.

The communists promised care from the cradle to the grave.
공산주의자들은 요람에서 무덤까지 보살펴 주겠다고 약속했다.
* 그러나 그 결과는 요람에서 도살장까지의 통제였다.

I'm sure you can appreciate the gravity of the situation.
나는 네가 상황의 심각성을 인식할 수 있다고 확신한다.

Challenges are gifts that force us to search for a new center of gravity. - Oprah Gail Winfrey
도전은 새로운 무게 중심을 찾게 하는 선물이다. - 오프라 윈프리

A rocket needs to travel at 11㎞ a second to escape the Earth's gravity.
지구의 중력을 벗어나려면 로켓은 1초에 11㎞의 속도로 이동할 필요가 있다.

(구문)

• **an unmarked grave** 표시가 없는 무덤
• **dig one's own grave** 제 무덤을 파다
• **silent homage around the grave** 무덤가에서의 묵념
• **be in grave danger** 심각한(중대한) 위험에 처해 있다
• **visit grandfather's grave** 할아버지 산소에 성묘를 하다
• **smoked oneself into an early grave** 담배를 피워 수명을 재촉했다
• **dump the gravel on the road** 도로에 자갈을 쏟다
• **spread gravel** 자갈을 깔다
• **zero gravity** 무중력
• **behave with grarity** 엄숙하게 행동하다

haste, hasten, hurry, get around to

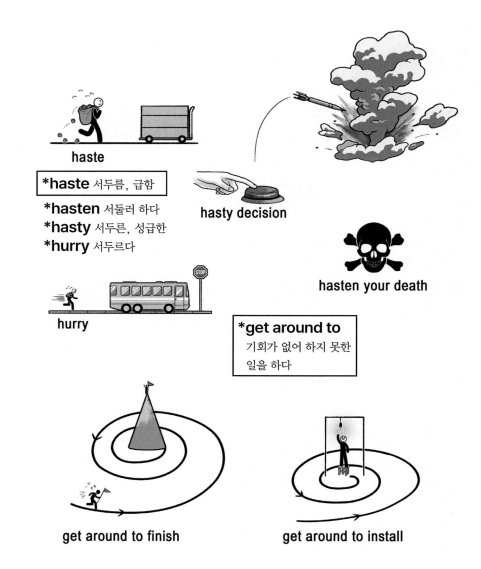

haste

*haste 서두름, 급함

*hasten 서둘러 하다
*hasty 서두른, 성급한
*hurry 서두르다

hasty decision

hasten your death

hurry

*get around to
기회가 없어 하지 못한 일을 하다

get around to finish

get around to install

haste 서두름, 급함

* 토끼 **hare**(빠르게 서두른다) → **haste**(서두름, 급함)로 생각하면 기억하기 쉽다
* **hasty** 서두른, 성급한 * **hasten** 서둘러 하다(가다), 재촉하다
* **hurry** 서두르다, 급히 하다(가다), 서두름, 급함
* **haste**는 심리적으로 급하기 때문에 서두르는 느낌, 서둘러서 일을 제대로 못 하는 뉘앙스,
hurry는 늦지 않기 위해 서두르는 뉘앙스가 있다.

(예문)

Haste makes waste. 서두르면 일을 망친다(급할수록 돌아가라).

More haste, less speed. 급할수록 천천히.

In my haste, I forgot to lock the door. 나는 서두른 나머지 문을 잠그는 것을 깜빡했다.

Don't hasten to bid me adieu. 서둘러 안녕을 고하지 마세요.

Why are you in such a hurry? 왜 그렇게 서둘러?

Dont make any hasty decisions. 성급한 결론은 내리지 마라.

(구문)

• **make haste to open** 급하게 (문을) 열다
• **write in haste** 급히 쓰다
• **got married in haste** 서둘러 결혼했다
• **make a hasty decision** 성급한 결정을 하다
• **hasten to tell** 서둘러 알리다
• **hasten to reply** 급히 회신하다, 서둘러 해명하다

• **hasten to growth** 성장을 촉진하다
• **hasten one's departure** 서둘러 출발하다
• **hasten one' desth** 죽음을 재촉하다
• **leave in a hurry** 급히 떠나다
• **a hasty departure** 서둘러서 하는 출발

get around to (주로 시간, 기회가 없어서) 하지 못한 일을 하다, ~에까지 손이 미치다

(예문)

I finally got around to it. 드디어 짬을 내서 했어.

I will get around to it. 내가 시간을 내서 할게.

I didn't get around to it. 내가 시간이 없어서 못 했어.

I finally got around to finishing it. 드디어 그것을 끝냈어.

I didn't get around to installing it. 나는 그것을 설치할 틈이 없었어.

concern, unconcern, discern

concern

discern

*라틴어 **cernere** 체로 치다

***con**(함께) **+ cern**(체로 치다)
→ **concern** 우려, 걱정, 관련되다
***dis**(분리) **+ cern**(체로 치다)
→ **discern** 알아보다, 분별하다

That's it!

discerning

unconcern

political unconcern

***concern** 우려, 걱정

***unconcern** 무심, 무관심

concern ① 우려, 걱정, 염려 ② 관련되다

con(함께) + 라틴어 **cernere**(체로 치다) → 라틴어 **concernere**(같은 체에서 체로 치다, 섞다)

→ **concern** 우려, 걱정, 관련되다 (같은 체로 치면 섞여서 알아보기 어려워 걱정이 된다)

* **concerns** 걱정, 염려, 관심사 * **concerned** 걱정(염려)하는, 관심(흥미) 있는

* **concerning** ~에 관한(관련된) * **unconcern** 무심, 무관심

* **unconcerned** 개의치 않는, 무관심한 **discern** 알아차리다, 알아보다, 분별(식별)하다

* **dis**(따로) + 라틴어 **cernere**(체로 치다)

→ **discern** 알아보다, 분별하다(분리해서 체로 치면 알아보기 쉽다)

* **discerning** 안목이 있는 + **discernible** 식별 가능한 * **discernment** 안목, 분별력

예문

It's my concern.
그게 내 고민이야.

Considerations of safety override all other concerns.
안전에 대한 고려가 다른 모든 우려 사항들보다 더 중요하다.

As far as golf is concerned, I am an absolute beginner.
골프에 관한 한 나는 완전 초보자다.

I cannot discern the difference between the two.
나는 둘 사이의 차이점을 식별할 수 없다.

It's a pleasure to have a date with a discerning woman.
안목 있는 여성과 데이트하는 것은 즐겁다.

She has a keen discernment.
그 여자는 예리한 안목을 갖고 있다.

구문

- **to whom it may concern** ~관련자분 제위
- **a going concern** 성업 중인 업체(사업)
- **concern about me** 나를 걱정해 주다
- **concern about it changes** 변화에 대한 우려
- **represent my concerns** 나의 우려를 제기하다
- **concern health** 건강에 관련되어 있다
- **a case concerning children** 아동 관련 사건
- **concerning your request for ~**
  귀하의 ~에 대한 요청과 관련하여
- **immediate concern** 즉각적인 (당면) 관심사

- **the political unconcern** 정치적 무관심
- **be unconcerned with political issues**
  정치적 쟁점들에 무관심하다
- **discerning customers** 안목이 높은 고객들
- **discern the small print** 작은 활자를 알아보다
- **a person of discernment** 안목이 있는 사람
- **a leader's discernment** 지도자의 안목
- **barely discernible** 겨우 알아볼 수 있는
- **a discernible logo** 식별 가능한 로고

*port 항구, 항만

*port는 정문(관문), 수출, 수입, 수송, 운반,
소식을 보도하는 것, 여권과 관련이 있다

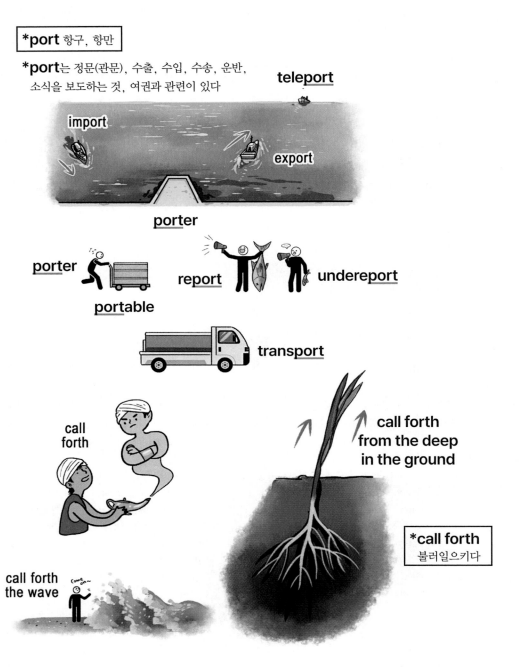

teleport

import

export

<u>port</u>er

<u>port</u>er

<u>port</u>able

re<u>port</u>

undere<u>port</u>

trans<u>port</u>

call
forth

call forth
from the deep
in the ground

*call forth
불러일으키다

call forth
the wave

Come
on~

port ① 항구, 항만 ② 군함의 포문, 둥근 창

* 라틴어 **portus**(항구, 관세) → **port** 항구
* **port**는 짐을 싣고 내리고 운반하는 곳, 소식이 전해지는 곳, 관문과 관련이 있다.
* **port**에서 파생된 단어
* **portal**(정문, 검색엔진) **import** 수입하다 **important** 중요한(수입하는 것은 중요한 것)
* **port**(항구는 소식을 전하는 곳) → **report** 전하다, 보도하다
* **underreport** 축소 보도 하다, 축소 신고 하다
* **porter** ① 문지기, ② 수위, ① 짐꾼, 운반인 * **portable** 휴대하기 쉬운, 휴대용의
* **transport** 수송(하다), 운송(하다)
* **support** 아래(**sup**)에서 수송하다 → 지지하다 * **teleport** 멀리 보내다, 순간 이동 시키다
* **export** 수출하다 * **passport** 여권

구문

* **job portal** 취업 포털 사이트
* **majestic portal** 웅장한 정문
* **portal of online education** 온라인 교육 사이트
* **shopping portal sites** 쇼핑 포털 사이트
* **a portable charger** 보조용 배터리
* **a portable vacuum cleaner** 휴대용 진공청소기
* **a portable computer** 휴대용 컴퓨터(tablet PC)
* **underreport her weight** 그 여자의 몸무게를 줄여서 말하다
* **underreport his income** 그의 소득을 축소 신고 하다
* **teleport planes** 비행기를 순간 이동 시키다
* **the ability to teleport** 순간 이동 할 수 있는 능력

ROOT/STEM

call forth (반응을) 불러일으키다, 유도하다

예문

His speech called forth an angry response. 그의 연설은 성난 반응을 불러일으켰다.

Ideas call forth ideas. 아이디어가 아이디어를 불러낸다.

구문

* **call forth the dead** 죽은 자를 불러내다
* **call forth an officer** 장교를 불러내다
* **call forth spirits by magic** 마술로 망령을 불러내다
* **call forth the emotion** 감정을 불러일으키다
* **call forth the admiration** 감탄을 불러일으키다
* **call forth past memories** 옛 추억을 불러내다

censor, census, let off

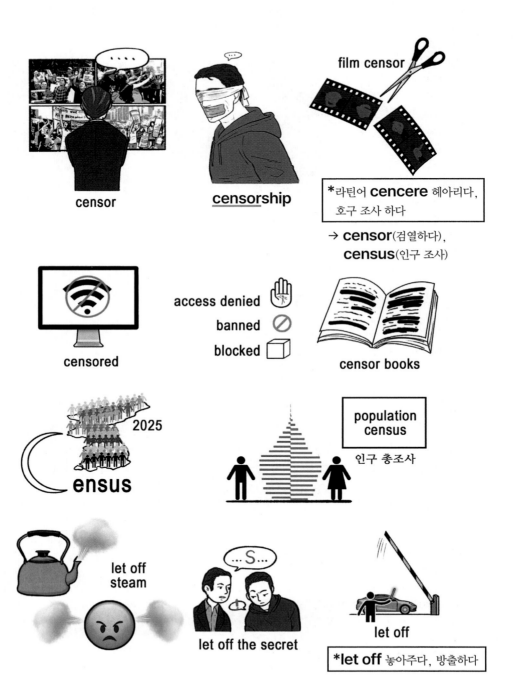

censor

censorship

film censor

*라틴어 **cencere** 헤아리다, 호구 조사 하다

→ **censor**(검열하다), **census**(인구 조사)

censored

access denied
banned
blocked

censor books

2025
census

population census

인구 총조사

let off steam

let off the secret

let off

*let off 놓아주다, 방출하다

censor ① 검열관 ② 검열하다, 등급을 매기다, 삭제하다.

* 라틴어 **censere**(헤아리다, 호구 조사 하다) → 영어 **census, censor, censorship**
* **census** 인구 조사, 호구 조사 * **censorship** 검열

(예문) ────────────────────────

The government should not censor the Internet.
정부는 인터넷을 검열해서는 안 된다.

The film has been banned by the censor.
그 영화는 검열에 걸려 상영이 금지되었다.

The article was blacked out by the censor.
그 기사는 검열에 의해 보도 통제(삭제)되었다.

The article passed censorship. 그 기사는 검열을 통과했다.

The government takes an annual census. 정부는 매년 인구 조사를 실시한다.

(구문) ────────────────────────

• **censor books** 책을 검열하다
• **self-censor** 자기 검열
• **censorship of the media** 언론에 대한 검열
• **censorship detail guidelines** 검열 세부 지침
• **Census Bureau** 인구 조사국
• **population census** 인구 조사

let off ① ~를 면하게 해 주다, 놓아주다 ② 내뿜다, 방출하다

(예문) ────────────────────────

I am just gonna let you off with a warning.
이번에는 경고만 하고 보내 드리겠습니다.

He was let off with a warning.
그는 경고만 받고 훈방되었다.

(구문) ────────────────────────

• **let off the book** 놓아주다
• **be let off for lack of evidence** 증거 부족으로 풀려나다
• **let off the secret** 비밀을 발설하다
• **let off steam** 증기를 방출하다, 열기를 식히다, 스트레스를 풀다

22

innate, nature, catch up

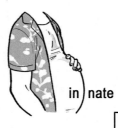

innate ideas

in) nate

innate instinct

*innate
타고난, 선천적인

innate immune system

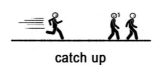

catch up

catch up on work

3:3

catch up on that score

*catch up 따라잡다, 만회하다

innate 타고난, 선천적인
* 라틴어 **natio**(출생, 출신 가문, 민족, 당파) → **nation** 민족 * **nature** 자연, 천성, 본성
* **nat**는 출생과 관련이 있다. .
in(안에) + **nat**(출생) + **e** → **innate**(출생할 때부터 안에 있는 것이므로) 타고난, 선천적인
* **innately** 선천적으로, 천부적으로, 본질적으로

(예문)

Monkeys have an innate sense of climbing trees.
원숭이들은 선천적으로 나무 타는 감각을 타고났다.

(구문)

- **innate talent** 선천적 재능(an inborn gift)
- **innate ideas** 본유 관념(생득 관념): 감각이나 경험에 의해 습득하는 것이 아니라 태어나면서부터 인간 정신에 내재해 있다고 보는 관념을 말한다.
- **innate drive** 본능적 충동

- **innate defect** 타고난 결함
- **innate instinct** 타고난 본능
- **an innate belief** 타고난 믿음(천부적 신념)
- **innately conservative** 선천적으로 보수적인
- **innately violent** 선천적으로 폭력적인

catch up ① 따라가다, 따라잡다 (~**with**) ② 만회하다, 밀린 일을 하다(~**on**)

(예문)

Go on ahead. I will catch up with you. 먼저 가. 뒤따라갈게.

Let's catch up soon. 조만간 밀린 얘기나 하자.

Shall we catch up? 우리 밀린 얘기나 좀 할까?

I have to catch up on some work. 밀린 일을 좀 해야 해.

I have a lot of paperwork to catch up on 밀린 서류 작업이 많아.

I'm gonna catch up on my sleep. 밀린 잠을 잘 거야.

I still have some work to catch up on. 아직 밀린 일이 좀 있어.

(구문)

- **catch up on my sleep** 밀린 잠을 자다
- **catch up with others** 다른 사람들을 따라잡다

fad, fade. faddy, plastic, plasticity, plaster

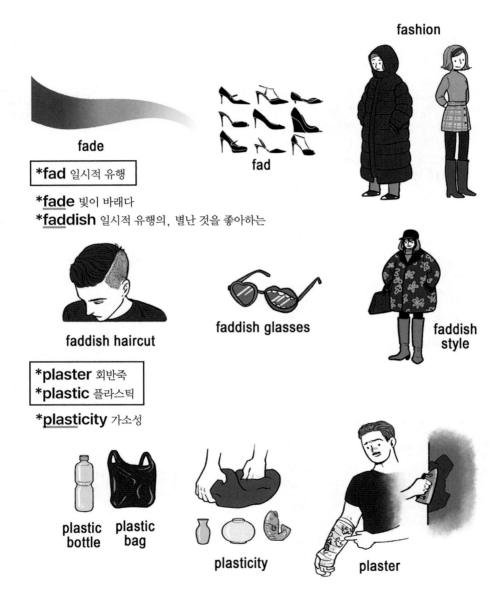

fashion

fade

fad

*fad 일시적 유행

*fade 빛이 바래다
*faddish 일시적 유행의, 별난 것을 좋아하는

faddish haircut

faddish glasses

faddish style

*plaster 회반죽
*plastic 플라스틱

*plasticity 가소성

plastic bottle

plastic bag

plasticity

plaster

fad (일시적인) 유행

* fiddle - faddle 시시한 것, 하찮은 짓(을 하다)
* fade 빛이 바래다, 희미해지다, 서서히 사라지다
* faddy 별스러운, 유별난 * faddish 변덕스러운, 별난 것을 좋아하는, 일시적 유행의
* faddism 일시적 유행을 따름, 별난 것을 좋아함
* faddist 변덕쟁이, 일시적 유행을 따르는 사람
* fashion 유행 * fashionable 유행하는, 유행을 따른

예문

Cryptocurrency might not be just a passing fad.
암호화폐(가상화폐)는 그저 지나가는 한때의 유행이 아닐지도 모른다.

Korean culture is becoming a fad all over the world. 한국 문화가 세계적인 유행이 되고 있다.

It's better to burn out than fade away. 서서히 사라지기보다 한번에 타 버리는 것이 낫다.

Friends are flowers that never fade. 친구는 시들지 않는 꽃과 같다.

Old soldiers never die, they fade away. 노병은 죽지 않는다, 다만 사라질 뿐이다.

Fashion is made to become unfashionable. -Coco Chanel
유행은 유행에 뒤떨어질 수밖에 없게 만들어진다. -코코 샤넬

구문

• the recent fad 최근의 유행
• the fad for retro looks 복고풍 패션의 유행
• fad words 유행어
• education fad 교육 열풍

• a faddy eater 먹는 것에 유별난 사람
• faddy diet 유별인 다이어트
• the color fades away 색이 빠지다
• out of fashion 유행이 지난

plastic 플라스틱, 플라스틱으로 된

* 라틴어 plastica(이겨서 만드는 것, 조소, 소조술) → plastic, plaster, plasticity
* plasticity 가소성(可塑性; 외부 자극에 의해 변형되는 성질, 탄성elasticity과 반대되는 성질)
* plaster ① 회반죽, 소석고, 깁스 ② 회반죽을 바르다(~ over)

예문

The plastic bag of a homeless man contained all his worldly goods.
한 노숙자의 비닐백 안에는 그가 이 세상에서 가지고 있는 모든 재산이 들어 있다.
* 다른 사람들에게 아무 가치가 없어 보이는 것이 그 사람에게는 전부일 수도 있다.

In some ways, plastics protect the environment.
어떤 면에서는 플라스틱이 환경을 보호하는 측면이 있다.

* 플라스틱은 환경에 좋지 않다. 그러나 플라스틱은 코끼리 상아, 물소 뿔 등 자연에서 얻는 물질을 대체함으로써 환경을 보호하는 측면이 있다.

구문

• the plasticity of the brain 뇌의 가소성
• crumbling plaster 부서져 떨어지는 회반죽

turn down, refuse, reject, decline

현재로서는... NO

offer

refuse

turn down

turn down

*turn down
거절하다, 낮추다

reject

rejection

rejected

Sorry.

*refuse
거절(거부)하다
*reject
단호하게 거절
(거부)하다

*decline
정중하게 거절하다

호의는 고맙지만
정중히 사양.

PLEASE?

decline a gift

turn down ① 거절하다 ② 약하게 하다, 낮추다

* **turn down**은 가볍고 부드러운 느낌, **reject**는 단호한 거절, **refuse**(거절하다, 거부하다)는 번복의 여지가 약간이나마 남아 있는 거절이라는 뉘앙스가 있다.

* **reject** 거절하다, 불량품, 거부당한 사람 * **rejection** 거절, 배제, 부결

* **decline**은 정중하게 거절, 사양할 때 쓰인다.

* **decline** ① 감소, 줄어들다 ② 정중히 거절(사양)하다

(예문)

Corrupt officials are not going to turn down the money.
부패 공무원들은 돈을 마다하지 않을 거야.

Jim rejected calls for his resignation. 짐은 사임 요구를 거절했다.

He was rejected by every company he applied to.
그는 지원한 모든 회사에서 불합격했다.

Rotten apples are rejected. 썩은 사과들은 품질 검사에서 불합격 처리 된다.

Lukewarm acceptance is much more bewildering than outright rejection.
미온적 수락은 명백한 거절보다 훨씬 당혹스럽다.

The offer is too good to refuse. 그 제안은 너무 좋아서 거절할 수 없다.

(구문)

• **turn down one's invitation** ~의 초대를 거절하다
• **turn down one's proposal** ~의 제안을 거절하다
• **turn down offers of work** 일자리 제의를 거절하다
• **turn down the volume** 볼륨을 낮추다
• **turn down the gas** 가스 불을 줄이다
• **turn down the heat** 온도를 낮추다
• **reject the idea as absurd** 얼토당토않은 생각이라고 거절하다
• **reject the bill** 법안을 부결시키다(거부하다)
• **feel rejected** 버림받았다는 기분이 들다
• **feelings of rejection** 버림받았다는 기분
• **got another rejection on the job front** 취직 시험에서 또 떨어졌다
• **refuse to give testimony** 증언하는 것을 거절하다
• **decline a gift** 선물을 사양하다
• **decline to comment** 언급을 회피(거부)하다
• **decline an invitation** 초대를 거절하다
• **be in decline** 감소하고 있다

25

fate, fatal, fatality, destiny, destine

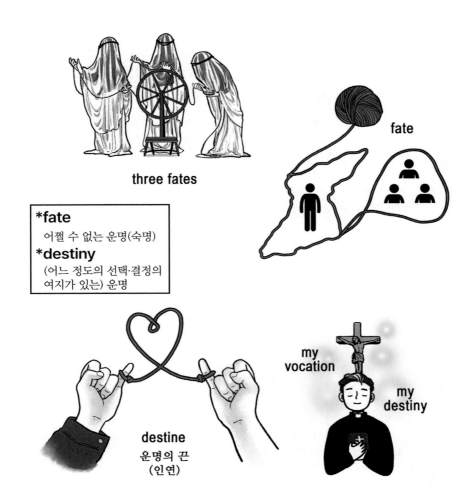

three fates

*fate
  어쩔 수 없는 운명(숙명)
*destiny
  (어느 정도의 선택·결정의
  여지가 있는) 운명

fate

destine
운명의 끈
(인연)

my
vocation

my
destiny

fate 운명, 숙명(피할 수 없는 것, 바꿀 수 없는 것)
* 라틴어 **fatum**(신의 뜻, 운명, 숙명) → **fate** 운명
* **fatal** 치명적인, 돌이킬 수 없는 * **fatility** 사망자, 사상자 수, 치사율
* **fate**는 어쩔 수 없는 숙명, 내가 원하지 않더라도 받아들여야 한다는 부정적 뉘앙스가 있다.
* 라틴어 **destinare**(결정하다) → **destine** 예정해 두다, 정하다
* **destiny**는 어느 정도 선택, 결정의 여지가 있는 것으로 긍정적 뉘앙스가 있다.
  나의 타고난 재능은 **fate**, 재능을 활용하여 어떤 직업을 선택하는 것은 **destiny**.

(예문)

The three fates are fickle. 운명의 세 여신은 변덕스럽다.

*운명의 세 여신: Clotho(클로토, 생명의 실을 잣는다), Lachesis(라케시스, 실의 길이를 정한다.) Atropos(아트로포스, 실을 끊는다) 세 자매를 말한다.

A man's character is his fate. 성격은 그의 운명이다.

Men are not prisoners of fate, but only prisoners of their own minds.
인간은 운명의 포로가 아니라 자기 마음의 포로일 뿐이다.

Success isn't permanent and failure isn't fatal.
성공은 영원하지 않고, 실패는 치명적이지 않다.

No one dies of fatal truths; there are too many antidotes to them.
- Friedrich Wilhelm Nietzsche
치명적 진실로 인해 죽는 사람은 없다; 해독제가 너무 많다. - 프리드리히 빌헬름 니체

* 대부분의 사람들은 불편한 진실이 드러나면 치명상을 입는다. 그러나 권력은 힘과 돈, 정치 선전으로 자신을 보호할 수 있다. 치명적 진실에 관하여 권력이 사용할 수 있는 해독제는 은폐, 적반하장, 책임 전가, 자화자찬 등이다.

He is destined for the gallows. 그는 교수형에 처해질 운명이다.

You are destined to become a doctor. 너는 의사가 될 팔자야.

We must not be destined. 우리는 인연이 아닌가 봐.

Destiny is not a matter of chance. It is a matter of choice.
운명은 우연이 아니라 선택이다.

He is in control of our destiny. 그가 우리의 운명을 좌지우지한다.

(구문)

- **the irony of fate** 운명의 장난
- **be fated to be hanged** 교수형에 처해질 운명이다
- **a fatal flaw** 치명적 결함
- **the fatal wound** 치명상
- **the fatality rate** 치사율(사망률)
- **the fatality of cancer** 암의 치사율

* **Manifest Destiny** 명백한 운명: 1984년 미국 언론인 오설리번은 잡지에 "신이 준 아메리카 대륙에 발을 넓혀 가는 것은 명백한 운명이다."라는 글을 기고했다. 이 말은 서부 개척시대 인디언 부족을 쫓아내고 미국의 영토확장에 정당성을 부여한 논리가 되었다. 이 글은 비서구사회 사람들을 야만인으로 보고 문명화해야 한다는 백인우월주의white superemacy에 입각하고 있다는 비판을 받았다.

26

proceed, procedure, process, folly, fool

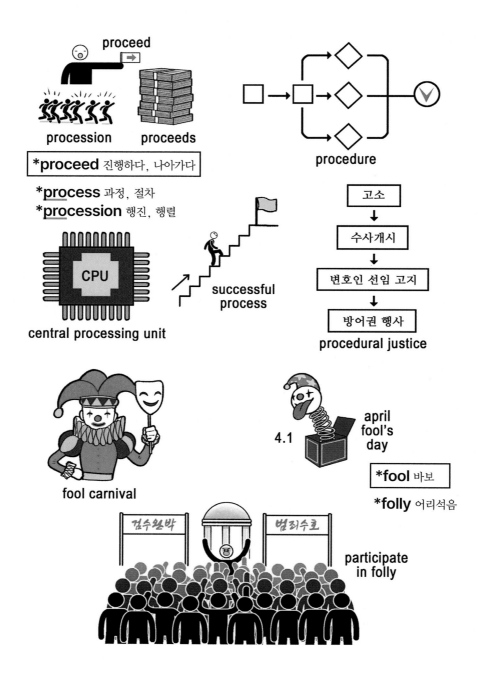

proceed

procession · proceeds

*proceed 진행하다, 나아가다

*process 과정, 절차
*procession 행진, 행렬

procedure

central processing unit

successful process

고소
↓
수사개시
↓
변호인 선임 고지
↓
방어권 행사

procedural justice

fool carnival

4.1 · april fool's day

*fool 바보

*folly 어리석음

검수완박 · 범죄수호

participate in folly

proceed 진행하다(되다), 나아가다, 계속해서 ~하다
* pro(앞으로) + 라틴어 cedere(가다) → proceed * proceeds 일을 진행하여 얻은 수익금
* procedure 절차, 진행 * procedural 절차의, 절차상의
* process ① 과정, 절차, 공정 ② 가공하다, 처리하다
* procession 행진, 행렬, 줄

(예문)

Let me know how you would like to proceed with the business.
그 사업을 어떻게 진행하고 싶은지 나에게 알려 줘.

This is just a standard procedure. 이것은 그냥 표준 절차일 뿐이야.

He asked for an adjournment of the trial for procedural reasons.
그는 절차상의 이유를 들어 재판 연기를 요청했다.

Put the past behind and proceed! 과거를 잊고 전진하라!

They marched in procession. 그들은 줄지어 행진했다.

(구문)

• the tail of the procession 그 행렬의 꼬리
• image processor 영상회의 장치
• the procession of mourners 문상객들의 행렬
• data processor 데이터 처리 장치

ROOT/STEM

folly 어리석음, 어리석은 행동(생각)
* fool ① 멍청이 ② 속이다 → foolish 어리석은, 바보 같은 * folly 어리석음

(예문)

You are wise as much as you know your folly. 당신은 어리석음을 아는 만큼 현명하다.

Folly and wickedness shorten life. 어리석음과 사악함이 수명을 줄인다.

Learn wisdom by the follies of others. 남의 실수를 보고 배운다(타산지석).

Profit from folly rather than participate in it. - Warren Buffett
어리석음에 동참하지 말고 그것을 이용해서 이익을 내라. -워런 버핏

* The praise of Folly - Erasmus 어리석음에 대한 찬양(우신예찬 -에라스무스)

사랑에 눈이 멀어 분별력을 잃은 남녀는 서로 환심을 사기 위해 바보 같은 소리를 지껄이기 때문에 항상 즐겁고 정치인은 민중의 갈채를 얻으려고 애쓰는 어리석음에서 영웅적인 고귀한 행위를 한다. 위대한 발견이나 발명은 어리석다고 할 정도로 소박하고, 미쳤다고 할 정도로 열정이 있는 학자에 의해 이루어진다. 인간이 가진 비이성은 삶을 낙관적으로 바라보게 하고 무모한 도전을 가능케 함으로써 긍정적 효과를 거두는 면이 있다. 때로는 예리한 지성보다 어리석고 우둔한 열정이 역사의 진보를 가져온다.

(구문)

• April Fool's day 만우절
• make a fool of me 나를 놀리다(이용해 먹다)
• the follies of youth 젊은 날의 어리석은 행동
• copy one's follies ~의 어리석은 행동을 따라 하다

convince, persuade

convince

*con 완전히
*라틴어 vincere
　　이기다

*convince 납득시키다

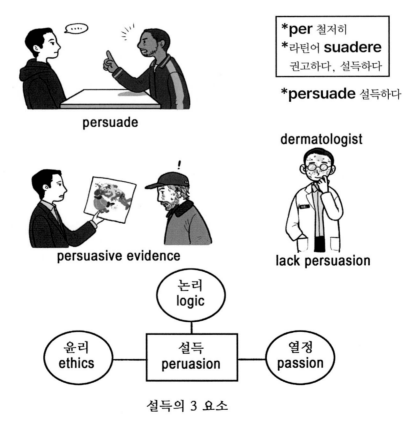

persuade

*per 철저히
*라틴어 suadere
　권고하다, 설득하다

*persuade 설득하다

dermatologist

persuasive evidence

lack persuasion

논리
logic

윤리
ethics

설득
peruasion

열정
passion

설득의 3 요소

ROOT/STEM

convince ① (무엇을 믿도록) 납득시키다, 설득하다 ② 확신시키다.

* 라틴어 **vincere** (이기다, 승소하다) → **vince**

con(완전히) + **vince**(이기다, 승소하다) → **convince** 납득시키다

* **convinced** 확신하는, 독실한, 투철한 * **convincing** 설득력 있는, 확실한

persuade (무엇을 하도록) 설득하다, 납득시키다

* **per**(완전히) + 라틴어 **suadere**(충고, 권고하다) → **persuade** 설득하다, 납득시키다

* **persuasive** 설득력 있는 * **persuasion** 설득, (정치적, 종교적) 신념

(예문)

Life's greatest happiness is to be convinced you are loved.

인생 최대의 행복은 당신이 사랑받고 있음을 확신하는 것이다.

In science the credit goes to the man who convinced the world, not the man to whom the idea first occurs.

과학에서는 아이디어를 처음 낸 사람이 아니라 세상 사람들은 납득시킨 사람에게 공이 돌아간다.

If you are to persuade, you must appeal to interest rather than intellect. - Benjamin Franklin

남을 설득하기 위해서는 지성보다 이익에 호소해야 한다. - 벤자민 프랭클린

Discourage litigation. Persuade your neighbors to compromise.

소송을 삼가라. 네 이웃들이 타협할 수 있도록 설득하라.

Propaganda is an art of persuasion that has been used for thousands of years.

설득의 기술로서 선전 선동은 수천 년 전부터 사용되어 왔다.

* 설득의 기술 **an art of persuasion**

대중을 설득하기 위해서는 논리만으로는 부족하다. 논리(logic) 외에도 윤리(ethics), 열정(passion)을 갖추어야 한다.

(구문)

- **convincing triumph** 확실한(압도적인) 승리
- **have a convincing 3-0 win over china** 중국에 3-0 압도적 승리를 거두다
- **discourage** 의욕을 꺾다, 좌절시키다
- **litigation** 소송
- **a persuasive way of talking** 설득력 있는 대화술
- **persuasion skills** 설득력
- **provide persuasive evidence** 설득력 있는 증거를 제시하다
- **have great powers of persuasion** 대단한 설득력을 가지고 있다
- **use quiet persuasion instead of the big stick** 강압 대신 조용히 설득하는 방법을 사용하다
- **lack persuasion** 설득력이 부족하다
- **be caught by his persuasion** 그의 설득에 넘어가다

corrupt, bankrupt, corrode, martial

corrupt

corrupt regime

-98.765.432

bankruptcy

*라틴어 **ruptus** 파열된
→ **rupt**는 파열된, 부서진 것과 관련이 있다

*cor(완전히 con) + rupt(파열된) → corrupt 부패한
*bank(은행) + rupt(파열된) → bankrupt 파산한, 파산자

martial art

戒嚴令 계엄령

martial law

*Mars 전쟁의 신

*martial 싸움의, 전쟁의

corrupt ① 부패한, 타락한 ② 부패(타락)시키다
* **cor**(완전히, 함께 **con**)+ 라틴어 **ruptus**(파열된, 터진) → **corrupt** 부패한, 타락한
* **corruption** 부패, 타락, 오염, 변질
* **bankrupt** 파산한, 파산자, 파산시키다 * **bankruptcy** 파산, 파탄
* **cor**(완전히, 함께 **con**) + 라틴어 **rodere**(갉아먹다, 좀먹다) → **corrode** 부식시키다, 좀먹다
* **corrosion** 부식

예문

A corrupt judge is not qualified to inquire into the truth.
부패한 판사는 진실을 조사할 자격이 없다.

Power ends to corrupt and absolute power corrupts absolutely.
권력은 부패하는 경향이 있고 절대 권력은 절대 부패한다.
* 권력이 부패하는 이유: 권력을 잡으면 이익이 많다. 이익의 달콤함을 맛보게 되면 권력자는 현실에 안주하고 싶어지기 때문에 바른말 하는 사람을 멀리하고 비위를 맞추는 사람을 중용하게 된다. 이 때문에 소통이 원활치 못해 독단에 빠져 오만하게 되고 옳고 그름, 진짜와 가짜를 구분할 수 없게 된다.

Evil words corrupt good manners. 나쁜 말은 행실을 타락시킨다.

Acid corrodes metal. 산은 금속을 부식시킨다.

This metal is highly susceptible to corrosion. 이 금속은 부식이 잘 된다.

The company was declared bankrupt in bankruptcy court. 그 회사는 파산법원에서 파산 선고를 받았다.

구문

- **corrupt regime** 부패한 정권
- **corrupt officials** 부패 공무원들
- **corrupt children** 아이들을 망치다
- **corrupt the text** 원문을 변질시키다
- **root out corruption** 부패를 뿌리 뽑다
- **fight corruption** 부패와 싸우다
- **be arrested on charges of corruption** 부패 혐의로 체포되다
- **the rampant corruption** 만연한 부패
- **go bankrupt** 파산하다
- **morally bankrupt** 도덕적으로 파탄이 된
- **the prospect of bankruptcy** 파산 가능성
- **file for bankruptcy** 파산 신청을 하다

ROOT/STEM

martial 싸움의, 전쟁의
* **Mars**(전쟁의 신) → **martial** 싸움의, 전쟁의

예문

Martial law has been proclaimed in the whole country. 전국에 계엄령이 내려졌다.

구문

- **martial art** 무술
- **martial music** 군악
- **martial law** 계엄령
- **martial art film** 무협영화
- **martial rule** 군정

accord, discord, take over, takeover

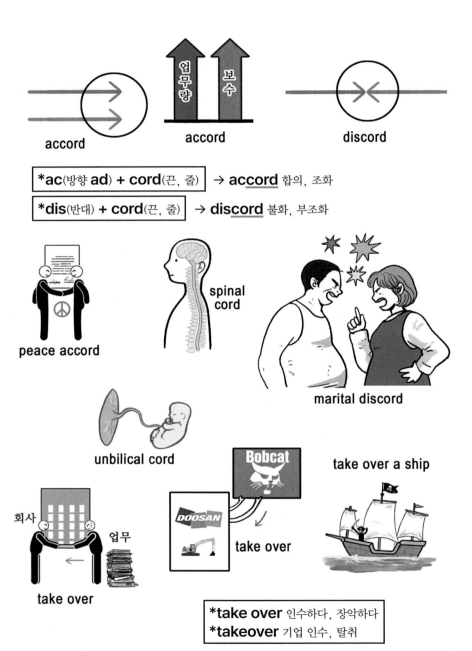

accord · accord · discord

*ac(방향 ad) + cord(끈, 줄) → accord 합의, 조화

*dis(반대) + cord(끈, 줄) → discord 불화, 부조화

peace accord

spinal cord

marital discord

unbilical cord

take over

Bobcat

DOOSAN

take over

take over a ship

*take over 인수하다, 장악하다
*takeover 기업 인수, 탈취

ROOT/STEM

accord ① 합의 ② 부합하다

* **ac**(방향ad) + **cord**(끈, 줄, 현) → accord 합의, 부합하다
* **according** 따라서, 일치하여 * **accordingly** ① 부응해서, 그에 맞춰 ② 그런 이유로, 그래서

discord ① 부조화, 불일치, 불협화음, 불화 ② 일치(화합)하지 않다(~with)

* **dis**(부정) + **cord**(끈, 줄, 현) → discord 부조화, 불화

예문

He resigned of his own accord. 그는 (남의 권유에 의해서가 아니라) 자진 사퇴 했다.

I will pay you according as you work. 네가 일한 만큼 보수를 주겠다.

I will act accordingly. 나도 거기에 맞춰 행동하겠다.

Eris sowed discord among the goddesses. 에리스는 여신들 사이에 불화의 씨앗을 뿌렸다.

* 불화의 여신 에리스는 결혼 잔치에서 '가장 아름다운 여신에게'라고 쓰인 황금 사과를 던져 아프로디테, 헤라, 아테나 여신이 서로 반목하게 만들었다.

구문

- **abide by the accord** 협정을 준수하다
- **the free trade accord** 자유 무역 협정
- **the peace accord** 평화 협정
- **accord with my prediction** 내 예측과 부합된다
- **with one accord** 한마음 한뜻으로
- **according to plan** 계획에 따라, 계획대로
- **according to weather forecast** 일기 예보에 의하면
- **according as the demand increases** 수요가 증대함에 따라

- **spinal cord** 척수, 등골
- **umbilical cord** 탯줄
- **the knot in the cord** 끈의 매듭
- **plug the power cord into the wall outlet** 전원 코드를 벽면 콘센트에 꽂다
- **marital discord** 부부 사이의 불화
- **a note of discord** 불화의 조짐

ROOT/STEM

take over ① 인수하다, 인계받다 ② 장악하다, 탈취하다
takeover ① 기업 인수 ② 탈취

예문

I urge you to reconsider before you take over the task.
네가 그 일을 떠맡기 전에 다시 한번 생각해 보기를 촉구한다.

The company might fall prey to a hostile takeover.
그 회사는 절대적 기업 인수(기업 사냥)의 먹잇감이 될 수도 있다.

구문

- **take over the job** 그 일을 떠맡다
- **take over a case** 사건을 넘겨받다
- **take over one's business** 사업체를 인수하다
- **take over the ship** 그 배를 차지하다

- **takeover offer** 인수제의
- **takeover target** 인수 대상
- **takeover artist** 기업 인수 합병 전문가, 기업 사냥꾼

30

compassion, passion, drown, drown out

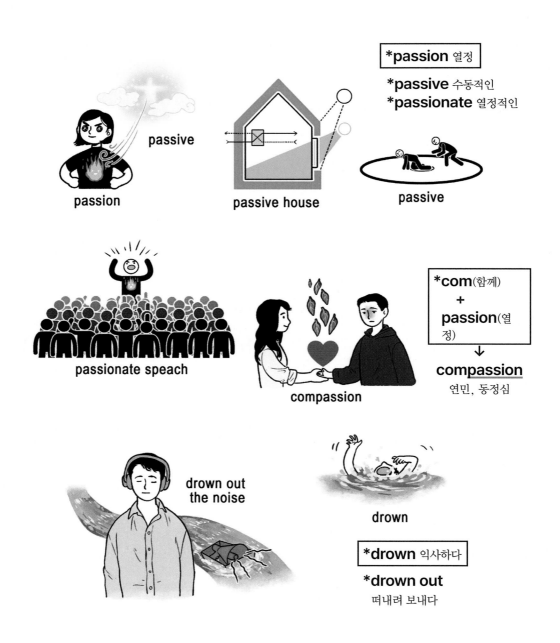

*passion 열정

*passive 수동적인
*passionate 열정적인

passive

passion

passive house

passive

passionate speach

compassion

*com(함께)
+
passion(열정)
↓
compassion
연민, 동정심

drown out
the noise

drown

*drown 익사하다

*drown out
떠내려 보내다

compassion 연민, 동정심
* com(함께) + 라틴어 passio(수동 감정, 고뇌, 수난) → compassion 연민, 동정심
* passion 열정, 격정, 격노, 욕정 * passionate 열정적인, 열렬한 * passive 수동적인, 수동태
* compassionate 동정하는, 연민 어린

예문

He never shows compassion to others. 그는 다른 사람들에게 온정을 베푸는 일이 없다.

She is compassionate to the poor. 그 여자는 가난한 사람들에게 동정심이 많다.

Nothing great in the world has been accomplished without passion.
이 세상에서 열정 없이 이루어진 위대한 것은 하나도 없다.

Passion makes the world go round. 열정이 세상을 돌아가게 만든다.

구문

• passion play 예수 수난극
• passion for dancing 무용에 대한 열정
• passive resistance 소극적 저항
• passive smoking 간접 흡연
• passive income 불로소득
• passive house
   패시브 하우스(열 손실을 막아 에너지 사용량을 절감하는 집)
• a passionate embrace 열정적 포옹
  • a passionate defender 열렬한 옹호자

• make passionate speeches 열정적 연설을 하다
• a passionate leader 열정적 리더
• compassionate conservatism 온정적 보수주의
• a compassionate man 인정 많은(자상한) 남자
• compassionate leave
   (불행한 일을 당한 경우 위로하기 위한) 특별 휴가
• compassionate allowance 특별위로금, 특별 수당
• compassionate choice 동정적 선택

drown ① 익사하다(시키다) ② 잠기게(흠뻑 젖게) 하다 ③ 몰두하게 하다
drown out ① 떠내려 보내다 ② (소음이) 들리지 않게 하다

예문

A drowning man will clutch at a straw. 물에 빠진 사람은 지푸라기라도 움켜잡는다.

Nobody ever drowned in his own sweat. 누구도 자신이 흘린 땀에 익사한 사람은 없다.

Drown out the sound of his snoring. 그가 코 고는 소리가 들리지 않게 해.

구문

• a drowned body 익사체
• drown him 그를 익사시키다
• drown oneself in work 일에 몰두하다
• drown oneself in the river 강에 투신하다

• drown out the noise
   소음을 떠내려 보내다(들리지 않게 하다)
• the half-drowned girl 거의 익사할 뻔한 소녀
• a drowned rat 물에 빠진 생쥐

emphasis, emphatic, empathy, empathic

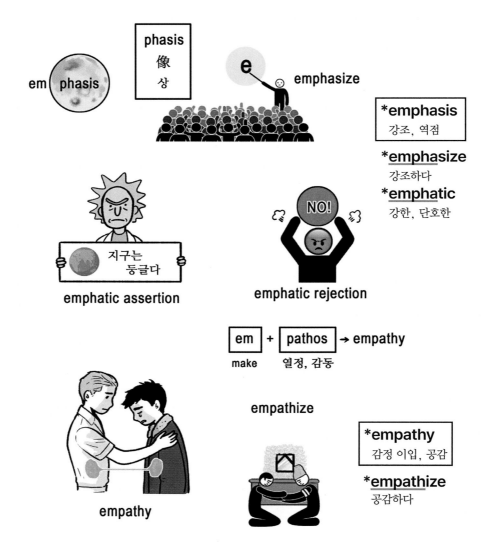

phasis
像
상

em phasis

e emphasize

emphatic assertion

지구는
둥글다

NO!

emphatic rejection

em + pathos → empathy

make 열정, 감동

empathize

empathy

*emphasis
강조, 역점

*emphasize
강조하다

*emphatic
강한, 단호한

*empathy
감정 이입, 공감

*empathize
공감하다

ROOT/STEM

emphasis 강조, 역점, 강한 어조

* **em(make)** + 라틴어 **phasis(phase** 상, 단계, 국면, 형세)

→ **emphasis** 강조, 역점 * **emphasize** 강조하다, 역설하다

* **emphatic** ① 강한, 단호한 ② 강조하는 ③ (승리 또는 패배가) 확실한

예문

It is nonexcessive to emphasize the importance of practice.
연습의 중요성은 아무리 강조해도 지나치지 않다.

He is quite emphatic in denying the report
그는 그 보도를 단호하게 부인하고 있다.

구문

- **put(place) emphasis on quality** 품질에 역점을 두다
- **lay emphasis on commerce and industry**
  상공업에 중점을 두다
- **emphasize my good points** 나의 장점을 강조하다
- **an emphatic denial** 단호한 부인
- **an emphatic rejection** 단호한 거절
- **an emphatic victory** 압도적 승리
- **an emphatic success** 확실한 성공
- **an emphatic tone** 강한 어조
- **an emphatic protest** 강력한 항의

ROOT/STEM

empathy 감정 이입, 공감

* 그리스어, 라틴어 **pathos**(열정, 감동, 감성, 정념, 충동) → **pathy** 감정, 고통, ~증세

* **em(make)** + **pathy**(감정, 고통, 증세) → **empathy** 감정 이입, 공감

* **empathic** 감정 이입의, 공감적인 * **empathize** (마음으로부터) 공감하다

예문

Empathic interation with victims is a key skill for a con man.
피해자와의 공감적 상호 적용은 사기꾼에게 필요한 핵심 기술이다.

I am not able to empathize with you. 나는 너에게 공감할 수 없어.

구문

- **an empathy ability** 공감 능력
- **sexual empathy** 성적 공감
- **an empathy for other people's situations**
  다른 사람들의 입장에 대한 공감
- **an empathic response** 공감 반응
- **an empathic portrait** 공감을 느끼게 하는 효과
- **emphathize with the suffering of the victims**
  피해자들의 고통에 공감하다
- **emphathize with someone** 누군가에게 공감하다

arrogate, arrogant, rhinoceros, rhinoplasty

arrogant

arrogant
face

*arrogant 오만한, 건방진

*arrogate 가로채다, 제멋대로 사용하다

arrogate

惡法

arrogate
the title

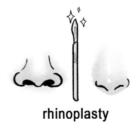

rhinoplasty

rhinoceros

*rhino는 코와 관련이 있다

*rhinoceros 코뿔소
*rhinoplasty 코 성형술
*rhinovirus 코감기 바이러스

rhinovirus

arrogate ① (권리를) 가로채다, 침해하다 ② 사칭하다, 제멋대로 사용하다

* **ar**(방향 **ad**) + 라틴어 **rogare**(의견을 묻다, 법안을 제출하다, 통과시키다)

→ **arrogate** 가로채다, 사칭하다, 제멋대로 사용하다

* **arrogant** 오만한, 건방진(**haughty**) * **arrogance** 오만

* **pride**는 자긍심이 강해서 자만하거나 오만하다는 뉘앙스, **arrogance**는 남을 무시하고 지배하려는 고압적 태도를 나타낸다.

(예문)

He arrogated power to himself. 그는 권력을 사사로이 행사했다.

I hate his arrogant attitude. 나는 그의 오만한 태도가 싫어.

Arrogance is the seed of disasters. 오만은 파멸의 씨앗.

Arrogance has only pointing fingers. 교만은 지시하는 손가락만 가지고 있다.

Arrogance diminishes wisdom. 교만은 지혜를 줄인다.

* 교만은 부풀어 올라 크게 보이지만 그것은 근육이 아니라 자만심이라는 질병이다.

Pride goes before destruction, a haughty spirit goes before a fall. - Book of Proverbs
교만은 패망의 선봉이요, 교만한 마음은 넘어짐의 앞잡이. - 잠언

(구문)

- **arrogate the earth** 땅을 제멋대로 사용하다
- **the title he arrogated** 그가 가로챈 작위
- **arrogate power** 권력을 가로채다(사사로이 행사하다, 월권 행위를 하다)
- **an arrogant manner** 거만한 태도
- **an arrogant jerk** 건방진 녀석
- **the arrogance of the nobility** 귀족의 오만함
- **arrogance disease** 도도병

rhinoceros 코뿔소(줄여서 **rhino** 라고도 한다)

* **rhino**는 코와 관련이 있다. * **rhinoplasty** 코 성형술 * **rhinovirus** 코감기 바이러스

(예문)

A rhinoceros should die if you cut its horn.

코뿔소의 뿔을 자르면 코뿔소는 죽을 것이다.

* 코뿔소의 뿔은 사슴뿔, 코끼리의 상아와 같은 뼈가 아니다. 그것은 피부의 각질이 섬유화되어 뭉친 것으로, 그 안에 피가 흐르기 때문에 뿔을 자르면 과다 출혈로 죽을 수도 있다. 뿔 때문에 밀렵poaching이 성행하여 코뿔소는 멸종위기종endangered species이다.

* **grey rhino** 회색 코뿔소: 발생한 개연성이 높고 파급력도 크지만 사람들이 간과하는 위험 요소를 말한다. 코뿔소는 멀리서도 눈에 잘 띄고 진동만으로도 알 수 있지만 가까이 왔을 때는 두려움 때문에 또는 대처 방법을 몰라서 통제 불능의 위험 상태에 빠질 수 있다. 예컨대 한국경제의 위험 요소인 가계부채, 강성 노조, 포퓰리즘 정책은 회색 코뿔소가 될 수 있다.

ferry, fertile, fertilizer, emancipate

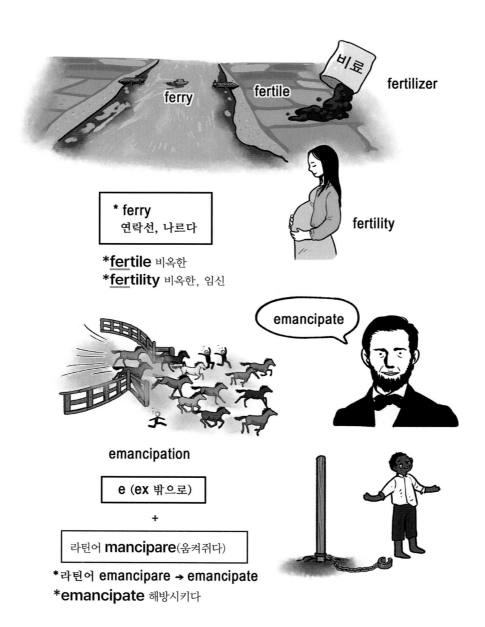

비료

ferry

fertile

fertilizer

fertility

* ferry
  연락선, 나르다

*fertile 비옥한
*fertility 비옥한, 임신

emancipate

emancipation

e (ex 밖으로)

+

라틴어 mancipare(움켜쥐다)

*라틴어 emancipare → emancipate
*emancipate 해방시키다

ferry 연락선, 유람선, 나르다(운반하다)

* **ferre**(나르다, 운반하다, **French Latin**) → **ferry** 연락선 * **fertile** 비옥한

흙을 운반하면 기름진 땅이 되므로 **ferry** → **fertile**로 연결된다.

* **fertility** 비옥함, 생산력, 임신(출산) ***fertilizer** 비료

* **fertilize** 수정시키다, 비료를 주다, 비옥하게 하다

예문

I was surprised to find that the ferry had already left.
나는 연락선이 벌써 떠났다는 것을 알고 놀랐다.

The black soil belt of Ukraine is fertile ground for growing wheat.
우크라이나의 흑토지대는 밀을 재배할 수 있는 비옥한 땅이다.

구문

• a passing ferry 지나가는 연락선
• a roll-on roll off car ferry
  자동차가 타고 내릴 수 있는 연락선
• fertile crescent 비옥한 초승달 지대
• fertile land 비옥한 땅
• fertile women 가임 여성
• fertile eggs 유정란
• fertility clinic 인공수정 병원
• fertility rate 출산율

• fertility decline 출산율 감소
• fertility of land 토지의 생산력
• fertilize a field 거름을 주다
• fertilize the mind 마음을 풍요롭게 하다
• fertilize an egg 난자를 수정시키다
• fertilize the plants 식물에 비료를 주다
• fertilize an animal 동물을 수정시키다
• plant based fertilizer 식물성 비료

emancipation (법적, 정치적, 사회적 제약으로 부터의) 해방

* **e**(밖으로 **ex**) + 라틴어 **mancipatio**(소유권, 가축 등의 양도, 매각)

→ **emancipation** 해방

* **emancipate** 해방시키다(**set free**) * **emancipationist** 해방론자

예문

Alexander II emancipated the serfs. 알렉산드르 2세는 농노들을 해방시켰다.

Emancipation changed the course of history. 노예 해방은 역사의 물줄기를 바꾸었다.

구문

• emancipate women from domestic labor
  여성들을 가사 노동으로부터 해방시키다
• be emancipated from bondage(shackles)
  속박에서 해방되다

• emancipate each other 서로를 놓아주다
• be emancipated from colonial rule
  식민 통치에서 해방되다

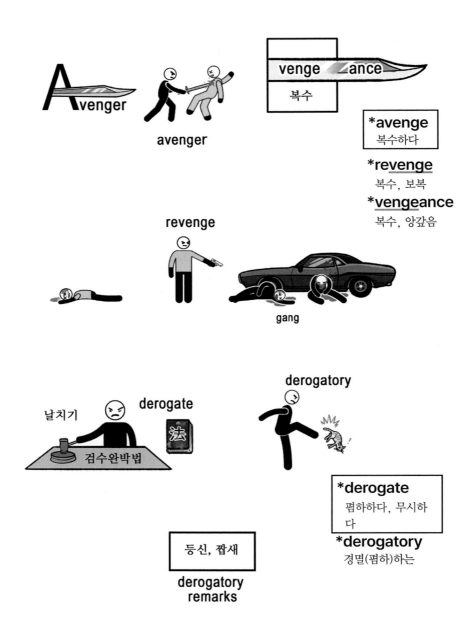

venge / ance
복수

avenger

*avenge
복수하다

*revenge
복수, 보복

*vengeance
복수, 앙갚음

revenge

gang

derogatory

날치기 derogate

검수완박법

*derogate
폄하하다, 무시하다

*derogatory
경멸(폄하)하는

등신, 짭새

derogatory
remarks

vengeance (격식적 표현) 복수, 앙갚음
* 구 프랑스어 **venger**(복수하다, 보복하다) → **avenge, revenge, vengeance**
* **a**(방향ad) + **venge**(복수) → **avenge** 복수하다(격식적 표현)
* **avenger** 복수하는 사람 * **avengeful** 복수심에 불타는, 보복적인
* **re**(다시) + **venge**(복수) → **revenge** 복수, 보복, 설욕 * **vengeance** (격식) 복수

(예문)

I will have my vengeance. 나 복수할 거야.

Hannibal swore vengeance on those who had invaded Carthage.
한니발은 카르타고를 침략한 사람들에 대한 복수를 맹세했다.

Hamlet promised to avenge his father's murder. 햄릿은 아버지가 살해된 데 대해 복수를 하겠다고 약속했다.

Revenge breeds another revenge. 복수는 또 다른 복수를 낳는다.

There is no revenge so complete as forgiveness. 용서만큼 완전한 복수는 없다.

In taking revenge, a man is but even with his enemy.
복수할 때 인간은 적과 같은 수준이 된다(용서하면 적보다 우월해진다).

Before you embark on a journey of revenge, dig two graves.
복수의 길을 떠나기 전에 두 개의 무덤을 파 두어라.

(구문)

• **take a bloody vengeance on the killer** 살인자에게 잔인한 복수를 하다
• **avenge his father's murder** 아버지 살해범에 대해 복수를 하다
• **avenge his mother's death** 엄마의 죽음에 대한 복수를 하다

derogate (격식적 표현) ① 폄하하다, 경시(무시)하다 ② 훼손(손상)하다(~ **from**)
* **de**(아래로) +라틴어 **rogare**(의견을 묻다, 법안을 제출하다, 통과시키다)
→ **derogate** 어떤 것을 무시하여 법적 권위를 훼손하는 것을 말한다.
* **derogatory** 경멸하는, 깎아내리는, 폄하하는

(예문)

Slander can not derogate from his honor. 비방은 그의 명예를 손상시킬 수 없다.

He is always making derogatory comments about president Harding.
그는 언제나 하딩 대통령에 대하여 경멸적으로 논평한다.

(구문)

• **derogate from his honor** 그의 명성을 훼손하다
• **derogate from Article 5** 제5조의 적용을 축소하다
• **derogate from the requirements** 요구 사항을 무시하다
• **derogate from his obligation** 그의 의무를 경시하다

• **derogate from tax** 세금을 경시하다(탈세하다)
• **a derogatory remarks** 경멸적 발언
• **a derogatory gesture** 무시하는 몸짓

drawback, draw, pledge, engage

draw   drawback

draw

drawer

*draw
그리다, 끌어당기
다, 무승부

*drawback
결점, 문제점
*draw back
물러나다

draw   back

draw   cash

draw back
the curtains

경기종료
3 : 3

end in a draw

draw lots
draw straws

pledge to protect
constitution

*pledge
약속(맹세)하다

→ **engage**
관계를 맺다

pledge love

drawback 결점, 문제점 * **drawbridge** 도개교(들어 올릴 수 있는 다리)
* **draw** ① 그리다 ② 끌어당기다 ③ 추첨, 제비뽑기 ④ 무승부, 비기기
* **drawn** 핼쑥한 * **drawing** 그림, 데생, 도안 * **drawer** 서랍, 수표발행인
* **draw back** ① 물러나다, ~하지 않기로 하다 ② (휘장, 커튼 등을) 걷다, 젖히다.

예문

The main drawback of the plan is expenses. 그 계획의 주된 문제점은 비용이다.

I cannot draw back now. 이제는 돌이킬 수 없다.

The ordeal left him drawn. 그는 고된 시련으로 핼쑥해졌다.

Snails draw back into their shells. 달팽이가 움츠러들어 껍질 안으로 들어간다.

The match ended in a three-all draw. 그 시합은 3대3 무승부로 끝났다.

구문

- **the drawback of being a celebrity**
  유명인이 되는 것의 단점
- **draw back the curtains** 커튼을 걷다
- **draw lots(straws)** 제비를 뽑다
- **draw back the army** 군대를 철수시키다
- **draw clear lines** 분명한 경계를 정하다

- **draw a line** 줄을 긋다
- **draw lots** 제비를 뽑다
- **draw cash out of the ATM**
  현금 자동 인출기에서 현금을 인출하다
- **end in a draw** 무승부로 (동점으로) 끝나다

pledge ① 약속, 맹세(하다) ② 증표 ③ 저당, 담보
* 구 프랑스어 **plege**(인질, 보증) → **pledge** 약속(맹세)하다, 증표
→ **engage** 관여하다(~**in**), 관계를 맺다(~**with**) * **engagement** 약혼, 약속, 교전

예문

A pledge of love burns up like flame, but vanishes in the blink of an eye.
사랑의 맹세는 불꽃처럼 타오르다가 금세 사라진다.

Flowers are the pledge of fruit. 열매는 꽃을 보고 안다(꽃은 열매를 약속하는 것이다).

It lies in pledge. 그것은 담보로 잡혀 있다.

구문

- **pledge(swear) allegiance** 충성을 맹세하다
- **a pledge of support** 지지(후원) 약속
- **take a house out of pledge** 저당 잡힌 집을 찾다
- **an election pledge** 선거 공약

- **engage in volunteer work** 자원봉사에 참여하다
- **engage with new ideas** 새로운 사상을 접하다
- **break off their engagement** 파혼하다

fidelity, confide, confident, confidential

*라틴어 **fides**
  신용, 충실
***fide** 는 신뢰하는
  것과 관련이 있다

con

fide

***con**(완전히, 함께) **+ fide**(신뢰하다)
→ **confide** (비밀을) 털어놓다

***confidence** 신뢰, 확신, 자신감
***confidential** 비밀(기밀)의

confident

fidelity ① 신의, 정절, 의리 ② 충실함, 충실도, 정확도
* 라틴어 **fides**(신용, 충실), 라틴어 **fidere**(신뢰하다)
→ **fide**는 신뢰하는 것과 관련이 있다.
* **con**(완전히, 함께) + **fide**(신뢰하다) → **confide** 비밀을 털어놓다, (비밀을 털어놓을 만큼) 신뢰하다
* **confident** 자신감 있는, 확신하는 * **confidence** 신뢰, 확신, 자신감
* **confidential** 비밀(기밀)의, 은밀한 * **confidentiality** 비밀(기밀)

(예문)

Your fidelity is stronger than that of him.
너의 충성심은 그 사람보다 강하다.

The blueprint was copied with complete fidelity.
그 설계도는 원본 그대로 복사되었다.

You need to have someone you can confide in.
속마음을 털어놓을 수 있는 누군가가 필요하다.

We feel more confident our home turf.
우리는 본거지(홈그라운드)에 있을 때 더 자신감을 느낀다.

The researcher is accused of leaking confidential information about semi-conductors.
그 연구원은 반도체에 관한 기밀 정보를 유출한 혐의를 받고 있다.

The two companies signed a confidentiality agreement.
두 회사는 비밀 협정에 서명했다.

Years of failure began to gnaw away at his confidence
수십 년 동안의 실패가 그의 자신감을 갉아먹기 시작했다

(구문)

• **fidelity to one's principles** 원칙에 충실함
• **the fidelity of translation** 번역의 충실도
• **high fidelity amplifier** 고성능 증폭기
• **confide in each other** 서로 비밀을 털어놓다
• **confide to you** 너에게 털어놓다
• **confide in him** 그를 신뢰하다
• **be in a confident mood** 자신감 있는 분위기에 있다.
• **be confident of a successful outcome** 성공적인 결과를 확신하다
• **speak in a confidential tone** 은밀한 어조로 말하다
• **treat with complete confidentiality** 완전 비밀로 취급하다
• **a confidence trick(game)** 신용 사기
• **ooze confidence** 자신감을 내뿜다
• **Fides servanda est**(라틴어 격언). 신뢰는 지켜져야 한다(Faith must be kept).

smear, taint, stain, attain

smear campaign

smear

*smear 문지르다, 더럽히다, 중상모략, 비방

*smeary 얼룩투성이의, 더럽혀진, 기름이 밴

*tain은 손을 대는 것, 더러워지는 것과 관련이 있다.

taint

attain

taint mind

*taint 더럽히다, 오염시키다

*attain 도달하다, 이루다
*stain 얼룩지게 하다

stain

stained glass

stainless

smear ① 문지르다, 바르다, 더럽히다, ② 얼굴, 자국 ③ 중상모략, 비방
* **Old English smeoru**(지방질) → **smear** 문지르다, 더럽히다
* **smeary** 얼룩 투성이의, 더럽혀진, 끈적거리는, 기름이 밴

The ruling party started a smear compaign againt him so that he wouldn't be elected president.
집권당은 그가 대통령에 당선되지 않게 하려고 그에 대한 조직적인 중상모략을 시작했다.

- **smear campaign against the front-runner**
  선두 주자에 대한 중상모략
- **launch a smear campaign** 중상모략을 시작하다
- **smeared windows** 더러워진 창문
- **smear mud on the wall** 벽에 진흙을 마구 바르다
- **a smear of red pepper paste** 고추장 자국

taint ① 더럽히다, 오염시키다 ② 오점, 오명
* **taintless** ① 더러워지지 않은, 부패하지 않은, 오염되지 않은 ② 순결한, 깨끗한
라틴어 **tingere**(물들이다, 적시다) → **tin, tain**은 손대는 것, 물들이는(오염시키는) 것과 관련이 있다.
* **stain** 얼룩지게 하다, 얼룩, 착색제 * **stainless** 얼룩지지 않은, 녹슬지 않은, 흠 없는
a(방향**ad**) + **tain**(손대다) → **attain** (손을 대서) 도달하다, 이루다, 획득하다

The alibi cleared him out of any taint of suspicion.
그 알리바이는 그를 의심의 얼룩에서 말끔히 지워 버렸다.

He was tainted. 그는 변질되었다.

Using water could spread the stain. 물을 사용하면 얼룩이 번질 수가 있다.

It's time to attain your long-cherished desire. 너의 오랜 숙원을 달성할 때가 되었다.

- **the taint of corruption** 부패의 오명
- **the taint lingers** 오명이 따라다니다
- **be tainted by him** 그에게 물들다
- **be tainted with black** 검게 물들다
- **taint mind** 정신을 더럽히다
- **inherited taint** 유전적 얼룩(나쁜 질환 등)
- **ink-stained cloth** 잉크가 묻은 천
- **stain-resistant** 얼룩 방지 처리가 되어 있는
- **attain the goal** 목적을 이루다
- **attain proficiency** 숙달되다

depreciate, precious, propagate, propaganda

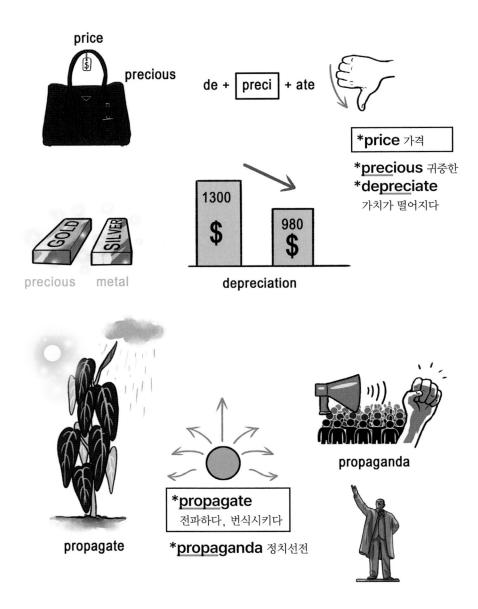

price

precious

de + preci + ate

*price 가격

*precious 귀중한
*depreciate
가치가 떨어지다

1300 $

980 $

precious metal

depreciation

propagate

*propagate
전파하다, 번식시키다

*propaganda 정치선전

propaganda

depreciate 가치가 떨어지다, 가치를 떨어뜨리다
* **de**(아래로) + **price**(값, 가격) + **ate**(접미사) → **depreciate** 가치가 떨어지다
* **precious** 귀중한 값비싼, 소중한

예문

A new car starts to depreciate as soon as it is bought.
새 차는 팔리는 순간부터 가치가 떨어지기 시작한다.

Your mistakes are precious life lessons that can only be learned the hard way.
실수는 어렵게만 얻을 수 있는 소중한 삶의 교훈이다.

The words that enlighten the soul are more precious than jewels.
영혼을 밝히는(깨우치는) 말은 보석보다 소중하다.

구문

- **depreciate in value** 가치가 떨어지다
- **depreciate by 10%** 10퍼센트 평가 절하 되다
- **depreciate on the stock markets**
  주식 시장에서 주가가 떨어지다
- **depreciate the value of** ~의 가치를 평가 절하 하다
- **depreciate the dollar's exchange rate**
  달러 환율을 떨어뜨리다
- **precious metal** 귀금속
- **waste precious time** 소중한 시간을 허비하다

propagate 전파(선전)하다, (식물을) 번식시키다.
* 라틴어 **propagare**(퍼뜨리다, 번식시키다) → **propaganda** (정치적으로 허위 과장의) 선전

예문

Dandelions propagate themselves using the wind to carry their seeds.
민들레는 바람을 이용해서 씨를 운반하여 퍼뜨린다.

Art may be used as a vehicle for propaganda.
예술은 정치 선전의 수단으로 활용될 수 있다.

구문

- **propagate a plant** 식물을 번식시키다
- **viruses propagate** 바이러스가 퍼지다
- **propagate democracy** 민주주의를 퍼뜨리다
- **propagate through space** 공간을 통해 전달되다
- **restrain propagation of germ**
  세균의 번식을 억제하다
- **propagation of christianity** 기독교 전파
- **plant propagation** 식물 번식
- **the laugh propagation** 웃음 전파
- **propaganda films** 선전 영화
- **propaganda bomb** 선전 삐라
- **a vehicle for propaganda** 정치 선전의 수단
- **malicious(black) propaganda** 흑색 선전
- **propaganda leaflets** 선전 전단지(삐라)

39

cast, mold, reflect

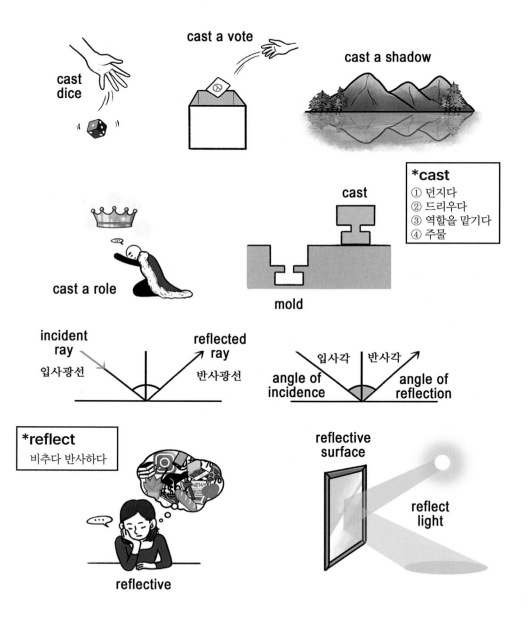

cast a vote

cast a shadow

cast
dice

*cast
① 던지다
② 드리우다
③ 역할을 맡기다
④ 주물

cast

cast a role

mold

incident
ray
입사광선

reflected
ray
반사광선

입사각 반사각

angle of
incidence

angle of
reflection

*reflect
비추다 반사하다

reflective

reflective
surface

reflect
light

--- **ROOT/STEM** ---

cast ① 던지다 ② 발하다, 드리우다 ③ 역할을 맡기다 ④ 주물(↔ 주형 **mold**)

(예문)

Anger is a stone cast at a wasp's nest. 분노는 벌집에 돌 던지기다.

I cast a vote against him. 나는 그에게 반대표를 던졌다.

Don't cast pearls before swine. 돼지에게 진주를 던져 주지 마라.

A rocky islet cast a shadow on the sea. 작은 바위섬이 바다 위에 그림자를 드리웠다.

The dice is cast. 주사위는 던져졌다.

The director cast a leading role to him. 감독은 그에게 주인공(주연)을 맡겼다.

All the members of that family are cast in the same mold. 그 가족 구성원들은 모두 똑같은 사람들이다.

(구문)

• **cast a welcoming smile** 환영의 미소를 보내다　　• **cast fossil and mold fossil** 주물 화석과 주형 화석

--- **ROOT/STEM** ---

reflect ① 비추다, 반사하다 ② 반영하다 ③ 반성하다
* **re**(뒤로, 다시) + 라틴어 **flectere**(굽히다, 구부러지다) → **reflect** 비추다, 반사하다
* **reflective** ① 반사(반영)하는 ② 사색적인, 내성적인, 숙고하는
* **reflection** 반사, 반영, 심사숙고

(예문)

Fad words reflect the social atmosphere of the times. 유행어는 사회 분위기를 반영한다.

The imaginary doesn't reflect reality. 상상이 현실을 반영하지 않는다.

They reflected the cost increase in the price. 그들은 원가 인상을 가격에 반영했다.

Self-reflection is the school of wisdom. 자기반성은 지혜의 학교다.

Eevrything you say is reflective of your personality. 말하는 것은 인격을 반영한다.

(구문)

• **reflect light(heat)** 빛(열)을 반사하다　　• **a reflective man** 사색적인 남자
• **reflect on oneself** 자신을 뒤돌아보다　　• **a reflective surface** 반사면
• **a mirror to reflect the world** 세상을 비춰 주는 거울　　• **a reflective cry** 반사적으로 외치는 소리

condone, pardon, unpardonable, predator, scavenger

*라틴어 **donare**(선물로 주다) → **don**은 주는 것과 관련이 있다
*<u>**donate**</u> 기부하다

condone

노동당

condone violence

*<u>**condone**</u> 용서하다, 용납하다
*<u>**pardon**</u> 용서하다, 사면하다

pardon

사면

pardon

pradator

carnivore

prey

predatory thinking

*predator
포식자, 약탈자
*carnivore
육식 동물
*herbivore
초식 동물
*scavenger
청소 동물

scavenger

herbivore

ROOT/STEM

condone 용납(묵인, 묵과)하다

* con(완전히) + 라틴어 donare(선물로 주다, 허락하다) → condone 용서하다, 용납하다

큰 돈(condone)을 받아 용서(용납)한다고 생각하면 기억하기 쉽다.

* don은 주는 것과 관련이 있다 → donate 기부하다 * pardon 용서하다, 사면(하다)

* unpardonable 용서(용납) 할 수 없는

(예문)

Treachery can never be condoned. 배신은 결코 용납될 수 없다.

Violence cannot be condoned for any reason. 폭력은 어떤 이유로도 용납될 수 없다.

He asked the pardon for his long silence. 그는 오랫동안 소식을 전하지 못한 데 대해 그녀에게 용서를 구했다.

Pardon me for interrupting you. 대화 중에 끼어들어 죄송합니다.

(구문)

• condone one's fault ~의 잘못을 묵인하다(눈감아 주다)
• condone sin 죄를 묵인하다
• pardon sin 죄를 용서하다

• presidential pardon for prisons
  죄수들에 대한 대통령의 사면
• unpardonable sin 용서받지 못할 죄

ROOT/STEM

predator 포식자, 약탈자, 포식 동물

* 라틴어 praedari(강탈하다, 약탈하다) → predatory 포식성의, 약탈적인, 육식성의

* 이탈리아어 carne(살, 고기) + vore(먹기) → carnivore 육식 동물(↔ herbivore 초식 동물)

scavenger 청소 동물, 쓰레기 더미를 뒤지는 사람, 폐품 수집가

* sc는 훑는 것, 긁는 것과 관련이 있다 → scrap 찌꺼기 * scrape 긁다

* scavenge 쓰레기 더미를 뒤지다, 죽은 고기를 먹다 → scavenger 청소 동물

(예문)

Zebras may attack a predator by using their hind legs. 얼룩말은 뒷다리로 포식 동물을 공격할 수 있다.

Scavengers feed on the remains of dead animals. 청소 동물은 죽은 동물의 찌꺼기를 먹고 산다.

(구문)

• predator and prey 포식자와 먹이
• escape a predator 포식자로부터 도망하다
• predatory lenders 고리대금업자들

• predatory lending 악덕 사채업
• a predatory bird 육식성 조류
• a scavenger hunt game 물건 찾기 게임

* 청소 동물로는 독수리vulture, 까마귀crow, 개미ant, 하이에나hyena, 먹장어hagfish, 쇠똥구리dung beetle 등이 있다.

41

abandon, momentary, momentous, momentum

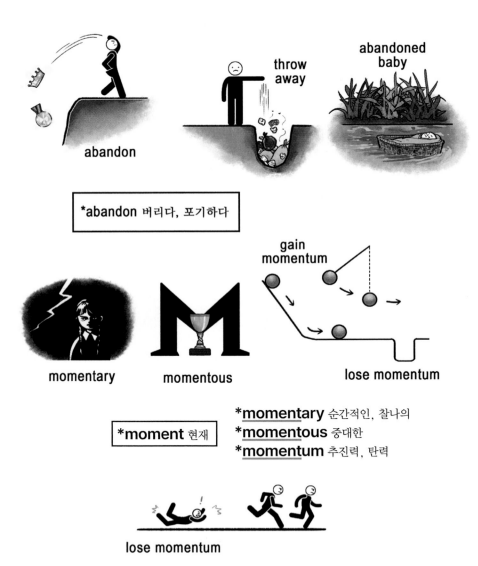

throw away

abandoned baby

abandon

*abandon 버리다, 포기하다

gain momentum

lose momentum

momentary

momentous

*moment 현재

*momentary 순간적인, 찰나의
*momentous 중대한
*momentum 추진력, 탄력

lose momentum

abandon 버리다, 포기하다

* **a**(방향ad) + 구 프랑스어 **bandon**(힘, 권력, 통제) → **abandon** 버리다, 포기하다
* **abandonment** 버림, 포기, 유기
* **throw away**는 쓰레기, 더러운 것, 귀찮은 것을 버릴 때 주로 사용된다.

(예문)

He was abandoned by his parents. 그는 부모로부터 버림받았다.

Poverty forced him to abandon his studies. 가난 때문에 그는 학업을 포기해야 했다.

Her abandonment of American citizenship has devastated her fans.
그녀의 미국 국적 포기는 팬들에게 엄청난 충격을 주었다.

(구문)

- **abandon ship** 배를 포기하다
- **abandon one's vehicle** 차를 버리다
- **abandon the match** 그 시합을 포기하다
- **an abandoned dog** 유기견
- **be found abandoned** 버려진 채 발견되다
- **abandonment of a dead body(corpse)** 사체 유기
- **abandonment of right** 권리의 포기
- **abandonment of a baby** 영아 유기

--- ROOT/STEM ---

momentary 순간적인, 찰나의

moment 현재 → **momentary** 순간적인, 찰나의

* **momentous** 중대한, 아주 중요한   * **momentum** 추진력, 탄력, 가속도, 운동량
momentum은 계속 움직이게 하는 힘, 앞으로 나아가게 하는 동력을 나타낼 때 쓰인다.

(예문)

The most important moment is here and now. 가장 중요한 순간은 지금 이 순간이다.

Victory attained by violence is momentary. 폭력으로 얻은 승리는 순간적이다.

Brexit was a momentous decision for the British people.
영국의 유럽연합 탈퇴는 영국 국민들에게 중대한 결정이었다.

Falling objects gain momentum. 낙하하는 물체는 탄력을 얻는다.

(구문)

- **momentary pleasure** 순간적인 기쁨(쾌락)
- **momentary impulse** 일시적 충동
- **momentary lapse** 순간적 실수(깜빡함, 지나침, 간과)
- **momentary glimpse** 잠깐 보기
- **a momentous change** 중대한 변화
- **a momentous question** 중대한 문제
- **gain momentum** 탄력을 얻다, 세(勢)를 얻다
- **lose momentum** 탄력을 잃다, 세가 꺾이다

hilarious, connect, disconnect

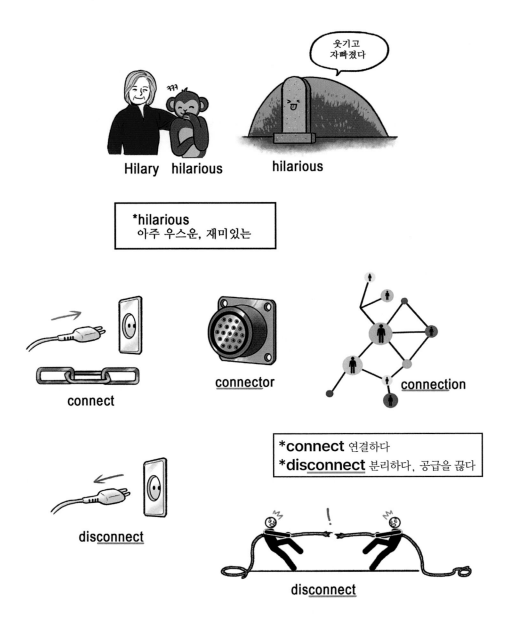

웃기고
자빠졌다

Hilary   hilarious

hilarious

*hilarious
아주 우스운, 재미있는

connect

connector

connection

*connect 연결하다
*disconnect 분리하다, 공급을 끊다

disconnect

disconnect

hilarious 아주 우스운(**extremely funny**), 재미있는

* 라틴어 **hilarulus**(활기 있는, 경쾌한, 즐거운) → **hilarious** 아주 우스운, 재미있는(힐러리는 아주 우습고 재미있다고
생각하면 기억하기 쉽다) * **hilarity** 아주 우스움, 재미있음

(예문) ─────────────────

He is hilarious. 그는 정말 웃겨.

His epitaph was so hilarious that I couldn't help laughing.
그의 묘비명은 너무 웃겨서 웃지 않을 수 없었다.

(구문) ─────────────────

• **a hilarious comedy** 아주 웃기는 코미디
• **a hilarious story** 아주 우스운 이야기

• **share one's hilarity** ~의 즐거움을 공유하다
• **be used for hilarity** 재미를 위해 사용되다

---

connect 연결하다, 접속하다, 연결되다, 이어지다

* **con**(함께) + 라틴어 **nectere**(매다, 연결시키다) → **connect** 연결(접속)하다

* **connection** 관련성, (전기, 수도, 가스 등의) 연결, (네트워크) 접속

* **dis**(반대로) + **connect**(연결하다) → **disconnect** 분리하다, 공급을 끊다

* **disconnection** 단절, 단선, 분리

(예문) ─────────────────

I will connect you to Mr. Hilary. 힐러리 씨를 연결해 드리겠습니다.

Joy is a sense of connection to what matters. 기쁨은 어떤 중요한 것과 연결되어 있는 느낌이다.

Disconnect the power cord from the electrical outlet! 전기 콘센트에서 전기 코드를 뽑아!

(구문) ─────────────────

• **connect me to room 701**
  나에게 701호실을 연결해 주다
• **connect to the Internet** 인터넷에 접속하다
• **connect the printer to the computer**
  프린트를 컴퓨터에 연결하다
• **connection ticket** 환승표
• **make the connection** 관련짓다
• **internet connection** 인터넷 접속

• **lose connection** 연결을 못 하다
• **disconnect the battery** 배터리를 분리하다
• **disconnect the respirator** 산소 호흡기를 떼다
• **disconnect oneself from** ~와의 관계를 끊다
• **disconnected thoughts** 동떨어진 생각
• **disconnected image**
  연결이 잘 안 되는(동떨어진) 이미지
• **water disconnection** 단수(斷水)

scorch, scratch, scrape, scribe, scan, hedonist

scorch

scorched earth

*SC는 긁는것, 스치는 것과 관련이 있다.

*scorch 불에 그슬다
*scribble 갈겨 쓰다
*scrape 긁다, 긁힌 상처
*scream 비명(을 지르다)

scribe

scribble

scrape

scrape

scraper

scratch

from scratch

scream

scan

scanner

hedonist

그리스어 Hedone(즐거움)

*hedonist 쾌락주의자
*hedonism 쾌락주의

scorch 불에 그슬다, 눋게 하다, (초목이) 누렇게 되다
* 라틴어 scribere 새기다, 긋다, 쓰다, 기록하다 * 라틴어 scandere 기어오르다, 높아지다
→ sc는 긁는 것, 스치는 것, 스치며 올라가는 것과 관련이 있다
* scratch 긁다, 할퀴다, 긁힌 자국 * scrape 긁다, 긁기, 긁힌 상처(찰과상)
* scribe 서기, 필경사, 줄긋 긋기 * scribble 갈겨 쓰다, 낙서(하다)
* scan 훑어보다, 스캔하다, 정밀 검사(초음파 검사)
* scream 비명(괴성)을 지르다, 비명

I scorched my dress shirt when I was ironing it. 나는 다림질을 하다가 와이셔츠를 태웠다.

Stir well so that it doesn't scorch! 타지 않게 잘 저어!

Tthe sun is scorching. 땡볕이 내리쬔다.

Don't scribble on the wall! 벽에 낙서를 하지 마라!

Your scribble is illegible. 네가 갈겨 쓴 글씨를 알아볼 수가 없어.

Don't scrape the chair on the floor. 의자를 바닥에 끌지 않도록 해.

She screamed for help. 그 여자는 비명을 질러 도움을 요청했다.

Scan the photo and attach it to your email. 사진을 스캔해서 이메일에 첨부해.

• work as a scribe 서기로 일하다
• a royal scribe 왕실의 서기
• a few scrapes 약간 긁힌 자국(찰과상)
• scrape a living from ~로 근근이 벌어먹고 산다
• scrape out the flesh of the melon 멜론의 과육을 파내다
• scrape together ~를 끌어모으다

• scrape it out its skin 그것을 긁어내다
• get a scrape 까지다, 찰과상을 입다
• hear a scream 비명 소리를 듣다
• a brain scan 뇌 정밀 검사
• scan the documents 문서를 스캔하다
• scan the contract 계약서를 훑어보다

hedonist 쾌락(향락)주의자
* Hedone는 에로스와 프시케 사이에 태어난 딸로서 그리스어로 '즐거움'을 뜻한다.
→ hodonist 쾌락주의자 * hodonism 쾌락주의

Hedonists think pleasure is the only thing good for a person.
쾌락주의자들은 즐거움이 사람을 위한 유일한 선이라고 생각한다.
* 쾌락주의자들은 즐거움과 쾌락을 혼동하고 있다. 장기적으로 볼 때는 고통이 즐거움을 주는 경우도 있고, 쾌락이 고통을 주는 경우도 있다. 진정한 즐거움은 쾌락이 아니라 만족에 있다.

This poem is a hymn to hedonism. 이 시는 쾌락주의에 대한 찬가이다.
* paradox of hedonism 쾌락주의의 역설: 쾌락을 추구하면 진정한 의미의 쾌락(행복)을 얻기 어렵다. 행복은 쫓아가면 달아나고, 잊고 살면 다가온다.

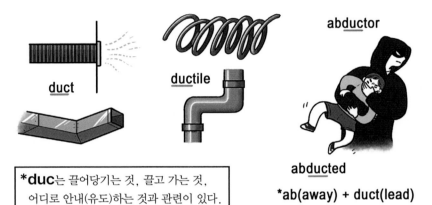

duct

ductile

abductor

abducted

*ab(away) + duct(lead)

*duc는 끌어당기는 것, 끌고 가는 것,
  어디로 안내(유도)하는 것과 관련이 있다.
*duct 관, 도관, 배관

*abduct 유괴(납치)하다
*deduct 빼다, 공제하다
*induce 설득하다, 유도하다

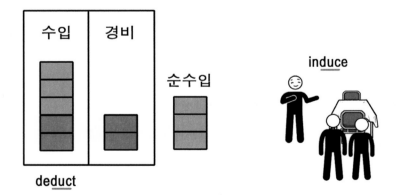

수입	경비

순수입

deduct

induce

duct가 들어 있는 단어

duct ① (물, 가스, 전기) 배관 ② (인체, 식물) 도관

* 라틴어 **ducere**(끌어당기다, 인도하다, 끌고 가다) → **ductile** 연성인, 잡아 늘일 수 있는

* **in**(안으로) + 라틴어 **ducere**(끌어당기다, 인도하다) → **induce** 설득하다, 유도하다

abduct 유괴하다, 납치하다

* **ab**(떨어져서**away**) + **duct**(끌어당기다) → **abduct** 유괴(납치)하다

* **abduction** 유괴, 납치(**kidnapping**)

* **abductor** 유괴범, 납치범 * **abductee** 유괴된 사람, 납치된 사람

deduct 공제하다.

* **de**(아래로) + **duct**(끌어당기다) → **deduct** 공제하다

* **deduction** ① 추론, 연역 ② 공제 * **deductible** 공제할 수 있는

* **in**(안으로) + **duct**(끌어당기다) → **induct** 취임시키다, 가입시키다

* **induction** ① 인도, 소개, 취임식 ② 유도분만 ③ 귀납법

* **induce** 설득하다, 유도하다 * **inducement** 유인책, 장려책

(예문) ─────────────

The man tried to abduct the child for ransom.
그 남자는 몸값을 요구하기 위해 그 어린이를 유괴하려고 했다.

Please deduct rent arrears from the deposit.
연체된 임대료를 보증금에서 공제해 주세요.

The new minister was inducted into the government.
신임 장관이 정부에 임명되었다.

Michael Jordan was inducted into the Basketball Hall of Fame.
마이클 조던은 농구 명예의 전당에 이름을 올렸다(가입되었다).

Fashion is nothing but an induced epidemic.
유행은 의도적으로 만들어 낸 전염병이다.

(구문) ─────────────

• **a ventilation duct** 통풍관

• **a heating duct** 난방 배관

• **an air duct** 통풍구

• **a duct tape** 접착 테이프

• **a ductile metal** 연성 금속

• **a ductile iron pipe** 연성 철제 파이프

• **induce competition** 경쟁을 유도하다

• **induce sleep** 수면을 유도하다

• **be inducted into the army** 군에 입대하다

• **induce ~into an official position**
  ~를 공직으로 인도하다(취임시키다)

• **induction heater** 전기 유도 가열기(조리기)

• **the induction ceremony** 취임식

• **a process of deduction** 추론 과정

• **have a tax deduction** 소득 공제를 받다

• **deductible clause** 공제 조항

• **be tax deductible** 세전 공제가 가능하다

45

pragmatic, dogmatic, utilitarian

실용

혁명

pragmatic
dogmatic
pragmatic

실험, 검증	관념, 추상
객관성	주관성
좋은 결과	금기, 독단

pragmatism
실용주의

dogmatism
독단

*pragmatic
실용적인
*dogmatic
독단적인

* 라틴어 **dogma** 신조, 교리
* 라틴어 **pragma**(사무, 실무)

utilitarian car

*utility
유용성, 다용도(다목적)의

*utilitarian 실용적인, 공리주의의
*utilitarianism 공리주의

utilitarianism

luxury car

예문

He took a more pragmatic approach to the problem.

그는 그 문제에 관하여 좀 더 실용적인 접근을 했다

Good may come from evil actions which emphasizes pragmatism.

선(善)은 실용주의를 강조하는 악한 행동들로부터 올 수도 있다.

Korean society has regressed since political dogma of socialism activist groups replaced pragmatism.

사회주의 운동권 그룹의 정치적 교의가 실용주의를 대체한 이후 한국 사회는 퇴보했다.

The utilitarian Japanese cars are not unique in their designs.

실용적인 일본 차들은 디자인 면에서 독특하지 않다.

The motto of utilitarianism is the greatest happiness of the greatest number.

공리주의의 모토는 최대 다수의 최대 행복이다.

* 공리주의에 의하면 많은 사람들을 행복하게 하는 것이 선(善)이다. 공리주의는 소수자의 희생을 초래할 수 있다는 문제가 있으나, 그것은 사회 제도를 바로 잡으려는 합리성에 기반을 두고 있다. 공리주의 원칙은 다수에게 최대한 이익이 되는 방향으로 해야 한다는 점에서 오늘날에도 사회 정책 수립의 근본정신으로 작동되고 있으며 예산 지출 문제처럼 가장 합리적 선택을 해야 하는 경우에는 공리주의적 사고방식이 매우 유용하다.

구문

• **a pragmatice right-of-center leader** 실용적 중도우파 지도자
• **pragmatic economic policies** 실용적 경제 정책
• **dogmatic rigidity** 독단적 엄격함
• **a dogmatic decision** 독단적 결정
• **a utilitarian philosopher** 공리주의 철학자
• **a utilitarian building** 실용적인 건물

46

tide, ebb tide, flood tide, dent, rodent

flood tide

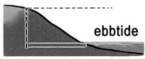

ebbtide

intertidal zone

tidal power

*tide
조수, 흐름, 물결

*flood tide 만조, 밀물
*ebbtide 간조, 썰물
*intertidal 만조와 간조 사이의

dental floss

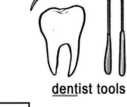

dent

dentist tools

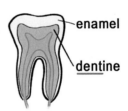
enamel

dentine

*dent
움푹 들어간 곳, 치아

*dentine 상아질

*dental 이(치아)의
*rodent 설치류
*rodenticide 쥐약

rodent

rodenticide

tide 조수, 조류, 물결, 흐름, * tidal 조수의

* Old English 「tid」→ tide, time
* ebb (썰물, 빠지다, 줄어들다) + tide(조수) → ebbtide 썰물, 간조(low tide)
* flood tide 만조, 밀물(high tide, full tide)
* intertidal 만조와 간조 사이의 * intertidal zone 조간대(潮間帶)

(예문)

Time and tide wait for no man.
세월은 사람을 기다리지 않는다.

The tide flows twice a day.
조수는 하루에 두 번 온다.

Tides result from the pull of the moon's and the sun's gravity on Earth.
조수는 지구에 대한 달의 인력과 태양의 중력으로부터 생긴다.

Intertidal zones sink under the seawater at high tide and exposes at low tide.
조간대는 밀물 때 바닷물에 잠기고 썰물 때 모습을 드러낸다.

(구문)

• turn the tide of war 전세를 역전시키다
• tidal power plant 조력 발전소

dent ① 움푹 들어가게 하다, 훼손하다 ② 움푹 들어간 곳, 찌그러진 곳

* dental 이(치아, 치과)의 * dentist 치과의사 * dentistry 치과의학, 치과 진료
* dentine 상아질(치아의 법랑질 enamel 아래에 있는 민감하고 단단한 조직)
* 라틴어 rodere(갉아먹다) → rodent 설치류(쥐, 다람쥐, 햄스터, 비버 등은 물체를 갉아서 움푹 들어가게 한다)
* rodenticide 쥐약

(예문)

There was a large dent in the car.
그 차에는 움푹 패인 큰 자국이 하나 있었다.

All rodents have two big front teeth. The teeth never stop growing.
모든 설치류는 두 개의 큰 앞니가 있다. 그것은 계속 자란다.

(구문)

• dent one's confidence ~의 자신감을 꺾다
• a dent in the roof 지붕에 움푹 패인 자국
• a dental clinic 치과
• dental floss 치실

sewage, sewer, sepsis, septic, drought

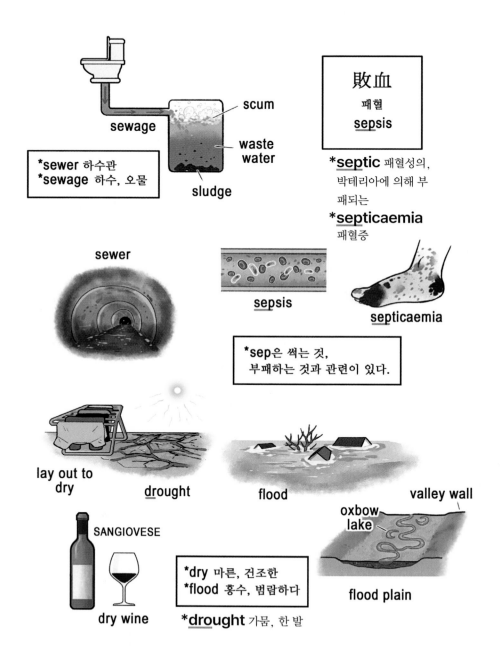

scum

sewage

waste
water

sludge

*sewer 하수관
*sewage 하수, 오물

敗血
패혈
sepsis

*septic 패혈성의,
박테리아에 의해 부
패되는
*septicaemia
패혈증

sewer

sepsis

septicaemia

*sep은 썩는 것,
부패하는 것과 관련이 있다.

lay out to
dry

drought

flood

valley wall

oxbow
lake

flood plain

SANGIOVESE

dry wine

*dry 마른, 건조한
*flood 홍수, 범람하다

*drought 가뭄, 한 발

sewage 하수, 오물

* **sewer** 하수관, 하수도, 하수구 → **sewage** 하수, 오물
* **se**는 분리시키는 것과 관련이 있다. 썩으면 분해되어 분리된다.
* 라틴어 **septicus**(썩는, 부패성의, 패혈성의) → **sepsis** 염증, 패혈증(**septicaemia**)
* **septic** 패혈성의, 패혈증이 생긴, 박테리아에 의해 부패되는
* **septic tank** 오수 정화조

（예문）

In septic tanks, sewage is broken down by bacteria. 정화조 안에서 하수는 박테리아에 의해 분해된다.

* 박테리아는 하수를 분해하여 고체(슬러지 sludge) 또는 액체, 기체로 만든다.

（구문）

* **sewage disposal(treatment)** 하수 처리
* **sewage sludge** 하수슬러지(오니)
* **sewage ditch** 하수구
* **dumping of raw sewage**
  정화 처리 되지 않은 하수 투기
* **swim in the sewer** 하수구에 빠지다
* **drain into the sewer** 하수도로 물이 빠지다

* **go septic** 염증이 생기다
* **septic pneumonia** 패혈성 폐렴
* **die from septicaemia**
  패혈증으로 죽다(패혈증은 병원균, 독소가 혈액에 침투해서 순환함으로써 발열, 맥박과 호흡수 증가, 염증 등의 증상을 초래한다.)

━ ROOT/STEM ━

drought 가뭄, 한발(↔flood 홍수, 쇄도, 범람하다)
* **dry** 마른, 마르다, 말리다, → **drought** 가뭄
* **dry up** 바싹 마르다, 고갈되다

（예문）

The river runs dry from drought. 가뭄으로 강물이 말랐다.

The drought has ruined the crops. 가뭄이 수확을 망쳤다.

* 가뭄은 기근 famine을 동반하는 경우가 많다.

They suffered severe drought damage. 그들은 극심한 가뭄 피해를 입었다.

The village was deluged by a flash flood. 갑자기 밀어닥친 홍수로 그 마을이 물에 잠겼다.

Syrian refugees continue to flood into to Europe. 시리아 난민들이 계속 유럽으로 물밀 듯 밀려들고 있다.

（구문）

* **Dry up!** 입 닥쳐!
* **funds dry up** 자금이 고갈되다
* **lay out to dry** 마르도록 널어놓다
* **a dry wine** 단맛이 없는 포도주
* **rain for a drought** 가뭄의 단비

* **the flood waters** 범람한 물
* **be in flood** 범람하고 있다
* **flood tide** 만조, 밀물
* **a flood plain** 범람원

48

temper, temperate, temperature, tarnish

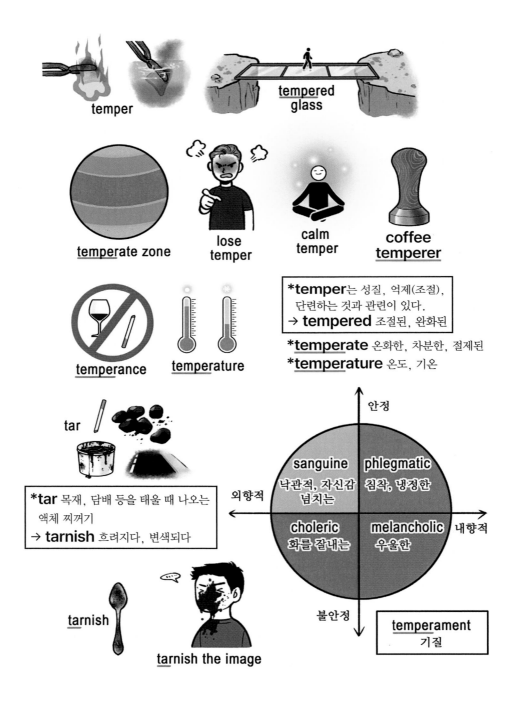

temper

tempered glass

temperate zone

lose temper

calm temper

coffee temperer

temperance

temperature

*temper는 성질, 억제(조절), 단련하는 것과 관련이 있다.
→ tempered 조절된, 완화된

*temperate 온화한, 차분한, 절제된
*temperature 온도, 기온

tar

*tar 목재, 담배 등을 태울 때 나오는 액체 찌꺼기
→ tarnish 흐려지다, 변색되다

안정

sanguine
낙관적, 자신감 넘치는

phlegmatic
침착, 냉정한

외향적

choleric
화를 잘내는

melancholic
우울한

내향적

불안정

temperament
기질

tarnish

tarnish the image

temper ① 성질(성깔) ② 완화시키다 ③ 담금질(단련)하다
* 라틴어 temperare(적절하게 배합하다, 절제하다) → temper 성질, 완화시키다
* temperate 온화한, 차분한, 절제된 * temperance 금주, 절제, 전제
* temperature 온도, 기온 * tempered 조절된, 완화된, (불에 달구어) 단련된
* temperament 기질, 신경질적임, 괴팍함

(예문)

Justice must be tempered with mercy. 정의는 자비로 부드럽게 만들어져야 한다.

He has an artistic temperament. 그는 예술가적 기질이 있다.

She has a quicksilver temperament. 그 여자는 변덕스러운 성격이다.

I have to be temperate when I eat. 나는 먹을 때 절제해야 해.

Temperance brings about longevity. 절제는 장수를 가져온다.

(구문)

- ill(bad) tempered 성질이 더러운
- mild-tempered 온순한 성격의
- curb one's temper 성질을 죽이다
- control one's temper 성질을 참다
- lose one's temper 성질을 부리다
- tempered glass 강화 유리
- a foul temper 더러운 성질
- a temperate zone 온대 지역
- in a temperate manner 절제된(온화한) 태도로
- temperate forests 온대림

- temperate climate 온화한 기후
- the temperance movement 금주운동
- practice temperance 중용을 취하다
- pledge to temperance 금주를 맹세하다
- room temperature 상온(평상시 온도)
- a rise in temperature 기온 상승
- a brittle temperament 불안정한 성격
- have an even temperament 차분한 성격이다
- a nervous temperament 신경질적 기질

tarnish ① 흐려지다, 변색되다 ② 흐리게 하다, 변색시키다, 먹칠하다 ③ 흐림, 변색, 오점
* tar (석탄의) 콜타르, (목재, 담배의) 타르, 타르를 바르다
* tar 타르 → tarnish 흐려지다, 변색되다

(예문)

Tarnish is a compound that forms on some metals when they are exposed to air.
금속의 변색된 부분은 공기에 노출될 때 생기는 화합물이다.

I don't want to tarnish his reputation. 나는 그의 평판(명성)을 손상시키고 싶지 않아.

(구문)

- get into the tar 포장도로로 들어서다
- tarnish easily 쉽게 변색되다
- tarnish the image 이미지를 손상시키다
- the tar from pine trees 소나무에서 얻은 송진

- the low tar cigarette 타르 성분이 낮은 담배
- coal tar 콜타르
- be covered over with tar 타르로 포장되어 있다

gratitude, gratify, grace, celerity, decelerate

*grat는 기쁘게 하는것, 만족하게 하는 것과 관련이 있다.

*gratify 기쁘게 하다
*grateful 고마워하는

grateful smile

gratify

God's grace

*grace
우아함, 품위, 은혜(은총)

*graceful
우아한

*gracious
자애로운

gracious mother

with grace

graceful

라틴어
celer
빠른

*celerity
민첩함, 신속함

celerity

accelerate

step on the accelerator

decelerate

brake pedal

gratitude 감사, 고마움

* 라틴어 **gratia**(사랑, 호의, 친절) → **gratitude** 감사 * **grateful** 고마워하는, 감사하는
* **gratify** 기쁘게 하다, 충족(만족)시키다 * **gratification** 만족감(기쁨), 만족시킴
* **grace** 우아함, 품위 * **graceful** 우아한, 품위를 지키는
* **gracious** 자애(자비)로운, 우아한

(예문)

Gratitude is our most direct line to God and the angels.
감사는 신과 천사에 이르는 가장 직접적인 길이다.

There shall be eternal summer in the grateful heart. 감사하는 사람의 마음속은 영원한 여름일지니.

(구문)

- **give him a grateful smile** 그에게 감사의 미소를 짓다
- **feel grateful** 고맙게 여기다
- **be grateful to** ~에게 감사하고 있다
- **be grateful for** ~에 감사하고 있다
- **gratify his wishes** 그가 바라는 것을 해 주다
- **gratify his taste** 그의 취향을 만족시키다
- **gratify my curiosity** 나의 호기심을 충족시키다

- **gratify his lust** 그의 성욕을 채우다
- **provide instant gratification**
  즉각적인 만족감을 주다
- **dance with grace** 우아하게 춤추다
- **keep one's grace** 품위를 지키다
- **gracious smile** 자애로운 미소
- **gracious speech** 품위 있는(우아한) 말

--- **ROOT/STEM** ---

celerity (문어체) 민첩함(**quickness**), 신속함(**swiftness**)

* 라틴어 **celer**(재빠른, 신속한) → **celerity** 민첩함, 신속함
* **ac**(방향**ad**) + 라틴어 **celer**(재빠른, 신속한) + **ate**(접미사)
→ **accelerate** 가속하다, 촉진하다
* **de**(아래로) + 라틴어 **celer**(재빠른, 신속한) + **ate**(접미사)
→ **decelerate** 감속하다, 속도가 줄어들다

(예문)

His brain vibrates with celerity. 그의 두뇌는 신속하게 움직인다.

Credit cards accelerate consumption. 신용카드는 소비를 촉진시킨다.

He began to decelerate as he approached his destination.
그는 목적지에 가까워지자 속도를 줄이기 시작했다.

(구문)

- **rush with astonishing celerity**
  무서운 속도로 움직이다
- **proceed with some celerity** 약간 빠르게 진행시키다
- **accelerate the fall** 붕괴를 가속화하다

- **accelerate growth** 성장을 가속화하다
- **accelerate consumption** 소비를 촉진시키다
- **decelerate to 20㎞ per hour** 시속 20㎞로 감속하다

separate, prepare, harass

separatism
in spain

separatist

Catalan
Barcelona

separate

*라틴어 parare(준비하다)

| se 분리 | + | parar 준비 | + | ate 접미사 | separate 분리된, 분리하다 |
| pre 미리 | + | parar 준비 | + | e | prepare 준비하다 |

inseparable snake

separable

harass

harass

*harass
괴롭히다. 희롱하다

separate ① 분리된 ② 분리하다, 분리되다

* se(분리) + 라틴어 parare(준비하다, 설치하다) → 라틴어 separare(분리하다, 떼어 놓다)

→ separate ① 분리된 ② 분리하다, 분리되다 * separation 분리, 헤어짐, 별거

* separatist 분리주의자 * separatism 분리주의

* separable 분리될 수 있는, 분리 가능한 * inseparable 불가분의, 떼어 놓을 수 없는

* pre(미리) + 라틴어 parare(준비하다, 설치하다) → prepare 준비하다, 대비하다

* preparation 준비, 대비(행위)

예문

We can't separate peace from freedom.
우리는 자유와 평화를 분리시킬 수 없다(자유가 없다면 평화로울 수 없다).

The spirit is not separable from the body. 정신은 신체에서 분리될 수 없다.

The two have been insparable. 그 둘은 떨어질 수 없는 사이가 되었다.

We met again after a long separation. 우리는 오래간만에 다시 만났다.

By failing to prepare, you are preparing to fail. - Benjamin Franklin
준비에 실패하는 것은 실패를 준비하는 것이다. - 벤자민 플랭클린

The importance of preparation cannot be overemphasized.
준비의 중요성은 아무리 강조해도 지나치지 않다.

구문

• separate defective products 불량품을 골라내다
• separated by a wall 벽으로 격리되어 있다
• reunite after a separation 헤어진 후 재결합하다
• the separation of church and state 정교 분리

• judical separation 판결에 의한 별거
• separation rate 이직률
• separation pay 퇴직 수당

ROOT/STEM

harass (불쾌한 말, 행동, 압력 행사 등으로) 괴롭히다, 희롱하다

* French 「harasser(기진맥진하게 하다, 몹시 피로하게 하다)」

→ harass 괴롭히다, 희롱하다 * harassment 괴롭힘, 성희롱

예문

If you are sexually harassed, you have to take legal action against him.
성희롱을 당했다면 그를 상대로 법적 조치를 취해야 한다.

구문

• harass her 그 여자를 괴롭히다(희롱하다)
• be harassed with debts 빚에 시달리다

• be harassed by anxiety 불안(근심)에 시달리다
• sexual harassment 성희롱

contour, tornado, fission, fusion, diffuse

turn

tour

contour plowing

* tor, tur, tour 는
회전하는 것,
돌아다니는 것과
관련이 있다

*contour 윤곽, 등고선

contour map

contour drawing

tornado

tornament

결승!

fission

fusion

fused cell

* fis는 분열되는것,
fus는 융합되는것과
관련이 있다

*fission 분열, 핵분열
*fuse 융합시키다
*fusion 융합, 핵융합

fusion welding

불고기 버거
fusion food

fuse

fuse box

ROOT/STEM

contour 윤곽, 등고선

* 라틴어 tonare(돌리다, 회전시키다, 둥글게 하다) → turn, tour, tornado

* con(함께) + tour(돌리다) → contour 윤곽, 등고선

* turn 돌다, 돌리다, 회전, 방향 전환 * turn around 회전하다, 방향을 바꾸다

* tour ① 여러 곳을 방문하는 여행 ② 순회(순방, 관광)하다 * tourism 관광(사업)

* tornado 회오리바람

* tournament 토너먼트(마상시합에서 방향을 돌리는 turn 동작이 있다) 선수권대회

예문

Contour plowing, terracing and strip cropping keep soil from being carried away.
등고선 경작, 계단식으로 만들기, 대상 재배는 흙이 유실되는 것을 방지한다.

* 등고선 경작은 농지에 고랑furrow을 만들어 흙의 유실을 막는다, 대상 재배strip cropping는 경사진 토지에 긴 띠 모양의 농토를 만들고 띠 사이에 풀을 심어 흙의 유실을 막는다.

Turn around and see me. 돌아서서 나를 봐.

A sudden tornado devastated the city. 갑작스러운 회오리바람이 도시를 완전히 파괴했다.

구문

• contour plowing 등고선 경작
• contouring 윤곽 형성, 얼굴의 입체감을 살리는 화장법
• turn around for me 내 편으로 돌아서다

• turn around the economy 경제를 회복시키다
• win the tournament 그 선수권 대회에서 우승하다

ROOT/STEM

fission 분열, 핵분열

* 라틴어 fissio(쪼갬, 나눔) → fission 분열, 핵분열

* fusion 융합, 핵융합

* 라틴어 fusus (쏟아진, 부은), 라틴어 fusio(쏟음, 부음, 용해) → fuse, fusion

* fuse ① 퓨즈 ② 융합시키다, 녹이다, 녹다

* dif(분산 di) + fuse(융합시키다)

→ diffuse ① 널리 퍼진, 분산된 ② 분산(확산) 되다(시키다), 퍼지다(번지다)

예문

Nuclear fission releases tremendous amounts of energy. 핵분열은 막대한 양의 에너지를 방출한다.

Nuclear fusion energy is considered a key to solving the energy crisis as an green energy.
핵융합 에너지는 친환경 에너지로서, 에너지 위기를 해결하기 위한 열쇠로 간주된다.

The fuse has blown(gone). 퓨즈가 나갔어.

Copper and zinc are fused to make brass. 구리와 아연은 융합되어 황동이 된다.

구문

• atomic fission 원자핵 분열
• a fission product 핵분열 생성물
• a fusion restaurant 퓨전 식당

• fusion food 퓨전 요리
• a nuclear fusion reactor 핵융합 원자로
• fusion welding 용접

rummage, perpetual, perpetuate

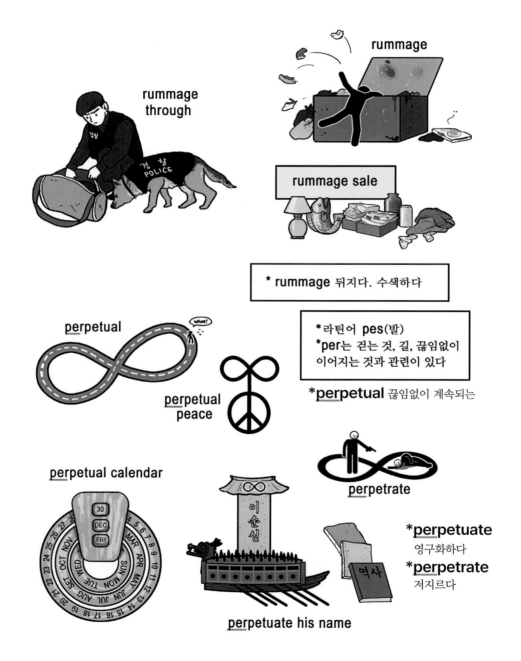

rummage

rummage
through

rummage sale

* rummage 뒤지다. 수색하다

perpetual

what?

*라틴어 pes(발)
*per는 걷는 것, 길, 끊임없이
이어지는 것과 관련이 있다

*perpetual 끊임없이 계속되는

perpetual
peace

perpetual calendar

perpetrate

*perpetuate
영구화하다
*perpetrate
저지르다

perpetuate his name

rummage ① 뒤지다, 수색하다 ② 뒤지기, 수색
* Old French 「**arrimage**(배의 짐을 정리하다)」 → **rummage** 뒤지다, 수색하다

(예문)

They rummaged for money in my suitcase. 그들은 돈을 찾기 위해 내 가방을 뒤졌다.

(구문)

• **rummage in a drawer** 서랍을 뒤지다
• **rummage for the key** 열쇠를 찾기 위해 뒤지다
• **rummage a ship for opium** 아편을 찾아내기 위해 배를 수색하다
• **a rummage sale** (쓰던 물건들을 모아서 하는) 자선 바자회, 재고 정리 싸구려 시장, 잡동사니 특별 판매

--- ROOT/STEM ---

perpetual ① 끊임없이 계속되는, 빈번한 ② 종신의, 영구적인
* **permanent**(영구적인)는 오랫동안 장래에도 존재하는 것을 나타내고 **perpetual**은 변화나 중단없이 계속되는, 반복되는 것을 나타낸다.
* 라틴어 **pes**(발) → **pe**는 걷는 것, 길, 끊임없이 계속 이어지는 것과 관련이 있다.
* 라틴어 **pes**(발), 라틴어 **petere**(길을 가다), 라틴어 **perpetuus**(계속적인, 끊임없는)
* **per**(처음부터 끝까지, 완전히) + **petere**(길을 가다) + **ual**(접미사) → **perpetual** 영구적인
* **perpetuate** 영구화하다, 영속시키다 * **perpetuation** 영구화, 영구 보존
* **perpetuity** 영속(성), 불멸(성), 영원(성) * **perpetrate** (범행, 과실, 악행을) 저지르다.

(예문)

Aquamarine symboilzes perpetual youth. 아쿠아마린은 영원한 젊음을 상징한다.

Take time to play; it is the secret of perpetual youth. 시간을 내어 놀아라; 그것은 영원한 젊음의 비결이다.

I bought a perpetual insurance. 나는 종신보험에 들었다.

Life imprisonment is a perpetual punishment. 무기징역은 종신형이다.

It was built to perpetuate the national hero. 그것은 국가 영웅을 영원히 기념하기 위해 건립되었다.

(구문)

• **perpetual noise** 끊임없이 계속되는 소음
• **perpetual youth** 영원한 젊음(eternal youth)
• **perpetual peace** 영구 평화
• **perpetual insurance** 종신보험
• **a perpetual annuity** 종신연금(life annuity)
• **perpetual stream of traffic** 끊임없이 이어지는 차량
• **perpetuate his name** 그의 이름을 영원히 남기다
• **perpetuate the family line** 대를 잇다
• **own the land in perpetuity**
  땅을 영구적으로 소유하다
• **perpetrate a suicidal attack** 자살 공격을 감행하다
• **perpetrate the crimes** 범죄를 저지르다
• **perpetrate genocide** 대량 학살을 저지르다

53

infrared, ultraviolet, infrastructure, tardy

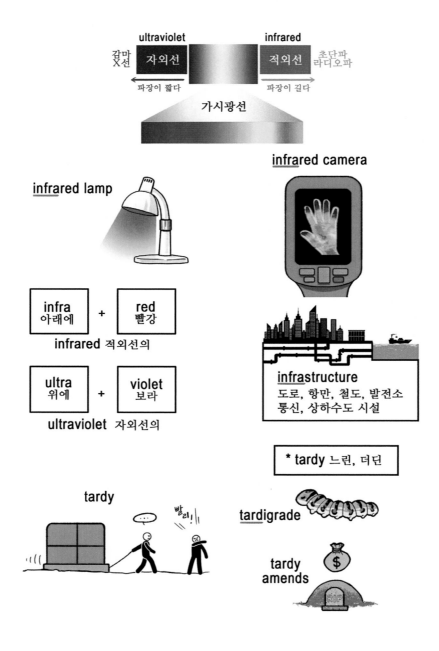

ultraviolet   infrared

감마
X선

자외선   적외선   초단파
라디오파

파장이 짧다   파장이 길다

가시광선

infrared camera

infrared lamp

infra 아래에	+	red 빨강

infrared 적외선의

ultra 위에	+	violet 보라

ultraviolet 자외선의

infrastructure
도로, 항만, 철도, 발전소
통신, 상하수도 시설

* tardy 느린, 더딘

tardy

빨리!

tardigrade

tardy
amends

$

RIP

infrared 적외선의

* 라틴어 **infra**(아래에) + **red**(적색) → **infrared** 적외선의(적외선은 가시광선보다 파장이 길고 열작용이 강하다)
* 라틴어 **ultra**(위에) + **violet**(보라색) → **ultraviolet** 자외선의 * **ultra violet** 자외선

(자외선은 가시광선보다 파장이 짧고 화학작용, 생리적 작용이 강하다)

* **infra**(아래에) + **structure**(구조) → **infrastructure** 사회 기반 시설

(예문)

They took pictures with an infrared camera in the darkness.
그들은 어둠 속에서 적외선 카메라로 사진을 찍었다.

Too much exposure to the ultraviolet rays may cause skin cancer.
자외선에 지나치게 노출되는 것은 피부암을 유발할 수도 있다.

The ozone layer shields the earth from the sun's ultraviolet rays.
오존층은 태양의 자외선으로부터 지구를 보호한다.

We need to build infrastructure that is sustainable for the long term.
우리는 장기간 지속 가능한 사회 기반 시설을 구축할 필요가 있다.

(구문)

- **infrared rays** 적외선
- **an infrared sensor** 적외선 감지 장치
- **ultraviolet detector** 자외선 탐지기
- **privately financed infrastructure projects**
  민자유치 인프라 조성 프로젝트

tardy ① 느린, 더딘, 지체된 ② 마지못해 하는

* 라틴어 **tardus**(느린, 더딘) → **tardy** 느린, 더딘, 지체된
* **tardy**(느린) + 라틴어 **gradus**(걸음) → **tardigrade** (걸음, 동작이) 느린, 굼뜬

(예문)

Don't be tardy! 지각하지 마!

He is tardy in paying debt. 그는 빚 갚는 것을 질질 끈다.

I was tardy for school. 나는 학교에 늦었다.

Lawyers fatten by delays of justice, as physicians do by tardy cure.
의사들이 더딘 치료로 살찌는 것처럼 변호사들은 사법의 지연으로 살찐다.

(구문)

- **tardy appearance** 때늦은 출두
- **tardy reform** 때늦은 개혁(개선)
- **tardy retribution** 지체된 보복
- **tardy in reacting** 반응이 더디다
- **tardy justice** 지체된 정의
- **tardy amends** 뒤늦은 배상(보상)
- **tardy response** 늦은 답장(반응)
- **tardigrades** 완보동물

완보동물은 매우 작은 무척추 동물로서, 섭씨 영하 273℃, 영상 151℃에서도 생존이 가능하고 치명적 농도의 방사성 물질에 노출되어도 죽지 않는다. 그들은 대사율을 극도로 낮추고, 생존이 어려울 때는 가사 상태로 견딘다. 물곰 등 진드기류가 완보동물에 속하며, 완보동물은 지구 멸망 시 마지막까지 생존할 가능성이 높은 생명체이다.

acquit, perish

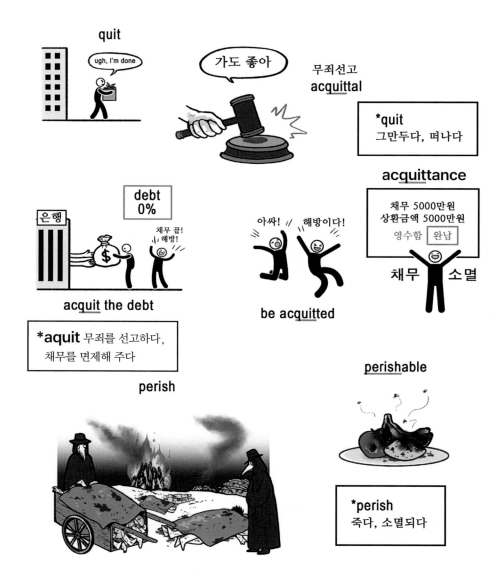

quit

ugh, I'm done

가도 좋아

무죄선고
acqu**it**tal

*quit
그만두다, 떠나다

acqu**it**tance

debt
0%

은행

채무 끝!
해방!

아싸!   해방이다!

채무 5000만원
상환금액 5000만원
영수함 완납

채무   소멸

acqu**it** the debt

be acqu**it**ted

*aquit 무죄를 선고하다,
채무를 면제해 주다

peri**sh**able

perish

*perish
죽다, 소멸되다

ROOT/STEM

acquit 무죄를 선고하다, 석방하다

* **quit** (직장, 학교, 하던 일을) 그만두다, 떠나다
* **ac**(방향**ad**) + **quit**(떠나다) → **acquit** 무죄를 선고하다, 석방하다
* **acquittal** 무죄 선고(↔ **conviction**)
* **acquittance** 채무 면제(소멸), 책임 해제, 채무 소멸 증서, 영수증

예문

Quit playing the fool! 바보 같은 짓 그만해!

The judge acquitted him of murder. 판사는 그에게 살인죄 무죄를 선고했다.

He was acquitted of his responsibility. 그는 책임이 면제되었다.

구문

- quit one's job 직장을 그만두다
- quit as manager of the team 그 팀 감독을 그만두다
- acquit a prisoner 죄수를 석방하다
- acquit a person of his duty ~의 의무를 면제하다
- be acquitted of a charge 혐의에서 벗어나다

- be acquitted for lack of evidence 증거 불충분으로 무죄를 선고받다
- resulted in an acquittal 무죄 선고로 결론이 났다
- be released on acquittal 무죄 판결을 받고 석방되다

ROOT/STEM

perish ① (끔찍하게) 죽다, 비명횡사하다 ② 소멸되다

* 라틴어 **perire**(망하다, 소멸하다, 파괴되다) → **perish** 죽다, 소멸되다(문예체, 격식적 표현)
* **perishable** 잘 상하는(썩는) * **perishables** 잘 상하는(부패하기 쉬운) 식품

예문

Escape the rocks and perish in the sands.
돌밭을 피해 와서 모래밭에서 죽다(큰 위험을 피한 후 작은 위험을 소홀히 하여 피해를 입는다).

Many soldiers perished in battle. 많은 병사들이 전사했다.

The whole city perished in the tsunami. 도시 전체가 쓰나미로 사라졌다.

All the houses perished in flames. 모든 집들이 불타 잿더미가 되었다.

The chance is perishable and elusive. 기회는 없어지기 쉽고 잡기 어렵다.

구문

- perish with hunger 굶어 죽다
- perish with famine 기근으로 죽다

- perishable items 썩기 쉬운 제품들
- a perishable product 부패하기 쉬운 물건

55

sporadic, spread, spore, sperm. tenacious

*중세 라틴어 **sporadicus**
다른 장소에 흩어져 있는
***sp**는 분산되는 것과 관련이 있다

***sporadic** 산발적인
***sprinkle** 뿌리다
***sperm** 정자
***spore** 포자

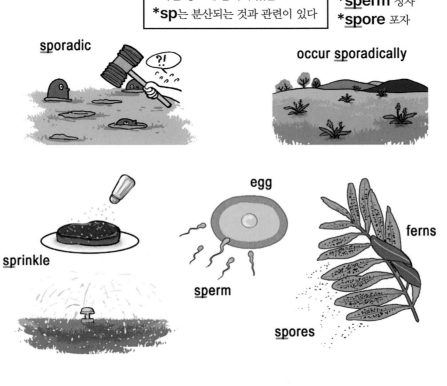

sporadic

occur sporadically

sprinkle

egg

sperm

ferns

spores

tenacious

tenacious clay

*라틴어 **tenere**
잡다. 고수하다
***tena**는 끈질긴 것,
완강한 것과 관련이 있다

***tenacious** 집요한, 완강한

ROOT/STEM

sporadic 산발적인(**scattered**), 이따끔 발생하는(**intermittent**)

* 중세 라틴어 **sporadicus**(다른 장소에 흩어져 있는) → **sporadic** 산발적인

sporadically 산발적으로

* sp가 들어 있는 말은 분산되는 것과 관련이 있다. → **spread** 뿌리다 * **spore** 포자

* **sperm** 정자, 정액 * **sprinkle** 뿌리다, 보슬비 * **sparse** 드문, 희박한

예문

Sporadic outbreaks of violence have occurred recently in the region.
최근 그 지역에서 산발적인 폭력 사태가 발생했다.

Anti government demonstrations broke out sporadically. 반정부 시위가 산발적으로 일어났다.

I attended leactures only sporadically. 나는 강의에 이따금씩만 참석했다.

Ferns propagate theselves with spores. 양치식물은 포자를 통해 번식한다.

구문

- **sporadic attack** 산발적인 공격
- **sporadic dumping** 가끔씩 있는 염가 매매
- **occur sporadically** 드문드문 발생하다
- **check ~ only sporadically** ~를 가끔씩만 확인하다
- **the male sperm** 남성의 정자
- **a sperm meets an egg** 난자가 정자를 만나다
- **springkle the dish with salt** 요리에 소금을 뿌리다
- **sprinkle rain** 비를 뿌리다

ROOT/STEM

tenacious 집요한, 완강한, 예상보다 오래 계속되는

* 라틴어 **tenere**(잡다, 견지하다), 라틴어 **tenax**(집요한, 강인한, 요지부동의) → **tenacious**

* **tenaciously** 끈덕지게 * **tenaciousness** 집요함, 끈질김

* **tenacity** 고집, 끈기, 강인함, 불굴, 집요함

예문

He tried to loosen the tenacious grip of the bolt. 그는 꽉 죄어진 볼트의 조임을 느슨하게 하려고 했다.

He is always tenacious of his opinions. 그는 언제나 자기 의견을 고수한다.

He has a tenacious memory. 그는 잘 잊어버리지 않는다.

He showed strong tenacity for the championship. 그는 우승에 대한 강한 집념을 보여 주었다.

구문

- **tenacious grip** 단단히 움켜쥠(움켜쥔 손아귀)
- **tenacious clay** 접착력이 강한 찰흙
- **a tenacious illness** 잘 낫지 않는 병
- **tenacious advocacy** 오래 지속되는 견고한 지지
- **save money tenaciously** 악착같이 돈을 모으다
- **resist tenaciously** 끈질기게 저항하다

55 sporadic, spread, spore, sperm. tenacious | 119

oligarchy, oligopoly, bomb, bombard

oligarchy

oligopoly

> *그리스어 oligos(소수의)
> *archy 정치(지배),체계
> *poly 많은
> *olig는 소수, 소량, 결핍과
>   관련이 있다

*oliglarchy 과두정치
*oligopoly 과점

> *bomb 폭탄, 폭격하다

*bombard 퍼붓다

oligarchy

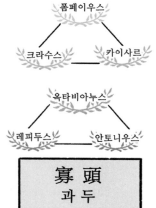

bombard

bombard him with questions

oligarchy 과두(정치), 소수의 독재자
* 그리스어 **oligos**(소수의) + **archy**(정치, 지배) → **oligarchy** 과두, 과두 정치
* 그리스어 **oligos**(소수의) + **poly**(많은) → **oligopoly** 과점
소수(**oligo**)가 많은 것(**poly**)을 지배하는 것이므로 **oligopoly**는 과점, 소수 독점이라는 뜻
* **oligopolistic** 과점의 *oligopolist 과점자
* **oligo**는 소수, 소량, 결핍, 부족을 나타낸다 → **oligohemia** 혈액 감소(증)
* **oligohydria** 탈수증(**dehydration**) * **oligospermia** 정자 과소증(*sperm 정자)

(예문)

OPEC is an example of an oligopoly. 석유 수출국 기구는 과점의 한 사례이다.

In the case of oligopoly, the price would stay(remain) high. 과점의 경우 가격은 높게 유지될 것이다.

Oligarchy took over from democracy. 과두 정치 체제가 민주주의를 대체(탈취)했다.

* **Iron law of oligarchy** 과두제의 철칙
정치 조직은 내부적으로 민주주의를 추구한다 하더라도 특히 이데올로기를 강조하는 조직에서는 상위층이 그 조직을 지배하려한다. 모든 조직은 소수자들의 권력욕으로 인해 관료화되고 소수에 의해 통제되는 상태(과두제)가 되는 경향이 있다는 이론.
(Michels, 「정치적 정당」, 1991)

(구문)

• **intensifying oligopoly of the oil refining business** 심화되는 정유업계의 과점 상태
• **the oligopolistic suppliers** 과점 공급자들
• **the oligopolistic market** 과점 시장

bombard (폭격, 공격, 질문, 비난 등을) 퍼붓다.
* 라틴어 **bombus**(낮고 탁한 소리, 벌들이 붕붕대는 소리) → **bomb** 포탄, 폭격하다
* **bombardier** 포격수, 폭격수 * **bombarder** 폭격기, 폭탄 던지는 사람
* **bombardment** 포격, 폭격

(예문)

The artillery bombarded the enemy's fort. 포병대는 적의 요새를 폭격했다.

The journalists bombarded a celebrity with questions. 기자들은 한 유명 인사에게 질문을 퍼부었다.

The bombardment continued without cessation. 폭격은 쉬지 않고 계속되었다.

(구문)

• **the bomb exploded** 폭탄이 터졌다
• **the bomb attack** 폭탄 공격
• **bombard the city** 도시를 폭격하다
• **bombard the witness with questions**
  증인에게 질문을 퍼붓다

• **bombard rough words** 막말을 퍼붓다
• **the enemy's bombardment** 적의 폭격
• **the Allied bombardment** 연합군의 폭격
• **incessant bombardment** 끊임없는 폭격

pilgrim, peregrine, sonnambulism, somnolent

pilgrim

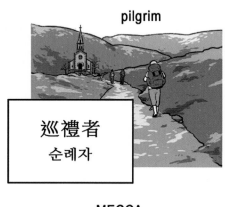

巡禮者
순례자

peregrine falcon

MECCA

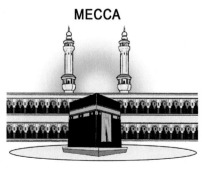

a place of pilgrimage

peregrination

*pilgrim 순례자
*peregrine 송골매

somnolent

somnambulism

夢遊病
몽유병

*somnus 잠의 신

*somn은 잠과 관련이 있다

pilgrim 순례자

라틴어 **peregrinus**(외국의, 나그네의, 외국인) → **pilgrim** 순례자 * **pilgrimage** 순례, 성지참배

* **peregrine**(**falcon**) 송골매 * **peregrination** (느리게 계속되는) 긴 여행

(예문) ────────────────────────────

The pilgrims arrived in Plymouth in 1620 on the Mayflower.
순례자들은 1620년 메이플라워호를 타고 플리머스에 도착했다.

Roman catholics went on their pilgrimage to Jerusalem.
로마카톨릭교도들은 예루살렘으로 성지 순례를 떠났다.

* 성지 순례를 하는 이유
성지 순례는 신앙의 대상과의 만남을 통해 신앙심을 굳게 다지고 신의 가호와 은혜를 받을 목적으로 행해진다. 카톨릭에서 성지 순례는 죄를 감면받을 수 있는 행위 중 하나였고, 이슬람 신앙에서 메카순례(hajj, 하지)는 필수적이다. 성지 순례를 관광 사업의 시초로 보는 견해도 있다.

Peregrine falcons have hooked beaks and strong talons.
송골매는 구부러진 부리와 강한 발톱을 지니고 있다.

(구문) ────────────────────────────

• **the pilgrim's path** 순례자의 길
• **go on a pilgrimage** 순례를 떠나다
• **make one's pilgrimage to**
  ~에 참배하다(순례를 하다)

• **life's pilgrimage** 인생 행로
• **make a long peregrination** 긴 여행을 하다.
• **Marco Polo's peregrinatron** 마르코폴로의 긴 여행

somnambulism 몽유병, 잠결에 걸어 다님(**sleepwalk**)

* 로마신화 **somnus**(잠의 신, 그리스 신화의 **Hypnos**) → 라틴어 **somnus**(잠, 수면)
  → **somni**(잠)
* **somnambulist** 몽유병자(**sleepwalker**) * **somnambulate** 잠결에 걸어 다니다
* **somni**(잠) + **loquence**(말) → **somniloquence** 잠꼬대(**somniloquy**) = **sleep talking**
* **somniloquist** 잠꼬대하는 버릇이 있는 사람
* **somnolent** 지치게(나른하게) 만드는, 졸리는, 조는 듯한, 거의 잠든
* **somnolence** 몹시 졸림, 비몽사몽

(예문) ────────────────────────────

She has suffered from somnambulism. 그 여자는 몽유병에 시달려 왔다.

It was a somnolent spring afternoon. 졸리는 봄날 오후였다.

(구문) ────────────────────────────

• **his somnolent voice** 졸리는 그의 목소리
• **a somnolent cat** 거의 잠든 고양이

• **a somnolent town** 잠든 듯 조용한 도시
• **the somnolent cast** 지루한 출연진

atone, penitent, pinpoint

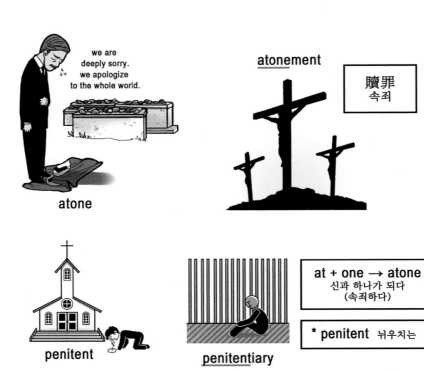

atonement

贖罪
속죄

we are
deeply sorry.
we apologize
to the whole world.

atone

penitent

penitentiary

at + one → atone
신과 하나가 되다
(속죄하다)

* penitent 뉘우치는

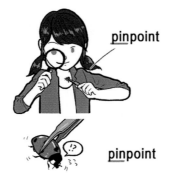

pinpoint

* pin(핀) + point (가리키다)
→ pinpoint 정확히 찾아내다

pinpoint

atone 속죄하다, 죄짓값을 치르다, 보상하다
* at + one(하나) → atone (신과 하나가 되어) 속죄하다
* atonement 속죄(Yom kippur는 유대교 속죄일)
penitent ① 뉘우치는 ② 회개하는 사람
* 라틴어 paenitere(뉘우치다, 후회하다) → penitent 뉘우치는
* penitential 뉘우치는, 참회하는 * penitentiary 교도소, 감방(pen)

(예문)

Atone for your sins! 너의 잘못을 속죄하라!

Atone me for breaking your promise! 약속을 어긴 것에 대해 보상하라!

He is penitent for his faults. 그는 자신의 과오에 대해 뉘우치고 있다.

(구문)

• atone for a crime 범죄에 대해 속죄하다
• atone for deficiencies 결함을 보상하다
• atone for his earlier error 이전의 실수를 만회하다
• make atonement for one's debt 빚을 갚다
• the Atonement 그리스도의 속죄
• far from being penitent 잘못을 뉘우치기는커녕
• be far from penitent for his offence 그의 죄에 대한 뉘우침이 전혀 없다
• welcome the penitent sinner 회개하는 죄인을 받아들이다
• penitential tears 참회의 눈물
• a penitential life 참회의 생활

pinpoint 정확히 찾아내다, 정확히 기술하다
* pin(핀) + point(가리키다) → pinpoint(핀으로 가리키는 것처럼) 정확히 찾아내다.

(예문)

I can't pinpoint the part that hurts. 나는 아픈 곳을 정확히 콕 집어서 말할 수 없다.

It's almost impossible to pinpoint the cause of the explosion.
정확한 폭발 원인을 규명하는 것은 불가능하다.

(구문)

• pinpoint on the map 지도에서 정확한 위치를 짚다
• pinpoint the location of the water leak 물 새는 곳의 정확한 위치를 찾아내다
• pinpoint the cause 원인을 정확히 알아내다
• hit the target with pinpoint accuracy (한 치의 오차도 없이) 정확하게 목표물을 맞추다

exult, lull, lullaby

exult

exultation

*ex (밖으로) + salt (점프하다)
→ exult 기뻐서 어쩔줄 모르다

lullaby

lull

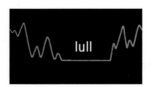

lull

*lull
소강 상태, 진정 시키다

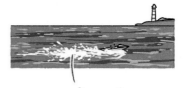

aftermath

*aftermath 여파, 후유증

--- **ROOT/STEM** ---

exult 기뻐서 어쩔 줄 모르다, 의기양양하다 exult in (at) ~에 크게 기뻐하다

* 라틴어 **salio**(뛰어오르다), 라틴어 **saltare**(춤추다, 점프하다)
* **ex**(밖으로) + 라틴어 **saltare**(춤추다, 점프하다) → **exult** 기뻐서 어쩔 줄 모르다
* **exultation** 기뻐서 어쩔 줄 모름, 의기양양함 * **exultant** 기뻐서 어쩔 줄 모르는, 의기양양한

(예문)

They exulted in finding UFO. 그들은 UFO를 발견하고 기뻐서 날뛰었다.

They drank a toast, exulting in their victory. 그들은 승리에 의기양양해서 축배를 들었다(건배를 했다).

They gave an exultant shout over the sight of the rescue party coming.
그들은 구조대가 오는 것을 보고 환호성을 울렸다.

(구문)

- **exult at the news** 그 소식을 듣고 기뻐하다
- **exulting heart** 크게 기뻐하는 마음
- **exult at(over) his success** 그의 성공에 기뻐 어쩔 줄 모르다
- **yell in exultation** 기뻐 어쩔 줄 몰라 소리 지르다
- **with exultation** 크게 기뻐하며
- **join in the exultation at his success**
  그의 성공을 기뻐하는 데 동참하다

--- **ROOT/STEM** ---

lull ① 소강상태, 잠잠한 시기 ② 달래다, 진정시키다, 잠잠하게 만들다
* **lull** 아기에게 노래 불러 주는 의성어 → **lullaby** 자장가

(예문)

She lulled crying baby to sleep. 그 여자는 우는 아기를 달래서 재웠다.

The waves were lulled. 파도가 잠잠해졌다.

There is a land that I heard of once in a lullaby. 내가 자장가에서 한번 들어 보았던 그런 땅이 있다.

(구문)

- **lull ~ into contentment** ~를 달래서 만족하게 하다
- **a lull in the fighting** 싸움의 소강상태
- **the lull before the storm** 폭풍 전의 고요
- **hum a lullaby** 자장가를 흥얼거리다
- **croon a lullaby** (조용하고 부드럽게) 자장가를 부르다

--- **ROOT/STEM** ---

aftermath 여파, 후유증, 사고 후의 현장 상태
* **after**(뒤에) + **math**(Old English 잔디 깎기 - mowing) → **aftermath** 여파, 후유증
잔디를 깎은 후에 잔디가 다시 자라기 때문에 **aftermath**는 여파, 후유증이라는 뜻

(예문)

In the aftermath of the earthquake, a fire broke out. 지진의 여파로 화재가 발생했다.

(구문)

- **the aftermath of the flooding** 홍수의 여파(잔해, 할퀴고 간 자리)
- **worry about the aftermath** 후환을 두려워하다
- **take care of the aftermath** 뒷정리를 하다

crumb, crumble, crumple, meticulous

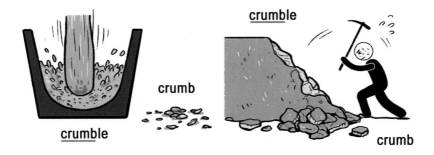

crumble

crumb

crumble

crumb

crumbing
friendship

*crumb 부스러기

*crumble 바스러지다

*meticu는 꼼꼼한것,
세심한 것과 관련이 있다.

*meticulous 꼼꼼한, 세심한

meticulous

schedule

meticulously planned
schedule

crumble 바스러지다, 바스러뜨리다
* **crumb**(부스러기) → **crumble** 바스러지다, 바스러뜨리다
* **crumple** 구기다, 구겨지다, 얼굴이 일그러지다,

예문

The building crumbled into dust. 그 건물은 폭삭 내려앉았다.

Acid rain can cause metal surfaces on cars to crumble.
산성비는 자동차의 금속 표면을 망가뜨릴 수 있다.

His hopes have crumbled to nothing. 그의 희망은 수포로 돌아갔다.

His face crumpled in a spray of sweat. 그의 얼굴은 땀으로 범벅이 되어 일그러졌다.

구문

- **sprinkle a little crumb on the chicken**
  치킨 위에 빵가루를 약간 뿌리다
- **take a crumb of comfort** 약간의 위안을 얻다
- **crumbles** 조각, 부스러기
- **crumble the building** 건물을 부수다
- **easy to crumble** 부서지기 쉽다

- **crumbling friendship** 흔들리는 우정
- **crumbling economy** 무너지는 경제
- **crumbling business** 무너지는 사업체
- **the crumpled paper** 구겨진 종이
- **a crumple zone** 쉽게 접히도록 설계된 부분
- **crumple to dust** 폭삭 무너지다

meticulous 꼼꼼한, 세심한, 소심한,
* 라틴어 **metus**(공포, 불안, 공포의 대상) → 무섭고 불안하면 꼼꼼하게 봐야 한다.
→ **meticulous** 꼼꼼한, 세심한 * **meticulously** 꼼꼼(깐깐)하게, 주도면밀(오밀조밀)하게

예문

He is preparing for the trip with meticulous care. 그는 세심하게 신경 써서 여행을 준비하고 있다.

He is quite meticulous in his work. 그는 일에 있어서 꽤 꼼꼼하다.

She is too meticulous about detail. 그 여자는 사소한 일에 지나치게 신경 쓴다.

She is very meticulous when it comes to money matters.
돈 문제에 관해서라면 그 여자는 매우 깐깐하다.

구문

- **a meticulous craftsman** 일이 꼼꼼한 장인
- **with meticulous care** 세심한 주의로
- **a meticulous person** 조잔한 사람
- **meticulous work** 꼼꼼한 일 처리
- **meticulous attention to detail** 세부적인 것에 대한 세심한 주의

- **a meticulous record keeper** 꼼꼼한 기록관리자
- **a meticulous nature** 꼼꼼한 성격
- **meticulously clean** 세심하게(티 하나 없이) 청소한
- **meticulously planned** 치밀하게 계획된

vital, vitamin, bulge, budget

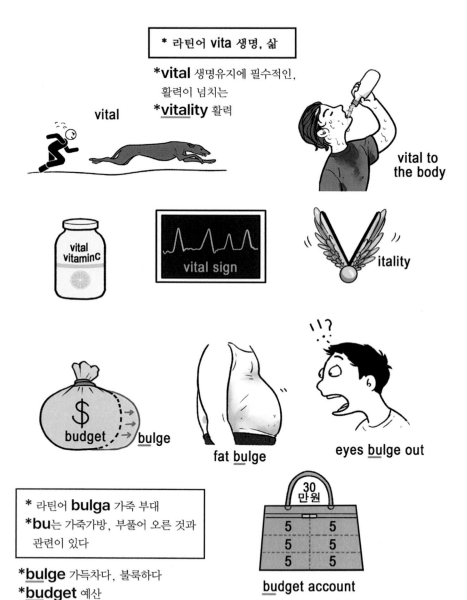

* 라틴어 **vita** 생명, 삶

***vital** 생명유지에 필수적인, 활력이 넘치는
***vitality** 활력

vital

vital to the body

vital
vitamin C

vital sign

itality

$ budget ⟶ bulge

fat bulge

eyes bulge out

* 라틴어 **bulga** 가죽 부대
***bu**는 가죽가방, 부풀어 오른 것과 관련이 있다

***bulge** 가득차다, 불룩하다
***budget** 예산

30만원
5 5
5 5
5 5
budget account

ROOT/STEM

vital (생명 유지에) 필수적인, 활력이 넘치는(**dynamic**)
* 라틴어 **vita**(생명, 삶) → **vital** * **vitally** ① 극도로, 지극히 ② 필수적으로, 근본적으로
* **vitality** 활력(**vigour**) * **vitamin** 비타민

예문

What is vital to you? 너에게 뭐가 중요한가?

The real value of love is the increased vitality it produces.
사랑의 진정한 가치는 그것이 가져오는 활력의 증가에 있다.

구문

• vita felix(라틴어) 행복한 인생
• la dolce vita(이태리어) 달콤한 인생
• vital sign 활력 징후
• vitals 생명 유지에 필수적인 장기들
• vital vitamins 필수 비타민
• play a vital role 필수적인 역할을 하다

• the vital point 급소
• vitally important 아주 중요한
• be full of vitality 활기가 넘치다
• with vitality 활기 있게
• vitamin pills 비타민 정제

ROOT/STEM

bulge ① 가득 차다, 불룩하다, 툭 튀어나오다 ② 툭 튀어나온 것, 불룩한 것
budget ① 예산, 지출 예상 비용 ② 예산을 세우다
* 라틴어 **bulga**(가죽 가방, 가죽 부대)→ **bulge, budget**

예문

His stomach has begun to bulge out. 그의 배가 불룩 나오기 시작했다.

After the industrial revolution there was a bulge in the birth rate. 산업혁명 이후 출산율이 급증했다.

We have a very tight budget. 우리는 예산이 빡빡하다.

The poor man's budget is full of infeasible schemes.
가난한 자의 예산은 실행 불가능한 계획으로 가득 차 있다.

구문

• fat bulge 지방(비계) 덩어리
• eyes bulge out 눈이 튀어나오다
• bulge one's pocket 호주머니를 부풀리다
• central bulge 중앙돌출부
• tight budget 빠듯한 예산

• go over budget 예산을 초과하다
• draw up a budget 예산을 편성하다
• secure budget 예산을 확보하다
• cut the budget 예산을 삭감하다
• budget carriers(airlines) 저가 항공사

62

peccable, impeccable, ouster, oustracize

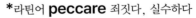

*라틴어 **peccare** 죄짓다, 실수하다
*pecc는 잘못, 과오, 죄와 관련이 있다

*peccable 과오를 범하기 쉬운
*impeccable 흠잡을 데 없는

peccable   impeccable

impeccable white shirts

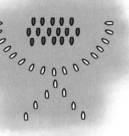

impeccable strategy

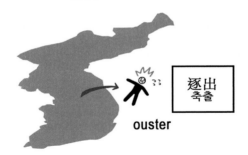

逐出
축출

ouster

*oust 축출하다, 몰아내다
*oustracism ①외면, 배척 ②도편추방

peccadillo

*peccadillo 사소한 잘못

oust the player

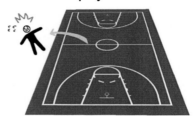

impeccable 흠잡을 데 없는, 나무랄 데 없는, 빈틈없는(철저한)

* 라틴어 **peccare**(죄를 짓다, 과오를 범하다, 결함이 있다)
→ **peccable** 죄를 짓기 쉬운, 과오를 범하기 쉬운
* **im**(부정 in) + **peccable**(과오를 범하기 쉬운) → **impeccable** 흠잡을 데 없는
* **peccadillo** 사소한 잘못(실수)

(예문)

He is a man of impeccable manners. 그는 흠잡을 데 없는 매너를 갖춘 남자다.

Her performance was impeccable. 그 여자의 연기는 흠잡을 데가 없었다.

(구문)

• **impeccable white shirts** 먼지 하나 없는 흰 셔츠
• **impecable strategy** 빈틈없는 전략
• **a peccadillo of the past** 과거의 사소한 잘못

oust 쫓아내다., 축출하다, 퇴장시키다 * **ouster** 축출
* 그리스어 **ostrakon**(도편) → **ostracize** 외면(배척)하다, 국외로 추방하다
* **ostracism** 외면, 배척, 따돌림, 추방
그리스의 도편 추방제는 국가에 해를 끼칠 인물을 도편에 기입하여 비밀 투표로 외국으로 추방하는 제도였는데, 이것은 유력 정치인을 추방하기 위한 목적으로 악용되기도 했다.

(예문)

He was ousted from power. 그는 권력에서 축출당했다.

The umpire ousted the player from the game. 심판은 그 선수를 퇴장시켰다.

They ostracize him and talk behind his back. 그들은 그를 배척하고 뒤에서 수군거린다.

(구문)

• **oust a dictator** 독재자를 축출하다
• **oust from** ~에서 내쫓다
• **ostracize the offenders** 범법자들을 추방하다
• **ostracize him** 그를 배척하다
• **face social ostracism** 사회적 배척에 직면하다
• **the president's ouster** 대통령 축출(퇴진)
• **ouster from the post** 권좌로부터의 축출

63

circum이 들어 있는 단어, strive, strife

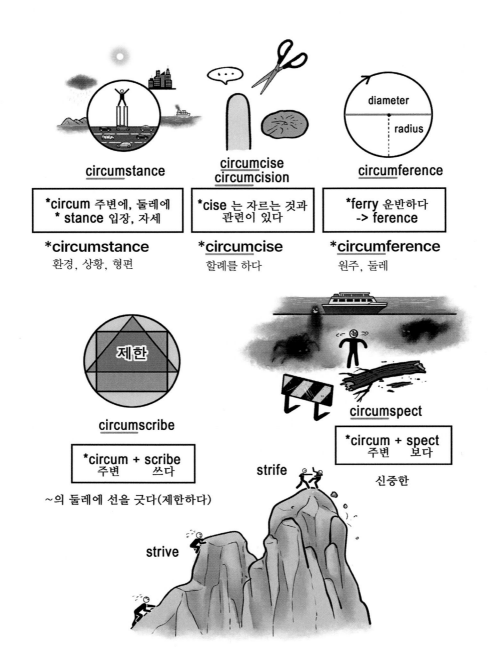

circumstance

*circum 주변에, 둘레에 *** stance** 입장, 자세

*circumstance
환경, 상황, 형편

circumcise
circumcision

*cise 는 자르는 것과 관련이 있다

*circumcise
할례를 하다

circumference

*ferry 운반하다 **-> ference**

*circumference
원주, 둘레

제한

circumscribe

*circum + scribe 주변   쓰다

~의 둘레에 선을 긋다(제한하다)

circumspect

*circum + spect 주변   보다

신중한

strife

strive

circum이 들어 있는 단어

circum 주변에, 둘레에

* circum + stance(자세, 입장, 태도) → circumstance 환경, 상황, 형편
* circum + cise(자른) → circumcise 할례를 하다, * circumcision 할례, 포경수술
* circum + 라틴어 ferre(옮기다) → circumference 원주, 둘레
* circum + scribe(쓰다) → circumscribe 둘레에 선을 긋다, 제한하다
* circum + spect(보다) → circumspect 신중한

──── 예문 ────

People are always blaming their circumstances for what they are.
사람들은 그들이 현재 그렇게 된 것에 대해 환경을 탓한다.

The people who get on in this world are the people who get up and look for the circumstances they want, and they cannot find them, make them.
세상에서 성공하는 사람은 자리에서 일어나 자신이 원하는 환경을 찾아보고, 찾을 수 없을 때는 그런 환경을 만든다.

Circumcision is still done in some Muslim countries.
몇몇 이슬람국가에서는 아직도 할례가 행해진다.

──── 구문 ────

• adapt to circumstance 상황에 적응하다(임기응변으로 하다)
• female circumcision 여성 할례(음핵 또는 음순의 절제)
• circumscribe a circle about ~ 둘레에 원을 그리다
• circumscribe market forces 시장 지배를 제한하다
• the circumference of the earth 지구의 둘레
• be circumspect in behavior 행동에 신중을 기하다

strive 분투하다 → strife 갈등, 불화, 다툼(분투하다 보면 갈등, 불화, 다툼이 생긴다)

──── 예문 ────

To strive with difficulties and to conquer them is the highest form of human felicity.
어려운 일과 싸워서 그것을 정복하는 것은 가장 높은 형태의 인간 행복이다.

The party was torn apart by strife. 그 정당은 갈등으로 분열되었다.

Hatred stirs up strife, but love covers all offenses.
증오는 다툼을 일으키지만 사랑은 모든 죄과를 덮는다.

──── 구문 ────

• strive against fate 운명에 맞서 싸우다
• strive for a better life 더 나은 삶을 위해 분투하다
• racial strife 인종 간의 다툼
• ethnic strife 민족 간의 갈등(다툼)

64

utensil, utilize, debris, pore, porous

*라틴어 utor 사용하다 -> use
*ut는 사용하는것, 기구와 관련이 있다

***utensil** 가정용품
***utility** 유용성, 다용도의, 다목적의
***utilize** 활용하다, 이용하다

kitchen <u>ut</u>ensils

farming <u>ut</u>ensils

<u>ut</u>ilize internet

<u>ut</u>ilize concrete

utility pole

<u>ut</u>ility vehicle

debris of war

skin pore

pore over

*그리스어 poros 땀구멍, 기공 -> pore

debris dam

***debris**
잔해, 쓰레기

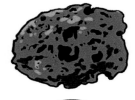

<u>po</u>rous rock

***porous**
다공성의

porosity

***porosity**
다공성, 통가성

ROOT/STEM

utensil 가정에서 사용하는 기구(도구), 가정용품
* 라틴어 **utere**(사용하다, 이용하다) → **utensil** * **utensils** 밥그릇
* 라틴어 **utilis**(쓸모 있는, 유용한, 편리한) → **utilize** 활용(이용)하다
* **utility** ① (수도, 전기 등) 공익 사업 ② 유용성 ③ 다용도(다목적)의

예문

The most interesting utensil is the human hand. 가장 흥미로운 도구는 인간의 손이다.
* 고도로 발달된 인간의 손은 자유로운 도구이다. 손가방을 5km 정도 운반할 수 있는 동물은 인간 외에 코끼리뿐이다.

The sculptor uses a chisel as a utensil to carve statues. 조각가는 끌을 도구로 사용하여 상을 조각한다.

We utilize concrete as a building material. 우리는 콘크리트를 건축 재료로 이용한다.

구문

• **a writing utensil** 필기도구
• **kitchen utensil** 주방 기기
• **utilize marble as a building material**
  대리석을 건축 재료로 이용하다

• **utilize my knowledge** 나의 지식을 활용하다
• **how to utilize the Internet** 인터넷 활용법
• **utility value** 활용(이용) 가치
• **sport utility vehicle** 레저용 차량(suv)

ROOT/STEM

debris 잔해, 쓰레기, 파편, (국의) 건더기
* **de**(아래로) + 프랑스어 **bris**(파괴, 파손) → **debris** 잔해, 쓰레기, 파편

예문

He was hit by flying debris and wounded. 그는 날아오는 파편에 맞아 부상을 입었다.

구문

• **falling debris** 떨어지는 파편
• **garden debris** (낙엽 등) 정원 쓰레기
• **clear debris from the plane crash** 비행기 사고 잔해를 치우다
• **debris dam(barrier)** 사방댐(산에서 토사가 흘러내리는 것을 방지하기 위한 댐)

ROOT/STEM

pore (피부, 암석의) 구멍
* 그리스 **poros**(나가는 통로, 석회석 종류의 돌) → **pore** 구멍
* **porous** 다공성의, 통기성이 있는, * **porosity** 다공성, 통기성
* **pore over** 자세히 조사하다(읽다, 보다)

예문

Sebum and dust can block the skin's pores. 피지와 먼지가 피부의 모공을 막을 수 있다.

Activated charcoal is porous material. 활성탄은 다공성 물질이다.
* 활성탄은 흡착성이 뛰어나고 다공질이어서 색소나 냄새를 잘 빨아들인다.

Rubber is non porous. 고무는 통기성이 없다.

Acne blocks the skin's pores. 여드름은 피부의 모공을 막는다.

She oozes sex from every pore. 그녀는 온몸에서 색기가 흐른다.

구문

• **pore over the amendments** 수정안을 자세히 살펴보다
• **pore over a book** 책을 숙독하다
• **increase porosity** 투과성(통기성)을 높이다

65

square, squander , budge, avarice

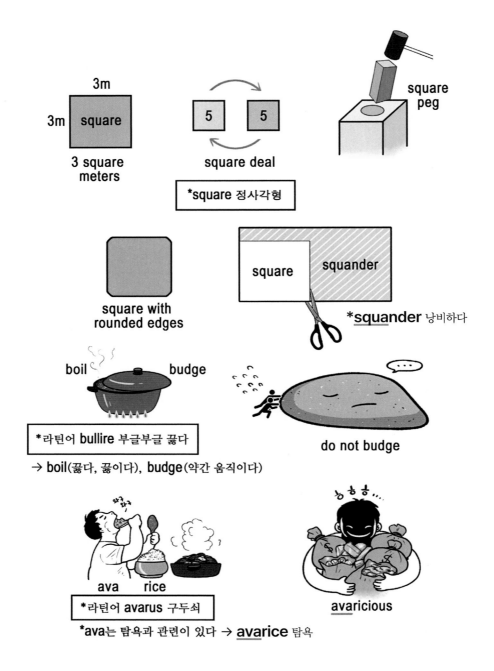

3m

3m square

3 square meters

square deal

5   5

*square 정사각형

square peg

square with rounded edges

square   squander

*squander 낭비하다

boil   budge

*라틴어 bullire 부글부글 끓다

→ boil(끓다, 끓이다), budge(약간 움직이다)

do not budge

ava   rice

*라틴어 avarus 구두쇠

*ava는 탐욕과 관련이 있다 → avarice 탐욕

avaricious

square ① 정사각형 모양의, 직각의 ② 정사각형, 광장
squander 낭비하다, 허비하다 * **squanderer** 낭비가

（예문）

Dont squander money and time. 돈과 시간을 낭비하지 마라.

Do your best not to squander chances given to you. 주어진 기회를 날려 버리지 않도록 최선을 다해라.

（구문）

• **the market square** 시장 광장
• **30 square meters** 30평 방 미터
• **a square deal** 정직한(공평한) 거래

• **square with the facts** 사실과 일치하다
• **a square peg** 맞지 않는 사람(물건), 부적응자
• **squander one's fortune** 재산을 낭비하다

---

budge 약간 움직이다, 의견을 바꾸다
* 라틴어 **bullire**(거품이 일어 넘치다) * 라틴어 **bulla**(수포, 비누눗방울)
* **bu**는 거품이 일어나는 것과 관련이 있다. **bubble**은 '거품, 거품이 일다, 보글보글 끓다', 끓어서 거품이 일면 뚜껑이 약간 움직이므로 **budge**는 '약간 움직이다'라는 뜻이 된다.

（예문）

A small boy tried to lift a heavy stone, but he couldn't budge it.
작은 소년이 무거운 돌을 들어 올리려고 했으나 그는 그것을 조금도 움직일 수가 없었다.

（구문）

• **refuse to budge** 꿈쩍도 하지 않으려고 하다
• **do not budge an inch on**
  ~에 관한 의견을 한 치도 바꾸지 않다

• **begin to bubble** 보글보글 끓기 시작하다
• **the housing bubble has burst**
  주택(집값) 거품이 꺼졌다

---

avarice 탐욕(**greed**「탐욕」의 격식적 표현)
* 라틴어 **avarus**(욕심 많은, 탐욕적인) → **avarice** 탐욕 * **avaricious** 탐욕스러운

（예문）

Avarice and happiness never saw each other. 탐욕과 행복을 서로 마주 본 적이 없다.

The avaricious man is always in want. 탐욕스러운 자는 언제나 결핍 상태에 있다.

（구문）

• **driven by avarice** 탐욕에 눈이 멀어
• **be blind with avarice** 탐욕에 눈이 멀다

• **avaricious conduct** 탐욕스러운 행동
• **be avaricious of power** 권력을 탐하다

whim, whimper, whimsy, brag, sediment

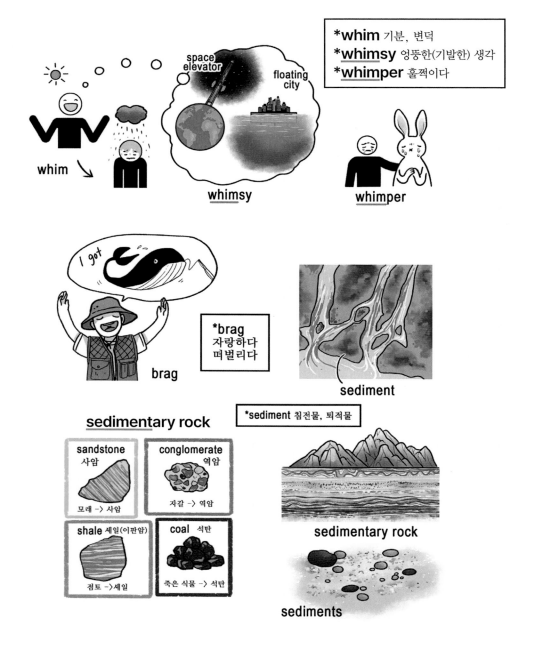

*whim 기분, 변덕
*whimsy 엉뚱한(기발한) 생각
*whimper 훌쩍이다

whim

whimsy

whimper

brag

*brag
자랑하다
떠벌리다

sediment

*sediment 침전물, 퇴적물

sedimentary rock

sandstone
사암
모래 -> 사암

conglomerate
역암
자갈 -> 역암

shale 세일(이판암)
점토 -> 세일

coal 석탄
죽은 식물 -> 석탄

sedimentary rock

sediments

whimper 훌쩍이다, 훌쩍거림, (동물) 낑낑거림
* whim 일시적인 기분, 변덕 → whimsy 엉뚱한(기발한) 생각(행동)
* whimsical 엉뚱한, 기발한, 변덕이 심한(capricious)
일시적으로 기분이 나빠지면 훌쩍거리기도 하고 기분이 좋아지면 엉뚱한(기발한) 생각이 떠오르기도 한다.

예문

The plan started off with a bang but ended with a whimper.
그 계획은 함성으로 시작해서 훌쩍거림으로 끝났다(용두사미로 끝났다).

구문

• begin to whimper 훌쩍이기(칭얼대기) 시작하다
• be full of whimsy 기발함(엉뚱함)으로 가득하다
• whimsical ideas 기발한 아이디어들
• whimsical treatment 변덕스러운 취급(대우)

brag ① 자랑하다, 뽐내다, 떠벌리다 ② 허풍 * bragger 허풍쟁이, 떠벌이
* brag는 자랑하고 떠벌리는 것으로 boast(뽐내다, 뽐냄)보다 비격식적 표현이다.

예문

God hates the bray of bragging tongues. (*bray 당나귀가 시끄럽게 울다)
신은 잘난 체하는 혀의 시끄러운 소리를 경멸한다.

Great braggers are little doers. 허풍쟁이는 행동을 적게 한다.

구문

• brag about his skills 그의 기술을 자랑하다

sediment 침전물, 앙금, 퇴적물
* 라틴어 sedere(가라앉히다), 라틴어 sedimentum(가라앉은 물건)
→ sediment 침전물, 앙금, 퇴적물 * sedimentary 퇴적물의, 퇴적 작용으로 생긴

예문

A geologist is observing a thick layer of sediment. 지질학자가 두꺼운 퇴적층을 관찰하고 있다.

Most sedimentary rocks are formed when sediment is compacted or cemented together.
대부분의 퇴적암은 퇴적물이 다져지거나 굳어져서 생긴다.

The mouth of the river become clogged with sediments and water is diverted to outlets.
강어귀가 퇴적물로 막히면 물은 배출구로 향하는 방향을 바꾼다.

구문

• leave sediment behind 앙금을 남기다
• carry sediments 퇴적물을 운반하다
• a layer of sediment 퇴적층(sedimentary layer)
• stir up the sediment 앙금을 휘젓다
• deposit sediment 침전물을 가라앉히다

67

intrigue, intricate, obscene

*intri는 내부적으로 복잡한 것과 관련이 있다

*intrigue 음모
*intricate 복잡한

web of intrigue

음모

intrigue

intricate

intrigue

*scene 현장, 장면
*ob ~에 반하는

*obscene 음란한, 외설적인, 터무니없는

scene

obscene

obscene
amount of money

ROOT/STEM

intrigue ① 모의, 음모(를 꾸미다) ② 강한 흥미(호기심)을 불러일으키다

* **in**(안으로) + 라틴어 **tricare**(트집 잡다, 말썽을 일으키다) → 라틴어 **intricare**(혼란케 하다, 엉키게 하다)

→ 영어 **intricate** 복잡한 * **intrigue** 모의, 음모

* **intri**는 내부적으로 복잡한 것과 관련 있다.

예문

He intrigued himself into a high position. 그는 음모를 꾸며 높은 자리에 올랐다.

Cinderella intrigued the prince at the party. 신데렐라는 파티에서 왕자의 관심을 끌었다.

I was intrigued by the hint about "epoch-making event".
나는 "획기적 사건"이라는 힌트에 호기심이 커졌다.

It sounds intriguing. 그거 관심이 당기는데.

구문

- **political intrigue** 정치적 음모
- **a master of intrigue** 음모(공작)에 능한 사람
- **be snared in a web intrigue**
  음모의 거미줄에 걸려들다
- **intrigue the viewers** 시청자들의 흥미를 끌다
- **be intrigued by the story** 그 이야기에 흥미가 끌리다
- **an intriguing book** 흥미를 끄는 책

- **intricate patterns** 복잡한 무늬
- **an intricate problem** 난제
- **an intricate knot** 엉킨 매듭
- **an intricate network** 복잡하게 얽힌 관계
- **an intricate machine** 복잡한 기계
- **an intricate plot** 복잡한 구성

ROOT/STEM

obscene ① 음란한, 외설적인 ② 터무니없는, 가당치 않은
ob(~에 거슬러, ~에 반대하여 **against**) + **scene**(장면, 현장)
→ **obscene** 거슬리는 장면이므로 **obscene**은 '음란한, 외설적인'이라는 뜻이 된다.

예문

Paintings by Egon Schiele are obscene. 에곤 실레의 그림은 외설적이다.

Obscene words are not permitted on public broadcasting.
공영방송에서는 외설적인 말들이 허용되지 않는다.

It's obscene to spend so much money on clothes. 옷을 사는데 그렇게 많은 돈을 쓰는 것은 가당치 않다.

구문

- **obscene pictures** 외설적 그림(춘화)
- **obscene megazines** 음란 잡지
- **obscene phone calls** 음란 전화

- **obscene pornography** 외설 포르노
- **an abscene amount of money**
  터무니없는(가당치 않은) 돈

68

tact, tactics, bypass, detour

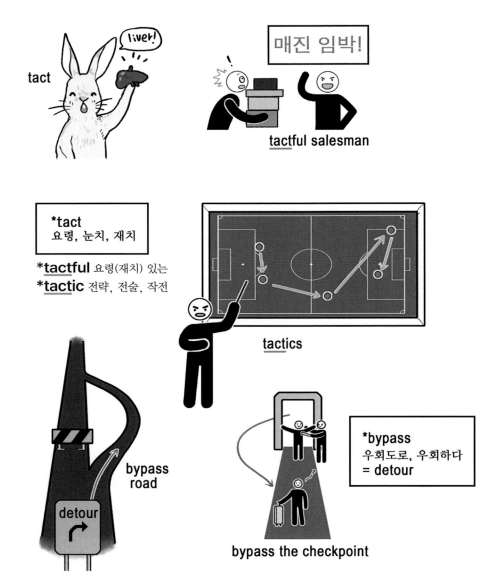

tact

liver!

매진 임박!

tactful salesman

*tact
요령, 눈치, 재치

*tactful 요령(재치) 있는
*tactic 전략, 전술, 작전

tactics

bypass
road

detour

*bypass
우회도로, 우회하다
= detour

bypass the checkpoint

ROOT/STEM

tact 재치, 눈치, 기지, 요령
* 라틴어 **tangere**(만지다), 라틴어 **tactus**(접촉, 만짐) → **tact** 재치, 기지, 요령
* **tactful** 요령 있는, 눈치 있는, 재치 있는 * **tactic** 전략, 작전, 전술
* **tactics** 전술(학), 용병(술), 작전 행동

예문

He had the tact to cut the melon. 그는 재치 있게 문제를 해결했다.

A face to face confrontation is not always the best tactic.
정면 대결이 항상 최선의 전략인 것은 아니다.

Be more tactful! 눈치 좀 있어 봐라!

구문

• **require tact** 재치(요령)를 필요로 한다
• **with tact** 재치 있게
• **tactic missiles** 전술(전략) 미사일
• **set up a tactic** 작전(전략)을 세우다
• **a tactful way** 요령 있는 방법
• **a tactful salesman** 요령 있는 판매원

ROOT/STEM

bypass ① 우회로, 우회하다 ② 그냥 통과하다, 그냥 넘어가다, 무시하다
* **bypass valve**(우회 밸브), **bypass circuit**(대체 회로)는 유체나 전기 등의 흐름이 어떤 사정으로 막히는 경우에 이용된다.
detour 우회로, 우회하다, 둘러 가다

예문

You had better take the bypass. 우회 도로로 가는 게 나아.

He bypassed the security checkpoint. 그는 보안 검색대를 그냥 통과했다(우회했다).

We have to make a detour around the clogged road. 우리는 꽉 막힌 도로를 우회해서 돌아가야 한다.

구문

• **a bypass around the city** 도시 주변 우회로
• **bypass the economic embargo** 경제 봉쇄 정책을 피해 가다
• **please detour** 우회해서 가세요
• **a little detour** 약간 우회해서 가는 것
• **take a detour round the back streets** 뒷길로 우회해서 가다

69

ascend, ascent, ascetic, descend, spur, spurn

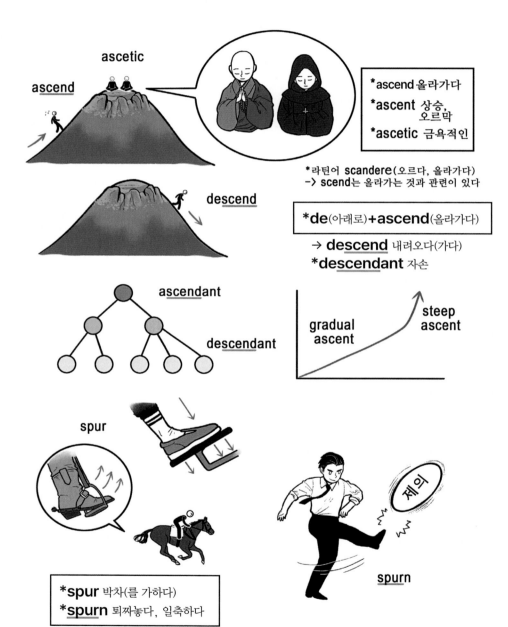

*ascend 올라가다
*ascent 상승, 오르막
*ascetic 금욕적인

*라틴어 scandere(오르다, 올라가다)
-> scend는 올라가는 것과 관련이 있다

*de(아래로)+ascend(올라가다)
→ descend 내려오다(가다)
*descendant 자손

ascetic
ascend
descend
ascendant
descendant
gradual ascent
steep ascent
spur
spurn

*spur 박차(를 가하다)
*spurn 퇴짜놓다, 일축하다

ROOT/STEM

ascend 오르다, 올라가다 → **ascent** ① 올라감 ② 오르막 ③ 상승, 향상

* **ascendant** ① 상승하는, 상향의 ② 선조, 조상 ③ 우월, 우세

* 라틴어 **scandere**(오르다, 올라가다) → **scend**는 올라가는 것을 나타낸다.

* **ascetic** ① 금욕적인 ② 도사, 수도자, 금욕주의자

* **ascend**(오르다) + **tic**(형용접미사)

→ **ascetic**(수행하기 위한 산으로 올라가서) 금욕 생활을 하는, 금욕적인

* **descend** ① 내려오다, 내려가다 ② 경사지다, 내리막이 되다 * **descent** 하강, 내리막

* **de**(아래로) + **scend**(오르다) → **descend** 내려오다, 경사지다 * **descendant** 자손, 후손

예문

I have the plan to ascend Mt. Everest this year. 나는 올해 에베레스트 등반 계획이 있다.

The monks lived a very ascetic life in the monastery. 수도자들은 수도원에서 매우 금욕적으로 살았다.

구문

• **ascend steeply** 가파르게 오르막이 되다
• **ascend the stairs** 계단을 올라가다
• **ascend the throne** 왕위에 오르다
• **ascend a ladder** 사다리를 오르다
• **gradual ascent** 점진적 상승
• **a steep ascent** 가파른 오르막
• **the first ascent** 첫 등정
• **an ascent of ten degrees** 경사 10도

• **be in the ascendant** 상승세에 있다
• **lineal ascendant** 직계 존속
• **an ascetic life** 금욕 생활
• **an ascetic penance** 고행
• **descend to the ground** 바닥으로 내려오다
• **descend on foot** 걸어서 내려오다
• **an existing descendant** 현존하는 후손
• **lineal(direct) descendant** 직계 자손

ROOT/STEM

spur ① 박차 ② 자극제, 원동력 ③ 박차를 가하다, 자극하다

spur 박차, 박차를 가하다 → **spurn** 퇴짜 놓다, 일축하다

* **spurn**은 특히 자존심이 강해서 매몰차게 퇴짜 놓거나 일축하는 것

예문

Necessity is the spur to invention. 필요는 발명의 원동력(자극제)이다.

He spurned a beggar from his door. 그는 거지를 문전에서 내쫓았다.

The king spurned away those who were against him. 왕은 그에게 반대하는 자들을 쫓아냈다.

구문

• **a spur to action** 행동을 하게 만드는 자극제
• **spur one's horse** 말에 박차를 가하다
• **spurn one's offer** ~의 제의를 일축하다

• **a spurned lover** 퇴짜 맞은 연인
• **spurn a bribe** 뇌물을 뿌리치다
• **spurn one's invitation** ~의 초대를 일축하다

70

sponsor, spouse, respond, correspond, patient, impatient

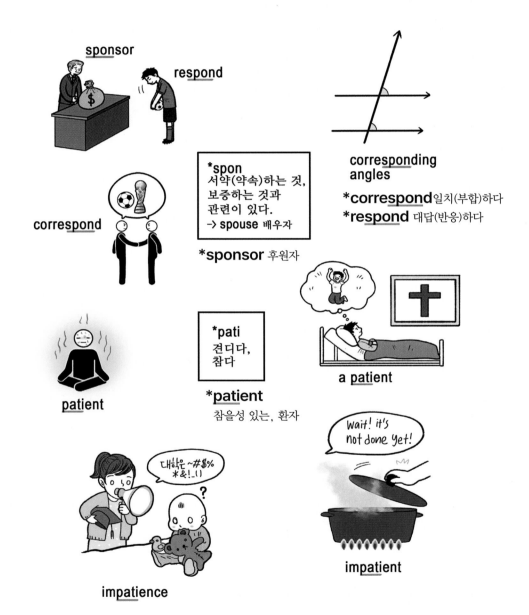

sponsor

respond

corresponding angles

*correspond 일치(부합)하다
*respond 대답(반응)하다

correspond

*spon
서약(약속)하는 것,
보증하는 것과
관련이 있다.
→ spouse 배우자

*sponsor 후원자

*pati
견디다,
참다

*patient
참을성 있는, 환자

patient

a patient

impatience

Wait! it's not done yet!

impatient

sponsor ① 광고주, 후원자 ② 후원하다 ③ 행사를 주관(주체)하다

* **sponsorship** 후원, 협찬

* 라틴어 **spondere** (약속하다, 보증하다), 라틴어 **sponsus**(약속, 보증, 신랑)

→ sponsor * **spouse**(배우자)

* **re**(되받아서) + **spond**(약속하다, 보증하다) → **respond** 대답하다, 반응하다

* **response** ① 대답, 응답 ② 반응, 대응

* **respondent** ① 응답자 ② 피항소인(피상고인), 피신청인

* **cor**(함께con) + **respond**(대답하다) → **correspond** ① 일치(부합)하다 ② 서신을 주고 받다

* **correspondent** ① 특정 지역이나 주제를 담당하는 기자(통신원), 특파원 ② 외환 결제 제휴은행

* **correspondence** ① 서신, 편지 ② 관련성, 유사성

⟨예문⟩

Is this sponsored? 이거 협찬입니까?

How did they respond to his provocations? 그의 도발에 사람들은 어떤 반응을 보였나요?

Your account does not correspond to the facts. 너의 설명은 사실에 부합되지 않아.

⟨구문⟩

- **an official sponsor** 공식 스폰서
- **a sponsor for this exhibition** 이 전시회 후원자
- **sponsor jointly** 공동 협찬을 하다
- **a sponsorship deal** 후원 계약
- **a good spouse** 좋은 배우자
- **spouse abuse** 배우자 학대
- **respond to a challenge** 도전에 대응하다

- **respond to changes** 변화에 적응(반응)하다
- **respondent learning** 반응 학습
- **respond to outer stimuli** 외부의 자극에 반응하다
- **immune response** 면역 반응
- **correspond regularly** 정기적으로 편지를 주고받다
- **a foreign correspondent** 해외 통신원(특파원)

patient ① 참을성(인내심) 있는 ② 환자

* 라틴어 **pati**(시련을 견디다, 인내하다, 참다) → **patient** 참을성 있는, 환자

* **patience** 참을성, 인내심

* **im**(부정) + **patient**(참을성 있는) → **impatient** 안달하는, 못 견디는

* **impatience** 성급함, 조바심, 초조, 안달, 참을 수 없음

⟨예문⟩

Be patient! To everything there is a season. 인내심을 가져! 모든 것에는 다 때가 있어.

One moment of impatience may ruin a whole life. 한순간의 조급함이 인생 전체를 망칠 수 있다.

Time is forced back for all who are anxious and impatient.
시간은 불안해하고 안달하는 사람에게는 뒷걸음질 친다.

⟨구문⟩

- **attend a patient** 환자를 돌보다
- **isolate a patient** 환자를 격리하다
- **strain our patience** 우리의 인내심을 바닥나게 하다(혹사하다)

- **be impatient to get rich**
  빨리 부자가 되고 싶어 안달하다
- **restrain one's impatience** 조급함을 억제하다

obscure, unnamed, anonymous, pole, polar, polarize

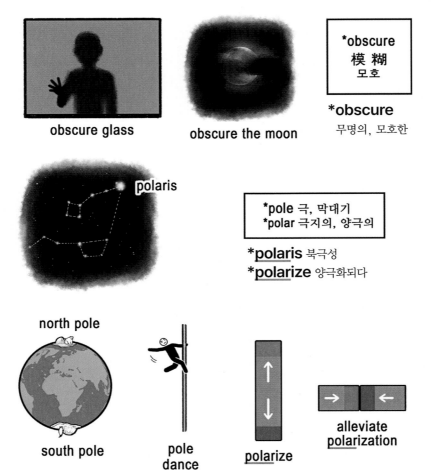

obscure glass

obscure the moon

*obscure
模 糊
모호

*obscure
무명의, 모호한

polaris

*pole 극, 막대기
*polar 극지의, 양극의

*polaris 북극성
*polarize 양극화되다

north pole

south pole

pole
dance

polarize

alleviate
polarization

obscure ① 잘 알려져 있지 않은, 무명의 ② 모호한 ③ 모호하게 하다
* 라틴어 **obscuro**(희미하게 하다, 어둡게 하다, 모호하게 하다) → **obscure** 무명의, 모호한
obscure는 이름 없는(**nameless**), 알려지지 않은(**unknown**),
unnamed(이름이 밝혀지지 않은), **anonymous**(익명의)와 구별된다.
* **obscurity** ① 무명, 잊혀짐 ② 모호함, 모호한 것

(예문)

He used to be an obscure singer. 그는 한때 무명 가수였다

The origin of the word remains obscure. 그 단어의 어원은 분명하지 않다.

It's a chance for you to end your life of obscurity. 지금이 너의 무명 생활을 청산할 기회다.

(구문)

• an obscure prophecy 모호한 예언
• obscured glass 불투명한 유리
• obscure the truth 진실을 모호하게 하다

• obscure the moon 달을 흐리게 하다(가리다)
• an obscure author 무명 작가
• come out of obscurity 무명 신분에서 벗어나다

pole ① 극, 극지 ② 막대기, 장대
* 라틴어 **polus** 극, 극지 → **pole** ① 막대기, 장대 ② 지구의 극 ③ 폴란드 사람
* **polar** 북극(남극)의, 극지의, 극과 극의 * **polaris** 북극성 * **polarity** 양극성, 극성
* **polarize** 양극화되다, 양극화를 초래하다, 편광시키다
* **polarization** 양극화, 극성을 가짐, 편광

(예문)

Look at a flag high atop the pole. 깃대 꼭대기에 높이 걸린 깃발을 보라.

Public opinion has polarized. 여론이 양극화되었다..

The polarization of wealth has set in. 부의 양극화 현상이 고착화되었다.

Social mobility has decreased due to economic polarization.
경제적 양극화로 인해 계층 이동성이 줄어들었다.

(구문)

• Nothe Pole 북극
• South Pole 남극
• the pole vault(jump) 장대 높이뛰기
• polar regions 극지방
• polar bears 북극곰
• polar opposites 정반대

• alleviate polarization 양극화를 해소하다
• ideological polarization 이념 양극화
• partisan polarization 당파 간 양극화
• deepen polarization 양극화를 심화시키다
• polarize the voters 유권자들을 양극화시키다
• polarized public opinion 양극으로 갈라진 의견

72

relish, release, relax, brace

*rel은 휴식, 여유,
자유로운 것과 관련이 있다

*relax
  느긋이 휴식을 취하다
*relish
  즐기다, 좋아하다
*release
  풀어 주다, 출시하다

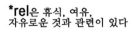

relax

release

release

relish

*brace 버팀대, 죔쇠

*bracelet 팔찌

brace

neck brace

bracelet

relish ① 즐기다, 좋아하다 ② 맛, 풍미, 즐거움, 기쁨

* 라틴어 relaxare(풀어 주다, 느슨하게 하다, 늦추다) → relax, release, relish

* rel는 느긋하게 맛보며 즐기는 것과 관련이 있다

* release ① 풀어 주다, 석방(해방)하다 ② 석방, 풀어 줌 ③ 발표, 발간, 출시

* relax(긴장을 풀고) 휴식을 취하다, 느긋이 쉬다 * relaxation 휴식, 완화 * relaxant 이완제

(예문)

Food has no relish when I am ill. 아플 때는 입맛이 없다.

Hunger gives relish to any food. 배고픔은 어떤 음식에도 풍미를 준다(시장이 반찬이다).

Think big thoughts but relish small pleasures. 큰 생각을 하되 작은 즐거움을 음미하라.

(구문)

• relish one's journey 여행을 즐기다
• relish meat 고기를 즐기다
• give relish to ~에 풍미를 더하다
• don't relish cleaning 청소를 좋아하지 않다
• eat it as a relish 그것을 맛으로 먹다
• release the hostages 인질을 석방하다
• release the data 그 자료를 발표하다
• release the handbrake 핸드브레이크를 풀다

• release news 기사를 내보내다
• release the new book 새 책을 발간하다
• release me 나를 놔 줘
• relax one's grip on power 권력을 쥔 손을 놓다
• Just relax and enjoy! 그냥 느긋하게 즐겨!
• a balance between work and relaxation
  일과 휴식 사이의 균형

---

brace ① 버팀대, 죔새 ② 치아 교정기(braces) ③ 넘어지지 않게 버티다(준비하다)

* 라틴어 bracchia(팔) → brace 버팀대 * bracelet 팔찌 * brace for ~에 대비하다

(예문)

She wears braces to straighten out her teeth.
그 여자는 치아를 교정하기 위해 교정기를 끼고 있다(속어: 이빨에 레일을 깔았다).

We should brace for economic crisis. 우리는 경제 위기에 대비해야 한다.

Brace for what's coming! 마음의 준비를 하세요!

(구문)

• wear a neck brace 목 깁스를 하다
• brace oneself 마음 단단히 먹고 준비하다
• wear a gold bracelet around one's wrist 손목에 금팔찌를 차다

tot, totter, disdain, dignity

*to는 어린이와
관련이 있다.

*toy 장난감
*totter 비틀거리다

tot

toy

totter

dis + dain 가치, 품위
(dignity)

*disdain 업신여기다

disdain
for the low

...남미?

오, 거긴 마약이나
만들고 범죄자 아니면
거지들이나 우글대는
뒷간 같은 나라야.

TRUMP

disdain

dignity

자유

평등

human
dignity

totter ① 비틀거리다, 휘청거리다 ② 무너질 것 같다
* **tot** 어린아이, 꼬마 → **totter** 비틀거리다 * **toy** 장난감

예문

An old man tottered up the stairs with a cane.
한 노인이 지팡이를 짚고 비틀거리며 계단을 올라갔다.

구문

• **totter on high heels** 하이힐을 신고 비틀거리다
• **tottering economy** 비틀거리는 경제
• **tottering wall** 무너질 듯한 장벽
• **tottering footsteps** 비틀거리는 걸음
• **totter back to his bed** 비틀거리며 침대로 돌아가다
• **a cute tot** 귀여운 꼬마
• **pick up a fallen tot** 넘어진 아이를 일으켜 주다
• **a soft toy** 봉제완구
• **a toy gun** 장난감 총

ROOT/STEM

disdain ① 업신여기다, 무시하다 ② 업신여김, 무시
* 라틴어 **dignus**(가치 있는, 자격 있는) → **dignity** 품위, 위엄, 존엄성
* **dain**은 **dign**의 변형된 형태로 자격, 가치, 품위와 관련이 있다.
* **dis**(반대, 떨어져서) + **dain**(자격, 가치)
→ **disdain** 자격(가치) 있는 것과 반대되게(거리 있게) 대하는 것 → 업신여기다, 무시하다
* **disdainful** 업신여기는, 무시하는

예문

Don't disdain him! 그를 업신여기지 마라!

Towering genius disdains a beaten track(path). 뛰어난 천재는 다져진 길을 경멸한다.

He disdained even to reply to the insult. 그는 모욕에 대응하는 것조차 수치로 여겨 그것을 무시했다.

구문

• **a disdain for the law** 법을 무시함
• **a look of disdain** 경멸의 표정
• **behave with dignity** 품위(위엄) 있게 행동하다
• **be robbed of one's dignity** 존엄성을 박탈당하다
• **a disdainful attitude** 경멸적 태도
• **be disdainful of** ~에 대해 경멸적이다(무시한다)

74

aversion, stiff, stiffen

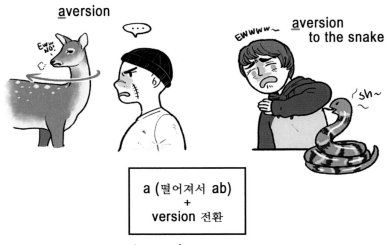

aversion

aversion
to the snake

a (떨어져서 ab)
+
version 전환

*<u>a</u>version 아주 싫어함

stiff horn

frozen stiff

stiff
drinks

muscles
<u>stiffen</u>

stiff 뻣뻣한

aversion 아주 싫어함, 혐오(감)

* **a**(**ab**= **away**) + 라틴어 **version**(전환, 돌림)

→ **aversion** 얼굴을 돌려서 멀어지게 하는 것이므로 「아주 싫어함, 혐오」라는 뜻이 된다.

예문

She has an aversion to getting up early. 그 여자는 일찍 일어나는 것을 아주 싫어한다.

I have a strong aversion for(to) fried food. 나는 튀긴 음식을 아주 싫어한다.

구문

• **strong aversion to snakes** 뱀을 아주 싫어함
• **an aversion to falsehood** 거짓말을 아주 싫어함
• **an aversion to seeing** ~를 보는 것을 아주 싫어함
• **loss aversion** 손실 기피
   무엇을 잃어버렸을 때 느끼는 상실감은 무엇을 얻었을 때 느끼는 행복감보다 크기 때문에 사람들은 손실을 기피하는 경향이 있다. 이 때문에 도박에서는 2배로 딸 가능성이 있어야 게임을 한다.
• **aversion therapy**: 혐오감이 생기도록 유도해서 나쁜 습관을 끊도록 하는 요법

ROOT/STEM

stiff 뻣뻣한, 근육이 결리는

* **stiff** → **stiffen** ① 뻣뻣해지다, 경직되다 ② 뻣뻣하게 하다, 경직시키다

* **stiffness** 딱딱함, 뻣뻣함, 완고함

예문

Old oxen have stiff horns. 늙은 황소는 뿔이 뻣뻣하다(나이가 들면 완고해진다).

That's a stiff price! 엄청 비싸군!

My right arm is stiff from working. 일을 해서 내 오른팔에 응어리가 생겼다.

I was scared stiff when I saw her. 나는 그 여자를 보았을 때 무서워서 꼼짝할 수 없었다.

Your muscles stiffen in cold weather. 추울 때는 근육이 뻣뻣해진다.

구문

• **bore A stiff** A를 지루하게 만들다
• **a stiff drink** 독한 술
• **stiff words** 딱딱한 말투
• **feel stiff** 근육이 당긴다(아프다, 뻐근하다)
• **frozen stiff** 얼어서 딱딱해진

• **soften stiff leather** 딱딱한 가죽을 부드럽게 하다
• **meet with stiff opposition** 심한 반대에 봉착하다
• **stiffen penalties** 처벌을 강화하다
• **stiffen one's resolve** ~의 결심을 굳히다

esteem, estimate, unrequited, requital

highly esteemed

esteem
존경하다

***est**는 가치, 평가
와 관련이 있다
***estimate** 추정
(추산)하다

self-actualization

esteem

estimate
견적서

1.-------
2.-------
3.-------
4.-------
5.-------
total $2350

estimate

requite
보답

***unrequited**
상대방이 알아주지 않는
보답 없는

requited love

unrequited love

ROOT/STEM

esteem ① (대단한) 존경 ② 존경하다, 찬탄하다, ③ ~라고 여기다

* 라틴어 aestimare(평가하다) → extimate, esteem

esteem(~라고 여기다) → extimate ① 추정(추산)하다 ② 추정, 추산 ③ 견적서

* estimation 판단, 평가 * esteemed 존중(존경)받는, 호평을 받는

예문

The monks esteem riches vain. 수도사들은 부가 헛된 것이라고 여긴다.

What we get for nothing, we esteem too lightly. 우리는 공짜로 얻은 것을 너무 가볍게 여긴다.

He is held in high esteem by the people. 그는 국민들의 존경을 받고 있다.

I would like to hear your esteemed opinion. 당신의 고견을 듣고 싶습니다.

My estimate was right on the mark. 나의 추정이 딱 들어맞았다.

구문

• boost up one's self-esteem 자존감을 높이다
• highly esteemed 대단히 존경받는
• esteem money lightly 돈을 가볍게 여기다
• an outside estimate 아주 가능성이 낮은 추정치
• estimate the crowd at 1,000 군중을 1,000명으로 추산하다
• a revised estimate 수정한 견적서
• at a conservative estimate 적게 잡아도
• in my estimation 내 판단에서는
• my estimation 나의 예상(금액, 수치 등)

ROOT/STEM

unrequited ① 상대방이 알아주지 않는 ② 보답(보수)이 없는 ③ 짝사랑의

* un(부정) + requite(보답하다. 애정에 대해 반응을 보이다) → unrequited 보답이 없는

* requital 보답, 보상, 보복

예문

Unrequited love is like a question without an answer. 짝사랑은 대답 없는 질문과 같다.

Who suffers more? The one whose loved one is dead or the one whose love is unrequited?
사랑하는 사람을 잃은 사람과 짝사랑하는 사람 중 누가 더 고통스러울까?

구문

• unrequited love 짝사랑(unanswered love)
• unrequited labor 무보수 노동
• requite you for your benefit 너의 친절에 보답하다
• a requital for his crimes 그의 범행에 대한 보복

inert, inertia, surmount, surmountable

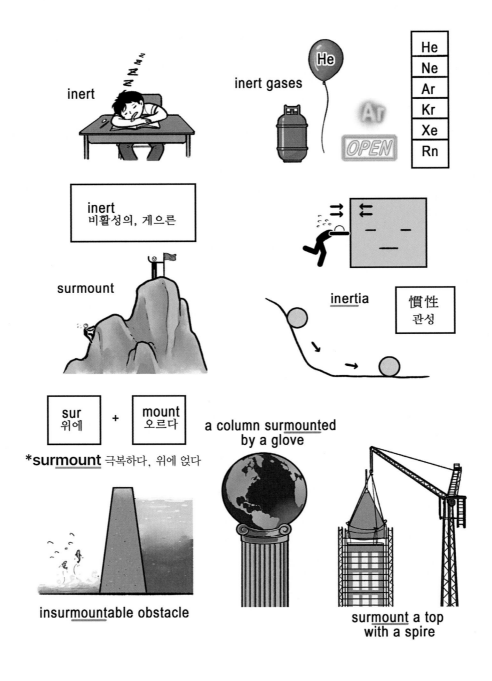

inert

inert gases

He
Ne
Ar
Kr
Xe
Rn

OPEN

inert
비활성의, 게으른

surmount

inertia

慣性
관성

sur 위에	+	mount 오르다

*surmount 극복하다, 위에 얹다

a column surmounted
by a glove

insurmountable obstacle

surmount a top
with a spire

ROOT/STEM

inert 기력이 없는, 비활성의(↔ **activated**)

* 라틴어 **iners**(아무 기술도 없는, 무능한, 게으른) → **inert** 기력이 없는, 비활성의
* **inertia** ① 무기력, 타성 ② 관성 * **inertial** 관성의, 관성에 의한

예문

He seems to be inert. 그는 기력이 없어 보인다.

Bureaucratic inertia delays the process of permission. 관료주의적 타성은 허가 절차를 지연시킨다.

Centripetal force is created by inertia. 구심력은 관성에 의해 생긴다.

구문

• **lay inert** 힘없이 누워 있다
• **inert comedy** 활기 없는 코미디
• **inert gases** 불활성 기체(헬륨, 아르곤, 네온 등 다른 원소와 화학 반응을 일으키기 어려운 기체)
• **institutional inertia** 제도적 관성(제도가 변화를 받아들이지 않고 그 자체를 유지하려는 성향)
• **the law of inertia** 관성의 법칙(움직이는 물체는 계속 움직이려고 하고 가만히 있는 물체는 힘이 가해지지 않는 한 가만히 있으려고 한다는 물리 법칙)
• **inertia selling** 강매(멋대로 상품을 보내고 반품하지 않으면 대금을 청구하는 판매 방식)
• **mental inertia** 정신적 무기력(나태)
• **feeling of inertia** 무력감

ROOT/STEM

surmount 극복하다, ~위에 얹다

* **sur**(위에) + **mount**(오르다) → **surmount** 위에 오르다(얹다), 극복하다
* **surmountable** 극복(타파)할 수 있는, 이겨 낼 수 있는(↔ **insurmountable**)

예문

Surmounted obstacles hearten us in our future struggles.
극복된 장애물은 미래의 투쟁에서 용기를 북돋워 준다.

The dam has been an insurmountable obstacle for fish.
그 댐은 물고기들에게 극복할 수 없는 장애물이 되고 있다.

구문

• **surmount a danger** 위험을 극복하다
• **surmount a top with a spire** 꼭대기에 첨탑을 얹다
• **a colum surmounted by a globe** 지구가 얹혀진 기둥
• **a high hurdle to surmount** 극복하기 어려운 난관
• **surmountable problems** 극복할 수 있는 문제들
• **insurmountable barrier** 넘을 수 없는 장벽
• **insurmountable gap** 극복할 수 없는 격차

indiginity, sneeze, sneer, sloth

human
dignity

indignity

indignant

suffer indignity

dignity 위엄, 품위
indignity 수모, 치욕

sneer

sneeze

sneeze 재채기 하다
sneer 비웃다

sloth

slothful

sloth

sloth
나무늘보, 나태

ROOT/STEM

indignity 수모, 모욕, 치욕
* in(부정) + dignity(위엄, 품위, 존엄성) → indiginity 수모, 모욕, 치욕 * indignant 분개하는

예문

Dignity does not consist in possessing honors, but in deserving them. - Aristoteles
인간의 품위는 명예를 소유하는 데 있는 것이 아니라 명예를 누릴 자격을 유지하는 데 있다. - 아리스토텔레스

Mr Moon suffered the indignity of being called "a boiled head of an ox" from North Korea.
문 씨는 북한으로부터 "삶은 소대가리"라 불리는 모욕을 당했다.

He was not indignant at the insult. 그는 그 모욕에 분개하지 않았다.

He was indignant that the press reported lopsidedly the issue.
그는 언론이 그 문제에 대하여 편파적으로 보도한 것에 분개했다.

구문

• behave with great dignity 대단히 위엄 있게(품위 있게) 행동하다
• be robbed of his dignity 그의 존엄성을 박탈당하다
• keep one's dignity 품위(체통)를 지키다
• indignant with me 나에게 분개하다
• an indignant look 분개한 표정
• indignant at the insult 모욕에 분개하다

ROOT/STEM

sneeze 재채기, 재채기하다
sneer ① 비웃다, 조롱하다 ② 비웃음, 조롱, 경멸

예문

The blooming flowers make me sneeze. 활짝 핀 꽃들은 재채기를 하게 만든다.

Don't sneer at other religions! 다른 종교를 비웃지 마라!

What made me upset was that he was sneering at me. 내가 화난 건 그가 나를 보고 비웃었기 때문이다.

구문

• a sneeze guard 비말 차단 가리개
• let out a loud sneeze 크게 재채기를 하다
• sneer at my score 내 점수를 비웃다
• a sneer of satisfaction 만족한 듯한 비웃음

ROOT/STEM

sloth ① 나무늘보, 게으름뱅이 ② 나태, 태만, 느림
* slow 느린 → sloth 나태, 태만, 느림 * slothful 게으른, 나태한

예문

Sloth is the mother of poverty. 게으름은 가난의 어머니.

The causes of obesity is lack of exercise and sloth. 비만의 원인은 운동 부족과 게으름이다.

구문

• a slothful man 게으른 사람
• a slothful culture 게으른 문화

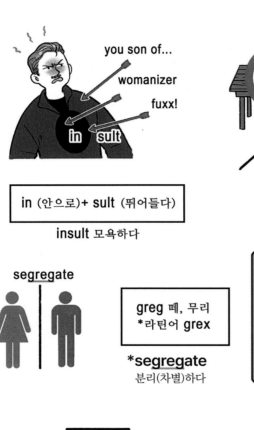

you son of...

womanizer

fuxx!

in sult

segregate

smoking

non smoking

in (안으로)+ sult (뛰어들다)

insult 모욕하다

segregate

소   말   돼지

greg 떼, 무리
*라틴어 grex

*segregate
분리(차별)하다

segregation

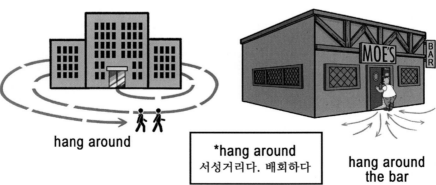

hang around

*hang around
서성거리다. 배회하다

MOE'S BAR

hang around
the bar

insult 모욕, 모욕하다

* **in**(안으로) + 라틴어 **saltare**(점프하다) → 라틴어 **insultare**(뛰어들다, 덤벼들다)

→ **insult** 모욕, 모욕하다

(예문) ────────────────────────────

The way to procure insults is to submit to them. -William Hazlitt
모욕을 얻는 방법은 그것에 굴복하는 것이다. -윌리엄 해즐릿

Music with dinner is an insult both to the cook and the violinist. -G.K Chesterton
저녁을 먹으며 음악을 듣는 행위는 요리사, 바이올리니스트 모두에 대한 모독이다. -G.K 체스터튼

(구문) ────────────────────────────

• **insulting remarks** 모욕적인 말
• **a calculated insult** 계산된 모욕
• **feel insulted** 모욕당하는 기분이 들다

• **adding insult to injury** 상처에 모욕까지 주기(설상가상)
• **protect her from being insulted**
  그녀가 수모를 당하지 않도록 보호하다

- - **ROOT/STEM** -

segregate ① 분리(격리)하다 ② 차별하다

* 라틴어 **grex**(짐승·가축의 떼, 무리, 군중) * 라틴어 **gregare**(무리 짓게 하다, 불러 모으다)

* **se**(분리) + 라틴어 **gregare**(모으다) + **ate**(동사 접미사) + **segregate** 분리하다

* **segregation** 분리, 차별 * **segregationist** 인종차별주의자, 분리주의자

(예문) ────────────────────────────

Smoking and nonsmoking areas are segregated. 흡연 구역과 비흡연 구역은 분리되어 있다.

(구문) ────────────────────────────

• **segregate minorities** 소수 민족을 차별하다
• **segregate laundry** 세탁물을 분리하다
• **segregation by age and sex** 연령과 성별을 이유로 한 차별

• **racial segregation** 인종 차별
• **the segregation of smokers and nonsmokers**
  흡연자와 비흡연자의 분리

- - **ROOT/STEM** -

hang around ① 서성거리다, 배회하다, ~에 자주 드나들다, 얼쩡거리다, 서성거리다
② ~와 어울려 다니다(~**with**) ③ 놀고 있다, 빈둥거리다, 꾸물거리다

(예문) ────────────────────────────

Hang around here! 어디 가지 말고 이 근처에서 서성대고 있어!

Don't hang around here! 여기서 얼씬거리지 마!

Don't hang around with them! 그들과 어울려 다니지 마!

We have no time to hang around here. 여기서 꾸물거리고 있을 시간이 없어.

He is just hanging around. 그는 그냥 빈둥거리며 시간을 보내고 있다.

flee, fleet, fleece, sym이 들어 있는 단어

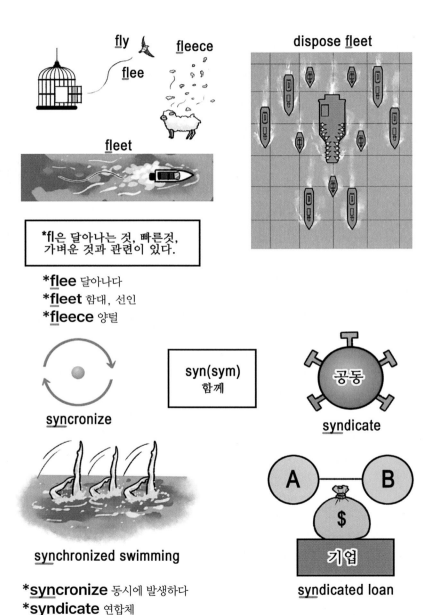

fly

fleece

flee

fleet

dispose fleet

*fl은 달아나는 것, 빠른것,
가벼운 것과 관련이 있다.

***flee** 달아나다
***fleet** 함대, 선인
***fleece** 양털

syncronize

syn(sym)
함께

syndicate
공동

synchronized swimming

A   B

$

기업

syndicated loan

***syncronize** 동시에 발생하다
***syndicate** 연합체

flee 달아나다, 도망가다
* fly 날다 → flee 달아나다, 도망가다 * fleet ① 함대, 선단 ② 빠른, 빨리 달리는
* fly 날다 → fleece 양털 * fleecy 양털 같은, 푹신한

예문

The refugees fled to foreign countries. 난민들은 외국으로 도망쳤다.

To flee vice is the beginning of virtue. 악을 피하는 것은 미덕의 시작이다.

All who chase after greatness find greatness fleeing from them.
위대함을 쫓는 자는 위대함이 달아나는 것을 보게 된다.

The instinct of a man is to pursue everything that flees from him and to flee from all that pursue him. 사람의 본능은 떠나는 것을 쫓고 쫓아오는 것으로부터 도망친다.

The fleet was all but annihilated. 그 함대는 거의 전멸했다.

구문

• flee the town 그 마을을 빠져나가다
• flee from the war 전쟁을 피해 달아나다
• the admiral of the fleet 함대의 제독(해군 원수)
• ahead of the fleet 선단의 앞쪽에
• merchant fleet 상선 선단

• dispose the fleet 함대를 배치하다
• get wool from sheep's fleece 양털에서 양모를 얻다
• fleecy white clouds 양털 같은 흰 구름(뭉게구름)
• a fleecy lining 양털 같은 안감

sym(syn)이 들어 있는 단어
* sym(함께) + pathy(감정, 느낌) → sympathy ① 동정, 연민 ② 동조, 지지, 공감
* sympathize 동정하다, 지지하다, 측은히 여기다 * sympathetic 동정적인, 동조(공감)하는
* sym(함께) + phony(소리) → symphony 교향곡, 심포니
* sym(함께) + ptom(떨어짐, 발생) → symptom 증상, 징후
* syn(함께) + ergy(일, 작용) → synergy 시너지(동반 상승) 효과
* syn(함께) + chronos(시간) + ize(동사형 접미사) → synchronize 동시에 발생(하게)하다
* syn(함께) + onym(이름) → synonym 유의어(↔ antonym 반의어)
* syn(함께) + drome(달리다) → syndrome 증후군
* syn(함께) + dicate(말하다) → syndicate (공동의 목적을 위한) 연합체, 기업조합

예문

Sympathy may not make sufferings light. 동정은 고통을 가볍게 만들 수 없다.

구문

• feel sympathy for ~에 대해 연민(동정)을 느끼다
• arouse sympathy 연민을 자아내다
• a sympathetic story 공감이 가는 이야기
• a sympathetic person 동정심 많은(공감해 주는) 사람
• synchronize our watches 우리 시계의 시간을 다 같이 맞추다

• move synchronize 동시에 움직이다
• syndicated loan
  (둘 이상 은행의) 공동 대출, 협조융자
• syndicated mailing 공동 우송
• crime syndicate 범죄 조직

will, willingness, desperate, despair

free will

will
의지

okay　consent

willingness

*will 의지

willing to pay

*자유의지는 가짜다.
우리가 결정할 수 있는 것은
사소한 일들 뿐이다.

*willingly 기꺼이
*willingness
기꺼이하려는 마음

desperate
to survive

desperate for water

despair

de
아래로

+

spair 희망

*despair 절망, (체념)하다

> **willingness** 자진하여(쾌히, 기꺼이) 하는 마음
> * **will**(의지) → **willing** 자발적인, 기꺼이 하는, 적극적인
> * **willingly** 기꺼이, 쾌히

예문

A willing heart adds feathers to the heels. 기꺼이 하고자 하는 마음은 발뒤꿈치에 날개를 달아 준다.

A miracle is often the willingness to see the common in an uncommon way.
기적은 종종 흔한 것을 흔하지 않은 방식으로 보려고 하는 마음의 자세이다.

Scientists deny your free will. 과학자들은 자유의지를 부정한다.

* 자유의지의 실체: 나의 행동은 의식적이고 의지에 따른 행동이며, 내 행동은 내가 통제하는 것이라는 생각은 착각에 지나지
  않는다. 자유의지에 따르는 것처럼 보이는 인간의 행동은 개인의 경험, 지식, 편견, 유전자, 사회 환경, 집단의 사고 방식의 영향을
  강하게 받고 있다.

구문

• **willingness to help** 기꺼이 돕고 싶은 마음
• **people who are willing to work nights** 야간 근무를 감수하겠다는 사람들
• **willingly consent** 흔쾌히 승낙하다

-- **ROOT/STEM** --

> * **de**(아래로) + 라틴어 **sperare**(희망하다) → **despair** 절망, 체념(하다)
> * **de**(아래로) + 라틴어 **sperare**(희망하다) + **te**(접미사) → **desperate** ① 자포자기한, 절망적인 ② 필사적인, 절박한
> * **desperation** ① 자포자기 ② 필사적임 * **desperately** 필사적으로
> * 라틴어 **spes**(희망), 라틴어 **desperatio**(절망, 실망) → **desperation** 절망, 실망

예문

You are as young as your hope, as old as your despair. 당신은 희망만큼 젊고, 절망만큼 늙었다.

He who has never hoped can never despair. 희망이 없는 사람은 절망할 수도 없다.

We are desperate for your help. 우리는 여러분의 도움이 절실합니다.

구문

• **be desperate for a job** 일자리를 절실히 필요로 하다
• **be desperate to see her** 그 여자를 보기를 간절히 원하다
• **got desperate** 절박해졌다
• **a desperate struggle** 필사적인 투쟁
• **be in desperate need of** ~이 절박하게 필요한 상태이다
• **desperately oppose** 결사적으로 반대하다

• **desperately want** 간절히 원하다
• **give up the struggle in despair**
  절망하여 투쟁을 포기하다
• **be in the depth of despair**
  절망의 깊은 나락에 빠져 있다

81

metamorphic, metamorphose, intercourse, tumble

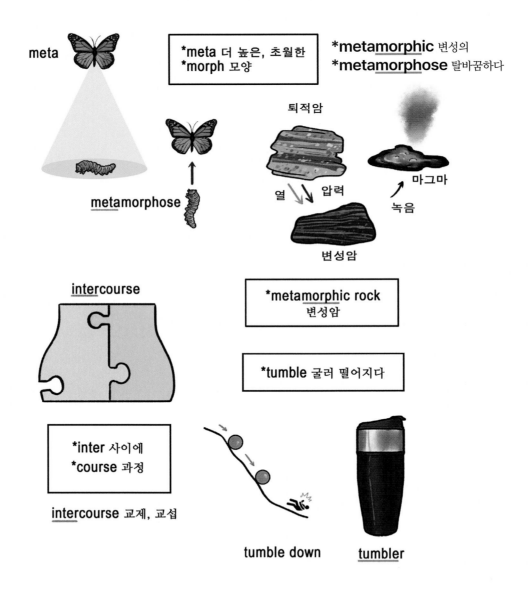

meta

*meta 더 높은, 초월한
*morph 모양

*metamorphic 변성의
*metamorphose 탈바꿈하다

metamorphose

퇴적암

열 압력

마그마

녹음

변성암

*metamorphic rock
변성암

intercourse

*tumble 굴러 떨어지다

*inter 사이에
*course 과정

intercourse 교제, 교섭

tumble down

tumbler

metamorphic 변성의

* 라틴어 **meta**(원추형의 풋말, 더 높은, 초월한) + 그리스어 **morphe**(모양, 형태) +

ic(형용사형 접미사) → **metamorphic** 변성의

* **metamorphose** 탈바꿈하다(시키다) * **metamorphosis** 변태, 탈바꿈

(예문)

High temperature and pressure metamorphose igneous rocks to metamorphic ones.
높은 온도와 압력은 화성암을 변성암으로 변화시킨다.

The silkworm pupa broke out of the chrysalis and become a silk moth.
누에 번데기는 고치를 깨고 나와 누에나방이 된다.

She had undergone an amazing metamorphosis from peasant girl to gorgeous woman.
그 여자는 시골 처녀에서 아주 멋진 여인으로 탈바꿈했다.

(구문)

• **metamorphic rocks** 변성암
• **metamorphose into a butterfly** 탈바꿈하여 나비가 되다
• **the metamorphosis of a caterpillar into a butterfly** 애벌레가 나비가 되는 탈바꿈

ROOT/STEM

intercourse 교제, 교섭, 성교
* **inter**(사이에) + **course**(과정, 방향) → **intercourse** 교제, 교섭, 성교

(예문)

Love is an abject intercourse between tyrants and slaves. 사랑은 폭군과 노예 사이의 비굴한 교섭이다.

(구문)

• **sexual intercourse** 성적 교섭, 성교
• **social intercourse** 사교
• **commercial intercourse** 통상 교섭
• **exterior intercourse** 외부와의 접촉

ROOT/STEM

tumble ① 굴러 떨어지다, 폭삭 무너지다 ② 굴러 떨어짐, 폭락
* **tumble** 굴러 떨어지다 → **tumbler** 텀블러(손잡이 없는 큰 컵), 텀블링을 하는 사람
* **tumble down** 굴러 내리다 * **tumbledown** 금방 무너질 듯한, 다 허물어져 가는

(예문)

The building tumbled down. 그 건물은 폭삭 무너졌다.

The price is tumbling. 가격이 폭락하고 있다.

Fortunes come tumbling into some men's laps. 어떤 사람에게는 행운이 저절로 굴러떨어진다.

(구문)

• **tumble down stairs** 계단 아래로 굴러떨어지다
• **tumble down the slope** 비탈길 아래로 구르다
• **rough and tumble** 난투, 소란, 야단법석
• **tumble back** 뒤로 구르다
• **purchase a tumbler** 텀블러를 사다

fault, failure, false, default, cram

fault　　faulty　　faultless　　faultless

true　　false

falsehood

*fal은 결함과 관련이 있다

*fault 잘못, 책임
*false 틀린, 가짜의

default

debt

cram

cram food

*cram
억지로 밀어 (쑤셔)넣다
벼락치기 공부를 하다

ROOT/STEM

fault ① 잘못, 책임, 단점, 결함 ② 흠잡다, 나무라다 ③ 단층
* 라틴어 **fallere**(속이다, 그르치게 하다) → **fail** 실패하다 * **failure** 실패(작)
* 라틴어 **fallere**(속이다, 그르치게 하다) → **fault** 결함, 잘못
* **faulty** 결함 있는, 불완전한 * **faultless** 흠잡을 데 없는
* **false** 틀린, 사실이 아닌, 가짜의, 위조된 * **falsehood** 거짓, 거짓말
* **de**(아래로) + **fault**(잘못, 책임) → **default** ① 채무 불이행, 체납(하다) ② 기권, 결석

예문

His virtues far outweigh his faults. 그는 흠보다 장점이 많다.

There is a fault line in the ocean floor that could cause significant damage from movements in the Earth's crust. 해저에는 지각의 움직임으로 심각한 피해를 야기할 수 있는 단층선이 있다.

His loan is now in default. 그의 대출금은 채무 불이행 상태에 있다.

In a false quarrel there is no true valour. - William Shakespeare
엉터리 싸움에 진짜 용기는 필요하지 않다. -윌리엄 셰익스피어

Faith in fiction is a damnable false hope. - Thomas Edison
사실에 근거하지 않는 믿음은 저주받아 마땅한 헛된 희망이다. - 토마스 에디슨

He won the match by default. 그는 시합에서 부전승했다.

구문

* **be generous to a fault** 잘못에 대하여 너그럽다
* **hard to fault** 흠을 잡기 어렵다
* **a faulty switch** 결함 있는 스위치
* **a faulty connection** 불완전한 접속(접속 불량)
* **faultless English** 흠잡을 데 없는 영어
* **false modesty** 겸손한 척하는 것
* **default interest** 연체 이자
* **default on one's taxes** 세금을 체납하다
* **win the match by default** 시합에서 부전승하다
* **judgment by default** 궐석 재판
* **defaulting tenants** 월세가 체납된 임차인
* **a false identity** 가짜 신분
* **a false name** 가명
* **utter a falsehood** 거짓을 말하다
* **an aversion to falsehood** 거짓말을 아주 싫어함

ROOT/STEM

cram ① 밀어 넣다, 쑤셔 넣다 ② 강요하다

예문

College entrance academy crams us with knowledge for tests.
대학 입시학원은 우리에게 시험을 위한 지식을 억지로 밀어 넣는다.

The room was crammed with many people. 그 방은 사람들로 꽉 차 있었다.

Don't cram your opinions down others' throat. 네 의견을 남에게 강요하지 마라.

구문

* **cram ten people into the car**
  승용차에 10명을 구겨 넣다
* **cram the shopping into a tight schedule**
  빠듯한 일정에 쇼핑을 집어넣다
* **cram course** 벼락치기(집중 강의) 코스
* **cram for the final** 기말고사를 위한 벼락치기 공부를 하다
* **cram up history** 역사 공부를 벼락치기로 하다
* **cramming education** 주입식 교육

fuzzy, brainstorm, ignite

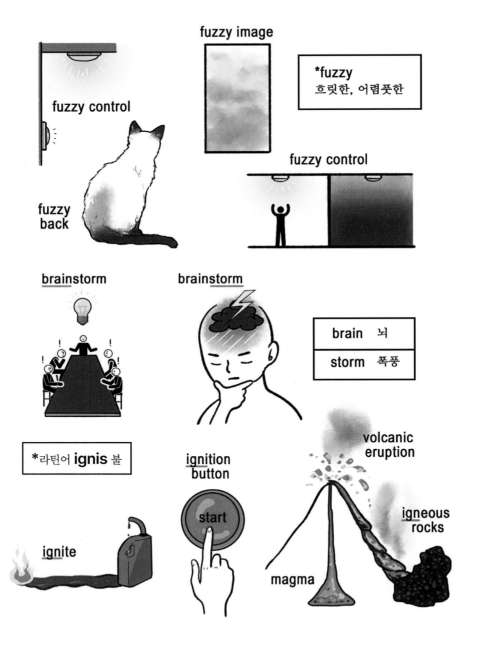

fuzzy image

fuzzy control

*fuzzy
흐릿한, 어렴풋한

fuzzy control

fuzzy back

brainstorm

brainstorm

| brain | 뇌 |
| storm | 폭풍 |

*라틴어 **ignis** 불

ignition button

start

volcanic eruption

igneous rocks

ignite

magma

fuzzy ① 흐릿한, 경계가 모호한, 애매한 ② 솜털이 보송보송한, 곱슬곱슬한
★ **fuzzifier** 퍼지화기(퍼지화) ★ **defuzzifier** 비퍼지화기

예문

Have a clear goal, not a fuzzy one. 모호한 것이 아닌 명확한 목표를 가져라.

- **fuzzy logic**(퍼지 논리): 애매모호한 상황을 근사적으로 추론하는 방법 "어두울 때 불을 켜라"고 하는 것처럼 이러한 논리는 이분법으로 정확히 가리지 않고 사실과 정도만을 나타내는데, 퍼지논리는 실제 상황에서 문제를 해결하는 데 도움이 된다. 퍼지논리는 인간의 사고 능력에 가까우므로 인공 지능에 널리 활용될 수 있다.
- **fuzzy control**(퍼지 제어): 엄밀한 수치가 아니라 지식과 경험에 근거하여 유연한 방식으로 하는 제어(어두우면 불을 켜고 더우면 에어컨을 켜는 것 등)
- **a fuzzy line** 윤곽이 흐린 선
- **fuzzy hair** 솜털, 곱슬머리
- **very fuzzy picture** 매우 흐릿한 영상
- **a kitten's fuzzy back** 솜털이 보송보송한 새끼고양이의 등

brainstorm ① 갑작스런운 사고 정지 상태, 정신 착란 ② 갑자기 떠오른 영감, 묘안
★ **brain** (서) + **storm**(폭풍, 기습하다) → **brainstorm** 사고 정지 상태, 갑자기 떠오른 묘안

예문

Brainstorm your ideas before you start work. 일을 시작하기 전에 먼저 아이디어를 구상해 봐.

Let's brainstorm any nostalgic words. 추억 속의(추억을 불러일으키는) 단어들을 떠올려 보자.

ignite ① 불붙다, 점화되다 ② 불을 붙이다, 점화하다.
★ 라틴어 **ignis**(불) + **te**(동사형 접미사) → **ignite** 불붙이다, 점화하다
★ **ignition** 점화, 발화(장치) ★ **igneous** 화성(火成)의

예문

A good teacher ignites the imagination. 좋은 교사는 상상력에 불을 붙인다.

Gasoline ignites very easily. 휘발유는 불이 잘 붙는다.

His explain ignited their anger. 그의 해명은 그들의 분노에 불을 붙였다.

I started the ignition in a hurry. 나는 서둘러 시동을 걸었다.

구문

- **press the ignition** 점화 버튼을 누르다
- **turn the ignition on** 점화 장치를 켜다
- **the original point of ignition** 최초의 발화 지점
- **igneous rocks** 화성암

fastidious

NO!

fast
금식

*fastidious
까다로운, 세심한

bough
(branch)   trunk
twig

branch

river branch

sprig

bough 큰가지
twig 잔가지
sprig (요리, 장식용) 잔가지

ROOT/STEM

fastidious ① 까다로운, 싫증을 잘 느끼는 ② 세심한, 꼼꼼한, 깔끔을 떠는
* **fast** 단식, 금식(하다) * **fasting** 단식, 금식, 절식(의)
* 라틴어 **fastidium** 까다로움, 싫증 → **fastidious** 까다로운, 싫증을 잘 느끼는

예문

Children, the elderly and pregnant women are exempted from their fasting duties during Ramadan. 아이들, 노인, 임신한 여성은 라마단 기간 중 금식 의무가 면제된다.

She was very fastidious about food. 그 여자는 식성이 아주 까다롭다.

구문

- **be fastidious about hygiene**
  위생에 대해 까다롭다(철저하다)
- **start a fast** 단식에 돌입하다
- **fast from dawn to sunset** 새벽부터 일몰까지 단식하다
- **fast to lose weight** 살 빼려고 단식하다
- **intermittent fasting** 간헐적 단식

- **plan in fastidious detail**
  세부적인 것까지 세심하게 계획하다
- **be fastidious in one's preparation**
  준비를 꼼꼼히 하다
- **fastidious tastes** 까다로운 입맛
- **fastidious businessmen** 까다로운 사업가들

ROOT/STEM

bough (나무의) 큰 가지
* **Old English 「bog(어깨, 큰 가지)」** → **bough** 큰 가지
* **branch** ① 나뭇가지 ② 분점, 지사 ③ 갈라지다, 나뉘다 * **twig** 잔가지
* **sprig** (요리용, 장식용) 잔가지 - 민트, 호랑가시나무, 겨우살이 등의 가지

예문

The boughs that bear most hang lowest. 열매를 가장 많이 맺는 가지가 가장 아래로 처진다.
* bough는 branch와 구분하지 않고 쓰는 경우도 많다.

The branch was out of reach. 그 가지에는 손이 닿지 않았다.

A bird perched on a twig. 새 한 마리가 잔가지에 앉았다.

As the twig is bent, so grows the tree.
어린 가지가 휘면 나무도 똑바로 자라지 않는다(될성부른 나무는 떡잎부터 알아본다).

구문

- **hang a star on the highest bough**
  별을 제일 높은 가지에 달다
- **hold out an olive branch to**
  ~에게 화해의 손짓을 내밀다
- **a sprig of holly** 호랑가시나무 가지

- **a sprig of mistletoe** 겨우살이 잔가지
- **decorate with a sprig of mint**
  민트 잔가지 하나를 얹어 장식하다
- **the snap of a twig** 잔가지가 부러지는 소리

indifference, differ

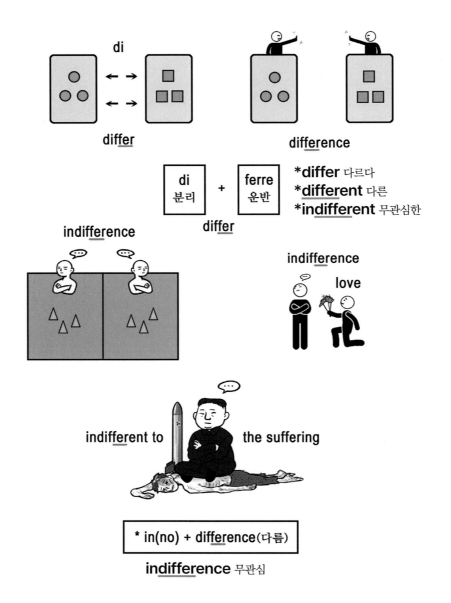

di

differ

difference

di 분리	+	ferre 운반

differ

*differ 다르다
*different 다른
*indifferent 무관심한

indifference

indifference
love

indifferent to   the suffering

* in(no) + difference(다름)

indifference 무관심

indifference 무관심, 무심

* di(두 개로 분리) + 라틴어 ferre(운반하다) → differ 다르다, 동의하지 않다
* different 다른, 차이가 있는 * difference 다름, (의견) 차이
* in(no) + difference(차이) → indifference (차이가 없으므로) 무관심, 무심
* indifferent 무관심한, 그저 그런

(예문)

The oriental perspective may differ from the occidental one.
동양의 시각은 서양의 시각과 다를 수 있다.

Take calculated risks. That is quite different from being rash. - George Patton
계산된 위험은 감수하라. 그것은 무모함과는 완전히 다른 것이다. - 조지 패튼

In order to be irresplaceable one must always be different. - Coco Chanel
그 무엇으로도 대체할 수 없는 존재가 되기 위해서는 늘 남달라야 한다. - 코코 샤넬

If you want the present to be different from the past, study the past. - Spinoza
현재가 과거와 다르길 바란다면 과거를 공부하라 - 스피노자

The rich are different from you. 부자들은 당신과 다르다.

Money is not the only answer, but it makes a difference. - Barack Obama
돈이 유일한 해답은 아니지만 돈은 차이를 만들어 낸다. - 버락 오바마

Honest differences are often a healthy sign of progress. - Mahatma Gandhi
솔직한 의견 차이는 대개 진보를 위한 건강한 신호다. - 마하트마 간디

The opposite of love is indifference. 사랑의 반대는 무관심이다.

The greater the indifference, the greater the dogmatism. 무관심이 클수록 더 독단적으로 된다.

(구문)

• differ with you on ~에 관해 너의 의견이 다르다
• A and B differ in this respect A와 B는 이 점에서 다르다
• differ in culture 문화면에서 다르다
• no difference in results 결과에서 차이가 없음
• discernible difference 식별 가능한 뚜렷한 차이
• an air of indifference 무관심한 태도
• with seeming indifference 외견상 무관심하게
• feign indifference 무관심한 척하다
• an assumption of indifference 무관심한 체함
• his indifferent attitude 그의 무관심한 태도
• be indifferent to the sufferings of others 타인의 고통에 무감각하다

scent, sentient, sentiment, general

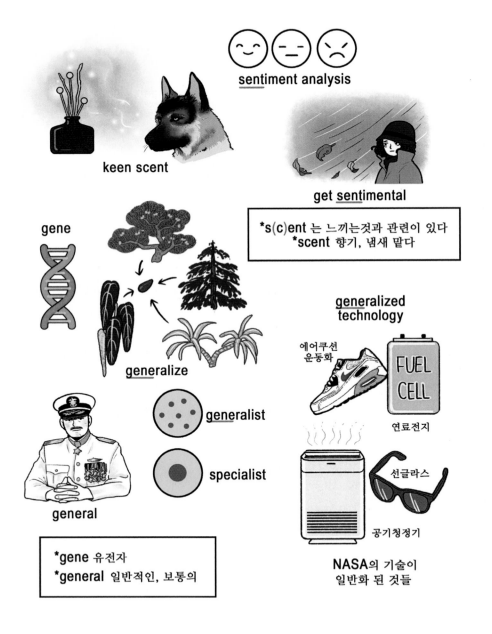

sentiment analysis

keen scent

get <u>sentimental</u>

*s(c)ent 는 느끼는것과 관련이 있다
*scent 향기, 냄새 맡다

gene

<u>gen</u>eralize

<u>gen</u>eralist

specialist

general

*gene 유전자
*general 일반적인, 보통의

<u>gen</u>eralized
technology

에어쿠션
운동화

FUEL CELL

연료전지

선글라스

공기청정기

NASA의 기술이
일반화 된 것들

ROOT/STEM

scent ① 향기, 냄새, 자취 ② 냄새로 찾아내다, 기운(기미)을 알아차리다
* 라틴어 sentire(느끼다, 감지하다) → sentient 지각이 있는 * scent 향기, 냄새 맡다
* scented 향기로운 * scentless 냄새가 없는, 무취의
* sentiment 정서, 감정 * sentimental 정서(감정)적인, 감상적인(부정적 어감)

예문

Beauty without virtue is like a rose without scent. 덕 없는 아름다움은 향기 없는 장미와 같다.

The press scented their politicking. 언론이 그들의 정치 공작 냄새를 맡았다.

Man is a sentient being. 인간은 지각이 있는 존재이다.

구문

• a dog of good scent 후각이 발달한 개
• have no scent 후각이 무디다
• keen scent 날카로운 후각
• cold scent 희미한 냄새(흔적)
• burning scent 강하게 남아 있는 냄새(흔적, 자취)
• a scentless flower 향기 없는 꽃
• scent a game 냄새로 사냥감을 찾아내다

• scent a plot 음모를 알아채다
• scent danger 위험을 감지하다
• a scented candle 향기 나는 양초
• public sentiment 대중의 정서(민심)
• room for sentiment 감성이 끼어들 여지
• a sentimental song 감상적인 노래
• get(become) sentimental 감상적으로 되다

ROOT/STEM

general ① 일반(보편)적인, 보통의 ② 장군
* 라틴어 genus(태생, 혈통, 민족, 국민) → general 일반적인
* generally 대개, 보통, 일반적으로
* generalize 일반화(보편화)하다, 개략적으로 말하다 * generalization 일반화
* generalist 다방면에 걸쳐 많이 아는 사람

예문

The general experience of life becomes interesting when you enhance your physical strength.
체력을 증진시키면 인생의 평범한 경험들이 흥미롭게 된다.

What is written without effort is in general read without pleasure. -Samuel Johnson
노력 없이 쓰인 글은 대개 감흥 없이 읽힌다. -새뮤얼 존슨

Truth is generally the best vindication against slander. -Abraham Lincoln
진실은 보통 모함에 맞서는 최고의 해명이다. -에이브러햄 링컨

We often make the mistake of hasty generalization. 우리는 종종 성급한 일반화의 오류를 범한다.

구문

• a general store 잡화점
• a general anaesthesia 전신 마취
• General MacArthur 맥아더 장군

• generalize from a single example 한 가지 사례로 일반화하다
• generalize the NASA technology 나사의 기술을 일반화하다

underdog, resemble, similar

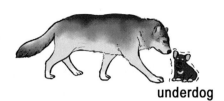

underdog

re<u>sem</u>ble

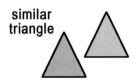

similar
triangle

오징어
게임

오징어
승리

<u>similar</u>ity

<u>similar</u> in height

* **similar** 비슷한, 유사한
***sembler**(구 프랑스어)
→ **resemble** 닮다, 비슷하다

self <u>similar</u>ity

ROOT/STEM

underdog 약자, 약체, 우승 확률이 적은 팀

〔예문〕

People often root for the underdog. 사람들은 흔히 약자를 응원한다.

* underdog effect: 사람들이 약자라고 믿는 쪽을 동정하여 응원하게 되는 현상

People favor underdogs but follow only top dogs.
사람들은 약자를 좋아하지만 강자(승자)만을 따른다.

〔구문〕

• **a good underdog story** 약자가 성공하는 이야기

ROOT/STEM

resemble 닮다, 비슷하다
* 라틴어 **similare**(닮다, 비슷해지다) → **Old French 「sembler」**
→ **resemle** 닮다, 비슷하다 * **resemblance** 닮음, 비슷함
* 주의 **resemble, marry, discuss**에는 전치사 **with**를 쓰면 안 된다.
* 라틴어 **similare**(닮다, 비슷하다) → **similar** 비슷한, 유사한, 닮은
* **similarly** 비슷하게, 유사하게, 마찬가지로 * **similiarity** 유사성, 닮음

〔예문〕

Enemies come to resemble each other over a period of time.
일정 기간이 지나면 적들도 서로 닮게 된다(욕하면서 배운다).

He doesn't resemble his father in appearance at all. 그는 외견상으로는 아버지를 전혀 닮지 않았다.

We have very similar interests. 우리는 관심사가 아주 비슷하다.

One swallow does not make a summer, similarly one day of happiness does not make you entirely happy. - Aristoteles
제비 한 마리가 왔다고 여름이 온 것은 아니다. 마찬가지로 하루의 행복이 당신을 완전히 행복하게 하는 것은 아니다.
- 아리스토텔레스

* 단 하루 따뜻한 것이 일 년의 전부가 아닌 것처럼 몇 안 되는 쾌락의 순간이 모여서 인생 전체의 행복이 되는 것은 아니다. 완전한 행복을 얻기 위해서는 올바른 성품과 미덕을 갖추고 성공한 삶을 살아야 한다.

〔구문〕

• **resemble in many points** 여러 면에서 닮았다
• **resemble one's mother in** ~면에서 엄마를 닮았다
• **resemble each other in shape** 모양이 서로 닮았다
• **similar in size** 크기가 비슷하다
• **highlight the similarity between the two groups** 두 집단 사이의 유사성을 강조하다

dascribe his failure to the predecessor

다 껀임가 탓이라고!

나?!

다 내탓입니다.

ascribe all ills to himself

우승의 영광을 고생하신 부모님께...

ascribe her glory

*scribe 쓰다
*ascribe ~탓으로 돌리다

*describe 서술(묘사)하다

prescription

처방전

describe

이순신

inscribe

subscribe

구독

좋아요

rent

subscription economy

transcribe

타닥타닥

PS

postscribe

ascribe ① ~탓으로 돌리다 ② ~에 속하는 것으로 생각한다.

* as(방향 ad) + scribe(쓰다) → ascribe ~탓으로 돌리다

* ascribed 할당된, 주어진 * ascription 귀속(귀착)시키기

(예문) ─────────

People ascribe their failure to bad luck. 사람들은 실패를 불운 탓으로 돌린다.

People of a little wisdom ascribe all ills to themselves.
조금 현명한 사람들은 모든 잘못을 스스로의 탓으로 돌린다.

People of much wisdom ascribe all ills to no one.
많은 현명한 사람들은 모든 잘못을 누구의 탓으로도 돌리지 않는다.

He ascribes his failure to the predecessor. 그는 자신의 실패를 전임자 탓으로 돌린다.

(구문) ─────────

• ascribe my honor to you 이 영광을 당신께 돌린다
• ascribe blame to him 그에게 비난을 돌리다
• ascribed status 생득 지위(태어나면서부터 얻게 되는 사회적 지위)
• the ascription of meaning to events 사건들에 대한 의미 부여

• trait ascription bias 특성 귀속 편향
• the ascription of rights 권리 부여
• an ascription of glory to God
  신에게 영광을 돌림

scribe가 들어 있는 단어

* de(아래로) + scribe(쓰다) → describe 서술(묘사)하다 * description 서술, 묘사

* pre(미리) + scribe(쓰다) → prescribe 처방을 내리다, 미리 규정(지시)하다

* prescription 처방전

* sub(아래에) + scribe(쓰다) → subscribe 구독하다, 유료 회원으로 가입(신청)하다

* in(안에) + scribe(쓰다) → inscribe 새겨 넣다 * inscription 새겨진 글씨, 금석문

* con(함께) + script(글씨) → conscript 징집하다, 징집병 * conscription 징병제

* trans(건너서) + scribe(쓰다) → transcribe 기록하다, 다른 기록 형태로 바꾸다(옮기다)

* post(뒤에) + scribe(쓰다) → postscribe 후기(추신)를 쓰다 * postscript 추신, 후기

(예문) ─────────

Describe him to me. 그의 인상착의를 나에게 말해 봐.

Can you describe how you did it? 그것을 어떻게 했는지 말해 줄 수 있어?

The doctor prescribed an antibiotic. 의사는 항생제를 처방했다.

Do you subscribe to a newspaper? 신문을 정기 구독 하는가요?

(구문) ─────────

• defy description 말(글)로 표현할 수 없다
• animal description 동물 묘사
• non-prescription 처방전 없이 살 수 있는
• a prescription for antibiotics 항생제 처방전
• lens prescription 렌즈 처방전
• available on prescription 처방전이 있어야 살 수 있는
• renew a subscription 구독을 갱신하다
• subscription economy 구독경제

• transcribe sounds 소리를 기록하다
• transcribe my note 내 노트를 베끼다(옮겨 적다)
• add a postscript 추신을 덧붙이다
• a personal postscript 개인적 후기
• inscribe one's name on ~에 이름을 새기다
• inscribe on the memory 기억에 새기다
• evasion of conscription 징집 기피

omni가 들어 있는 단어, lude가 들어 있는 단어

Air is <u>omni</u>present

*omni<u>present</u> 어디에나 있는
*omni<u>scient</u> 모든 것을 아는
*omni<u>potent</u> 전능한

*omni
모든
무한의

*present 있는
*potent 강력한
*scient 아는

<u>omni</u>scient

<u>omni</u>shambles

*omnishambles
총체적 난국

omniscient
narrator

omnipotent

delusion

optical ill<u>usion</u>

*ill<u>usion</u> 환상, 환영
*de<u>lusion</u> 망상, 착각

*lude는 노는 것, 놀리는 것과
관련이 있다 → lusion

omni가 들어 있는 단어

* 라틴어 **omni**(모든, 무한의) + **present**(있는) → **omnipresent** 편재하는, 어디에나 있는
* 라틴어 **omni**(모든, 무한의) + 라틴어 **scient**(알다) → **omniscient** 모든 것을 아는, 전지의
* 라틴어 **omni**(모든, 무한의) + **potent**(강력한) → **omnipotent** 전능한 * **omnipotence** 전능
* **omnibus** 작품집 * **omnishambles** 총체적 난국(난맥상)
* **omnibenevolent** 무한한 사랑(자비)의

(예문)

These days CCTV cameras are omnipresent. 요즘에는 CCTV 카메라가 어디에나 있다.

God is omnipresent and omnipotent. 신은 어디에나 존재하고 전능하다.

* 아우구스투스는 인간이 악을 선택할 수 있는 것은 신이 인간에게 자유의지를 주었기 때문이라고 설명했다. 그는 신이 항상 선을 선택하도록 인간을 설계하였다면 인간은 자유롭지 않을 것이라고 했다. 아우구스투스에 의하면 신은 선하고 전지전능하며 도덕적 해악은 인간의 선택에 따른 결과일 뿐 신과 무관하다.

(구문)

* **the omnipresence of celebrity**
  유명 인사가 어디에나 있음
* **an omniscient narrator** 전지적 시점의 화자
* **his omniscience** 그의 박식함
* **the omnipotence of God** 신의 전능함
* **omnibus edition** 옴니버스판
* **go through an omnishambles** 총체적 난국을 겪다
* **God's omnibenevolence** 신의 무한한 사랑(자비)

--- ROOT/STEM ---

lude가 들어 있는 단어

* **ill**(나쁜, 해로운) + 라틴어 **ludere**(놀다, 말장난하다) → **illude** 착각하게 하다
* **illusion** 환상, 환영(잘못된 생각, 의견, 믿음) * **illusive** 착각(환상)에 불과한 (= **illusory**)
* **de**(아래로) + 라틴어 **ludere**(놀다, 말장난하다) → **delude** 속이다, 현혹시키다
* **delusion** 망상, 착각(사람을 잘못된 방향으로 이끌거나 속여서 생겨난 것)
* **delusive**(**delusory**) 기만적인, 거짓의, 망상적인

(예문)

Don't delude him into believing it. 그가 그것을 믿도록 현혹하지 마.

He is obsessed by delusion. 그는 망상에 사로잡혀 있다.

She is under the delusion that she is the best. 그 여자는 자신이 최고라는 망상에 빠져 있다.

(구문)

* **optical illusion** 착시
* **illusion and reality** 환상과 현실
* **awaken from the illusion** 환상(착각)에서 깨어나다
* **illusory superiority** 환상에 지나지 않은 우월감
* **delusive promises** 기만적인(거짓된) 약속
* **delusive dream** 망상적인 꿈

egoism, egocentric, selfish, altruism

self

ego 자아

초자아 super ego

id 무의식

egocentric

egoistic

balanced soul

| ego 자아 |
| self 자신 |

selfish

altruistic

더 태우지 마!

altruistic

benefit

reciprocal altruism

benefit

*alt(e)r 다른

*altruistic 이타적인

egoism 자기중심주의, 이기주의, 이기심

* ego(자아, 자존심) → egoism(egotism) 이기주의 * egoist 자기중심주의자, 이기주의자

* egoistic 자기본위의, 이기주의의 * egocentric 자기중심적인

* egocentricity 자기본위 * egocentrism 자기중심성

* ethnocentric 자민족중심의 * ethnocentricity 자민족중심주의

* superego 초자아 * id 무의식(무의식에는 인간의 원시적, 본능적 요소가 존재한다)

selfishness 제멋대로임, 이기적임

* self(자신) → selfish 이기적인

* ego(자아)는 내가 의식하고 있는 '나', 합리적, 이상적으로 행동하려고 하는 '나'

* self(자신)는 내가 의식하지 못하는 무의식, 잠재의식까지 포함하는 '나 자신'

altruism 이타주의, 이타심

* 라틴어 alter(other 다른) → altruism 이타주의

* altruist 이타주의자 * altruistic 이타적인, 사심이 없는

예문

Egoism makes you think only about your own needs.
자기중심주의는 당신이 원하는 것만 생각하게 한다.

Selfishness is not living as one wishes to live, it is asking others to live as one wishes to live. - Oscar Wilde
이기주의는 내가 원하는 대로 사는 것이 아니라 타인에게 내가 원하는 방식으로 살라고 요구하는 것이다. - 오스카 와일드

Love is the antithesis of selfishness.
사랑은 이기심의 반대(이기심과 대립되는 것)이다.

I don't like people who pretend to be altruistic.
나는 이타적인 척하는 사람들을 좋아하지 않아.

구문

- boost one's ego ~의 자존감을 올려 주다
- ego depletion 자아 고갈
- egoistic nature 이기주의적 본성
- egocentric bias 자기중심적 편향
- massage one's ego ~의 자아를 달래다
- alter ego 또 다른 자아
- an ego trip 자아도취 행위, 자기만족적 행위
- balanced ego 균형 잡힌 자아

- have a big ego 잘난 체하다
- earthy egoism 저속한 이기심
- an out-and-out egoist 철저한 이기주의자
- selfish gene 이기적 유전자
- a lump of selfishness 이기심 덩어리
- regional selfishness 지역이기주의
- reciprocal altruism 상호 이타주의
- altruistic love 이타적 사랑

91

signify, significant, examine, examination

sign board

warning sign

signify danger

significant wave height

GDP 대비
국가 부채

statistical
significance

*exam 시험, 검사, 조사, 검토

*examine 조사(검토)하다

examinee examine

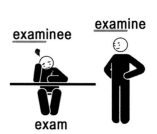

exam

cross - examination

signify ① 의미하다, 나타내다, 보여 주다 ② 중요하다
* sign 신호, 표시 → signify ① 의미하다, 나타내다 ② 중요하다
* significant 중요한, 의미 있는, 상당한 * insignificant 대수롭지 않은, 사소한, 하찮은
* significance 중요성, 중대성, 의미, 의의 * insignificance 무의미

예문

A nod signifies one's approval. 끄덕임은 동의를 의미한다.

Shaking one's head signifies disagreement. 고개를 흔드는 것은 부동의를 뜻한다.

A lunar halo signifies rain. 달무리는 비가 올 징조이다.

It doesn't signify much. 그것은 그다지 중요하지 않아.

Life is a tale told by an idiot, full of sound and fury, signifying nothing.
- Shakespeare, 「Macbeth」
인생은 소음과 분노로 가득찬 아무런 의미도 없는 바보들의 이야기. - 셰익스피어, 「맥베스」

구문

• signify a change 변화를 의미하다
• signify by raising one's hand 손을 들어 표시하다
• a significant number of loyal supporters
  상당한 숫자의 충실한 지지자들
• a significant advance 의미 있는 진전
• a significant advantage 상당한 이점

• a significant drop in birthrate 출산율의 현저한 감소
• an insignificant case 대수롭지 않은 사건
• the statistical significance 통계적 중요성(유의성)
• pale into insignificance
  빛이 바래다(중요성을 잃게 되다, 하찮게 되다)

ROOT/STEM

examine ① 조사(검토)하다 ② 검사(진찰)하다
* exam(시험, 검사, 조사, 검토 = examination) → examine 조사(검사, 검토)하다
* examiner 심사위원, 채점관, 조사관 * examinee 피조사자, 피검자, 수험생

예문

We need to examine in more details. 우리는 좀 더 자세히 검토할 필요가 있다.

The unexamined life is not worth living. 반성하지 않는 삶은 살 가치가 없다.

A defendant have a right to confront his accuser and crossexamine him.
피고인은 고소인에 대하여 반론을 하고 반대신문을 할 권리가 있다.

구문

• examine a proposal 제안을 검토하다
• examine for damage 손상이 없는지 검사하다
• examine the patient 환자를 진찰하다

• examine a witness 증인을 신문하다
• crossexamine the witness 증인에게 반대신문을 하다
• a medical examiner 검시관, 신체검사 의사

92

contradict, master, mastermind

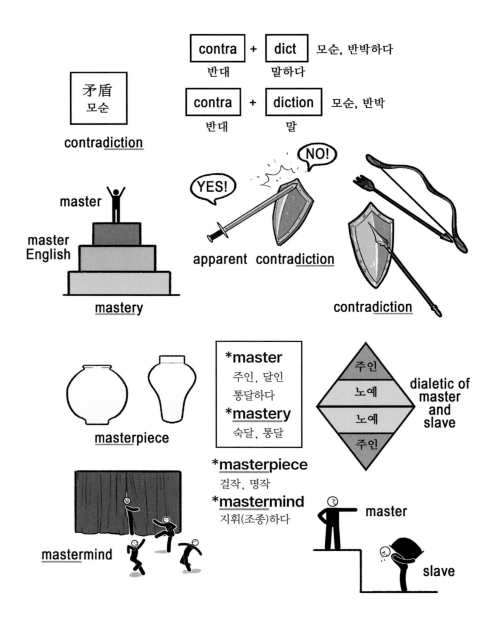

| contra | + | dict | 모순, 반박하다 |
| 반대 | | 말하다 | |

| contra | + | diction | 모순, 반박 |
| 반대 | | 말 | |

矛盾
모순

contradiction

master

master
English

mastery

YES!   NO!

apparent contradiction

contradiction

masterpiece

*master
주인, 달인
통달하다
*mastery
숙달, 통달

*masterpiece
걸작, 명작
*mastermind
지휘(조종)하다

| 주인 |
| 노예 |
| 노예 |
| 주인 |

dialetic of
master
and
slave

mastermind

master

slave

contradict 반박하다, 모순되다
* 라틴어 **dicere**(말하다) → 영어 **dict** * **diction**(말, 발음)
* **contra**(반대하여) + **dict**(말하다) → **contradict** 반박하다, 모순되다
* **contra**(반대하여) + **diction**(말) → **contradiction** 모순, 반박

(예문)

You contradict yourself. 네 말에는 모순이 있어.

Contradiction is a force for social change. 모순은 사회 변화의 원동력이다.

*헤라클레이토스에 의하면 상호 대비되는 것들의 긴장, 불협화음에서 변화가 생기고 그것은 조화와 균형을 이루는 방향으로 나아간다. 현악기의 줄들을 잡아당겨 아름다운 화음을 내는 것, 대조 속의 통일성, 이것이 세상의 로고스다. 한편 헤겔은 "대립되는 것들이 모순을 지양하면서 절충하여 새로운 사고로 나아간다. 모순과 대립이 통일되는 과정이 반복되면서 역사가 진보한다."고 하였다. 모순, 대립, 긴장 관계는 조화, 균형, 통일성을 지향한다는 것은 서양철학의 오랜 전통이다. 그러나 마르크스는 이 사상을 왜곡하여 그중에서 모순, 대립, 긴장 관계를 확대하고 과장하여 증오심으로 인류를 영원히 싸우게 만드는 계급투쟁의 철학을 만들었고, 사회주의 운동권 세력이 그 사상을 계승하여 투쟁의 동력으로 삼고 있다.

(구문)

• **contradict each other** 서로 모순되다
• **contradict his statements** 그의 진술을 반박하다
• **contradict one's parents** 부모의 말을 거역하다

• **apparent contradiction** 명백한 모순
• **self-contradictory** 자기모순적인, 자가당착의
• **contradictory to my expectation** 나의 예상에 반하여

master ① 주인 ② 달인, 대가 ③ 석사학위 ④ 통달하다
* **master**(달인, 대가) → **mastery** 숙달, 통달, 지배 * **masterpiece** 걸작, 명작
* **master**(주인, 달인, 대가) → **mastermind** 지휘(조종)하다, 지휘(조종)하는 사람, 배후 인물, 입안자

(예문)

I an the master of my fate. 나는 내 운명의 주인이다.

No man is born a master. 대가로 태어난 사람은 없다.

Wealth is the slave of a wise man, the master of fool. - Seneca
부(富)는 지혜로운 사람의 노예, 바보의 주인. - 세네카

Mr. Yang is a mastermind of the fraudulent election. 양 씨는 부정 선거의 배후 조종자다.

(구문)

• **dialetic of master and slave**
  주인과 노예의 변증법(노예는 노동을 통해 자유를 쟁취하고 주인과 노예가 뒤바뀔 수 있다는 사회 형성의 원리 -헤겔)
• **master English** 영어에 숙달하다
• **mastery over English** 영어 숙달
• **the mastery of a langnage** 한 가지 언어의 정복(통달)

• **have complete mastery over** ~를 완전히 지배하다
• **leave a masterpiece** 명작을 남기다
• **a masterpiece of brevity** 간결성의 극치
• **a mastermind behind the terror attack**
  테러 공격의 배후 인물

depress, conspicuous, lament

depress

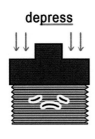

de(아래로)

+

press(누르다)

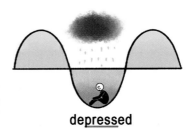

depressed

*depress 우울하게하다
낙담시키다, 저하시키다

Great
Depression
of 1929

con(함께)
+
라틴어 spicere(보다)
+
uous
*conspicuous
눈에 잘 띄는

conspicuous

*spic은 보는 것과 관련이 있다

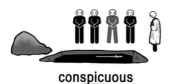

conspicuous

conspicuous

lament

*라틴어 lamentum 비통, 한탄, 울부짖음

→ lament 한탄하다, 슬퍼하다

ROOT/STEM

depress 우울하게 하다, 낙담시키다, 저하시키다

* de(아래로) + press(누르다) → depress 우울하게 하다, 낙담시키다, 저하시키다
* depression 우울함, 암울함, 불경기

예문

I find nothing more depressing than optimism. 낙관론만큼 나를 낙담시키는 것은 없다.

There is nothing stable in human affairs; therefore avoid undue elation in prosperity, or undue depression in adversity. - Socrates
인간사에는 안정된 것이 하나도 없다; 그러므로 일이 잘 풀릴 때 너무 들떠 있거나 어려울 때 지나치게 의기소침해 있지 말라. - 소크라테스

구문

• depressed economy 침체된 경기
• a depressed coast 침강 해안
• depress consumption 소비를 억제하다

• depress value 가치를 저하시키다
• business depression 불경기
• the great depression 대공황(1929~1941)

ROOT/STEM

conspicuous 눈에 잘 띄는, 튀는, 뚜렷한 * inconspicuous 눈에 잘 띄지 않는

* con(함께) + 라틴어 spicere(보다, 관찰하다) + ous(접미사)
→ conspicuous 눈에 잘 띄는, 튀는 * conspicuously 눈에 잘 띄게

예문

The wanted posters were all posted in conspicuous places.
그 현상 수배지는 모두 눈에 잘 띄는 곳에 붙여져 있었다.

The conspicuous run the great risk. 눈에 잘 띄는 것이 가장 위험한 일을 당한다.

She felt very conspicuous in her revealing outfits. 그 여자는 노출이 심한 옷을 입고 너무 튄다는 기분이 들었다.

No conspicuous point should appear. 티 나게 하면 안 돼(튀지 않도록 해).

구문

• a conspicuous figure 눈에 띄는 인물
• play a conspicuous role 눈에 띄는 역할을 하다

• a conspicuous landmark 눈에 띄는 대형 건물
• conspicuous consumption 과시적 소비

ROOT/STEM

lament ① 한탄하다, 슬퍼하다 ② 한탄, 애도, 비탄, 슬픔

* 라틴어 lamentum(비통, 한탄, 울부짖음) → lament 한탄(하다)
*lamentable 한탄스러운, 통탄할, 개탄할

예문

Days are lost lamenting over lost days. 지나간 날을 슬퍼하느라 하루하루를 잃어버린다.

구문

• lament over one's death ~의 죽음을 슬퍼하다(애도하다)
• lament my folly 나의 어리석은 행동을 후회하다

• lamentable immaturity 개탄스러운 미숙함
• a lamentable failure 한탄스러운 실패

locate, local, echolocate, localize

local, locality
localize

*라틴어 **locus** 소재지, 특정 장소
***loc**는 장소, 위치와 관련이 있다
→ **local** 지역의, 현지의

***locality** 인근
***locate** 위치를 찾아내다
***relocate** 이전하다

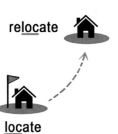

relocate

locate

dislocate

echolocation

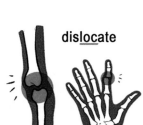

echo 메아리	+	locate 위치를 찾아내다

***echolocate** 음파를 탐지하다

local time

서울	PM 10:00
LA	AM 06:00

echolocation

***localize** 국한시키다. 위치를 알아내다
***localization** 현지화, 국산화, 지방화

locate ① ~의 정확한 위치를 찾아내다 ② 특정 위치에 두다(설치하다)
* 라틴어 **locus**(소재지, 특정 장소) → **local** ① 지역의, 현지의 ② 주민, 현지인
* **location** ① 장소, 위치 ② 위치 찾기(추적)
* **relocate** 이전하다(시키다) * **relocation** 이전(이동)
* **dislocate** 탈구시키다, 어지럽히다, 어긋나다 * **dislocation** 탈구, 어긋남, 혼란
* **echo**(울림, 메아리, 반향) + **locate**(정확한 위치를 찾아내라)
→ **echolocate** 음파를 탐지하다 * **echolocation** 음파 탐지, 반향 위치 측정
* **local** 지역의 → **localize** ① 국한시키다 ② ~의 위치를 알아내다
* **locality** 인근 * **localization** ① 현지화, 국산화, 지방화 ② 국한, 한정, 국지성

(예문) ────────────────────────────────

Bats can find insects in the dark using a special skill called 'echolocation'.
박쥐는 '반향 위치 측정'이라는 특별한 기술을 사용하여 어둠 속에서 곤충을 찾아낸다.

Whales use a technique called echolocation to find and navigate.
고래는 반향 위치 측정이라는 기술을 사용하여 먹이를 찾고 헤엄친다.

* 인간은 박쥐와 고래의 느낌을 알 수 없다: 음파가 어떤 물체에 반사되어 되돌아오는 반향정위echolocation로 느끼는 세계는 우리가 오감으로 감지하는 빛과 소리의 세계와 완전히 다르다. 박쥐, 고래는 우리와 다른 세계에 살고 있으며 지각의 형식이 완전히 다르다. 인간은 박쥐, 고래와 같은 경험을 할 수 없기 때문에 박쥐와 고래의 느낌을 알 수 없다.

(구문) ────────────────────────────────

- **locate the missing survivors** 실종된 생존자(조난자)들의 위치를 파악하다
- **locate the lost consignment** 분실된 탁송물의 위치를 찾다
- **the exact location** 정확한 위치
- **the location of the ship** 그 배의 위치
- **the location for the film** 그 영화의 야외 촬영지
- **relocate overseas** 해외로 이전하다
- **relocate the company** 회사를 이전하다
- **relocation cost** 이전 비용
- **relocation of refugees** 난민을 이동시킴
- **relocation of the capital** 수도 이전
- **relocation of the U.S base** 미군기지 이전
- **dislocate one's jaws** 턱이 빠지다
- **dislocate his neck** 그의 목을 탈구시키다

- **dislocate a joint** 관절을 탈구시키다
- **a dislocation of one's knee** 무릎의 탈구
- **local food** 지역 농산물
- **a local farmer** 지역 농부
- **local time** 현지 시간
- **a local carnival** 지역 축제
- **a local guide** 현지 안내인
- **local tax** 지방세
- **localize key materials** 핵심 소재를 국산화하다
- **localize their services** 그들의 서비스를 현지화하다
- **localize infection** 전염을 한곳에 국한시키다(다른 곳에 퍼지지 않도록 하다)
- **accelerate localization** 국산화(현지화)를 가속화하다
- **localization of industries** 산업의 지방화(지역 분산)
- **live in the locality of the airport** 공항 근처에 살다

assume, presume, makeshift, tinker

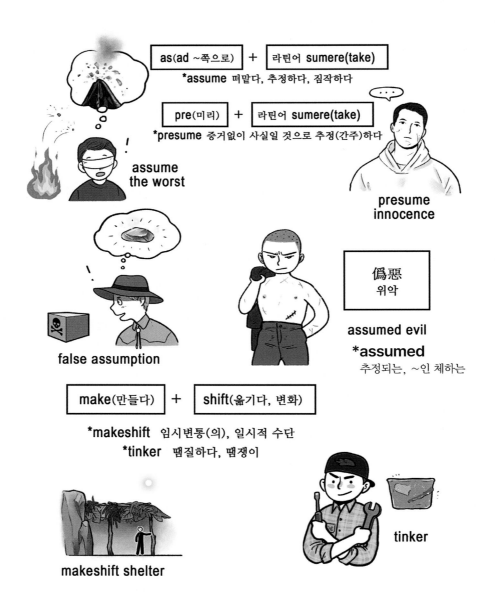

as(ad ~쪽으로) + 라틴어 sumere(take)

*assume 떠맡다, 추정하다, 짐작하다

pre(미리) + 라틴어 sumere(take)

*presume 증거없이 사실일 것으로 추정(간주)하다

assume
the worst

presume
innocence

false assumption

偽惡
위악

assumed evil

*assumed
추정되는, ~인 체하는

make(만들다) + shift(옮기다, 변화)

*makeshift 임시변통(의), 일시적 수단
*tinker 땜질하다, 땜쟁이

makeshift shelter

tinker

assume ① (사실일 것으로) 추정하다, 짐작하다 ② (권력, 책임 등) 떠맡다, 장악하다
③ ~하는 척하다(꾸미다) ④ ~양상(특질)을 띠다

* **as**(ad ~쪽으로, 방향) + 라틴어 **sumere**(잡다, 떠맡다) → **assume** 떠맡다, 추정하다
* **assumed** 추정되는 ~인 체하는 * **assumption** ① 추정, 상정, 가정 ② 인수, 장악
* **presume**은 실질적 증거가 없이 성급하게 추정하거나 간주하는 것을 말한다.

(예문)

I never assume things. 나는 절대로 지레짐작하지 않는다.

Let's assume he just made a mistake. 그가 그냥 실수를 했다고 치자.

He assumed an air of cercern. 그는 걱정하는 체했다.

The matter has assumed considerable importance. 그 문제가 상당한 중요성을 띠게 되었다.

Never assume things. 지레짐작하지 마(넘겨짚지 마).

You must presume innocence until you have proof of guilt.
유죄의 증거를 얻을 때까지는 무죄로 추정해야 한다.

(구문)

- **assume that he will agree with you**
  그가 너에게 동의할 것이라고 생각한다
- **assume the worst** 최악을 상정하다
- **assume his responsibilities** 그가 해야 할 일을 떠맡다
- **assume the likeness of** ~의 흉내를 내다
- **assumed name** 가명
- **assumed evil** 위악(나쁜 체하는 것)
- **assumed ignorance** 모르는 체함, 시치미 뗌
- **assumption of power** 권력 인수(장악)

- **a false assumption** 잘못된 추정
- **the assumption that more is better**
  더 많은 것이 좋다는 가정
- **an unquestioned assumption**
  아무 의심 없이 받아들여지는 가정
- **presume to tell** 짐작으로(주제넘게) 말하다
- **presumption of fact** 사실의 추정
- **presumption of law** 법률상의 추정
- **presumption of innocence** 무죄의 추정

makeshift 임시변통(의), 일시적 수단
tinker 땜장이, 어설프게 손보다(고치다), 땜질하다 *tinker with 서투르게 손대다

(예문)

Nature is like a tinker that makes makeshift tools with remaining materials.
자연은 남아 있는 재료로 임시변통의 도구를 만드는 땜장이와 같다.
* 진화는 최적의 상태를 만들어 내는 것이 아니라 현재의 상태에서 생존에 더 유리한 것을 선택한다.

Don't tinker with the present system. 현재의 시스템을 어설프게 손대지 마라.

(구문)

- **makeshift measures** 땜질 처방
- **a makeshift refugee** 임시 난민 수용소
- **a makeshift shelter** 임시 막사
- **a makeshift checkpoint** 임시 검문소

- **a makeshift party** 즉석 파티
- **use it as a makeshift** 임시변통으로 그것을 쓰다
- **tinker up a broken car** 고장 난 자동차를 임시변통으로 수리하다

apathy, apatheia, confer, conference

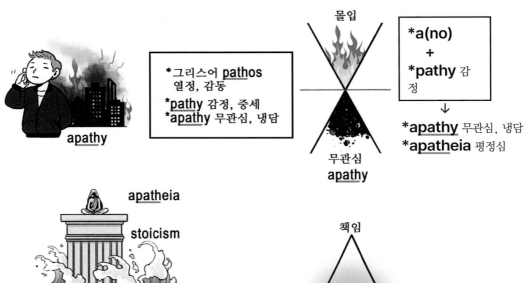

*그리스어 **pathos**
　열정, 감동
***pathy** 감정, 중세
***apathy** 무관심, 냉담

apathy

몰입

무관심
apathy

***a(no)**
　＋
***pathy** 감정

↓

***apathy** 무관심, 냉담
***apatheia** 평정심

apatheia

stoicism

책임

행복

이성
절제

미덕의
실천

stoicism

con (함께) ＋ 라틴어**ferre** (운반하다)

*confer 수여하다, 상의하다
*conference 회의, 회담

confer

conference

ROOT/STEM

apathy 무관심, 냉담, 무감동
* 그리스어 **pathos**(열정, 감동, 연민) → **pathy** 감정, 증세
* **a**(없는) + **pathy**(감정, 증세) → **apathy** 무관심, 냉담
* **apathetic** 무관심한, 심드렁한 * **apatheia** 평정심

(예문)

There is widespread apathy among the electorate. 유권자들 사이에 무관심이 팽배해 있다.

The worst remedy for most evils is the apathy of human beings.
거의 모든 악에 대한 최악의 치료법은 인간에 대한 무관심이다.

He was totally apathetic about world affairs. 그는 세계정세에 완전히 무감각했다.

The price of apathy towards public affairs is to be ruled by evil men.
사회문제에 대한 대중의 무관심의 대가는 악당들의 지배를 받는 것이다.

(구문)

• **feel apathy towards politics** 정치에 무관심하다   • **throw off one's apathy** 냉담한 태도를 버리다
• **apathetic atheism** 냉소적 무신론   • **apathetic to other's feelings** 다른 사람의 감정에 무심하다
• **apatheia** 아파테이아: 마음의 평정, 스토아 철학은 행운과 불행은 어쩔 수 없는 것이니 우리가 통제할 수 없는 상황에 대해서는 체념하고 우리가 바꿀 수 있는 상황에 대해서만 신경 쓰고 마음의 평정을 유지하고 사는 것이 행복의 비결이라고 한다. 스토아 철학은 금욕적 인내stoic endurance, 체념적 태도stoic attitude, 금욕주의stoicism를 강조한다.

ROOT/STEM

confer ① 상, 학위, 명예, 자격 등을 수여(부여)하다 ② 상의하다
* **con**(함께) + 라틴어 **ferre**(운반하다) → **confer** ① 수여하다, 부여하다(**bestow**) ② 상의하다
* **confer**는 신분이 높은 사람이 호의나 명예로 주는 것. **bestow**는 격식적 표현.
* **conference** (여러 날 동안 대규모로 열리는) 회의, 회담, 학회

(예문)

A selfish man confers on the world a benefit when he dies.
이기적인 사람은 죽을 때 세상에 이익을 부여한다.

I need time to confer with you about it. 나는 그것에 대해 너와 상의할 시간이 필요해.

Freedom cannot be bestowed; it must be achieved. 자유는 수여될 수 없다; 그것은 쟁취해야 한다.

(구문)

• **confer a degree on** ~에게 학위를 수여하다   • **confer(bestow) a prize** 상을 수여하다
• **confer a doctorate** 박사 학위를 수여하다   • **a title bestowed upon him** 그에게 하사된 직함
• **confer a title upon** ~에게 칭호를 주다   • **a summit conference** 정상 회담
• **confer a kinghthood** 기사 작위를 수여하다   • **a press conference** 기자 회견

crude, cruel, affinity

*라틴어 **crudus**
피나는, 날것의

*cru는 원래 그대로의,
거친 것과 관련이 있다

*__cru__de 대충의, 원래
그대로의, 거친

*__cru__el 잔인한

crude oil

cruel

affinity

affinity for animal

Affinity card

기업보호

affinity for business

*af(ad~쪽으로)

+

라틴어 finis(경계)

*af__fin__ity 친밀감,
밀접한 관련성, 끌림

crude ① 대충의, 대강의 ② 원래대로의, 거친, 조잡한

* 라틴어 **crudus**(피나는, 날것의) → **crude** 대충의, 대강의, 거친

* **cruel** ① 잔인한 ② 고통스러운, 괴로운 * **cruelty** 잔인함, 학대, 잔학행위

(예문)

Crude oil is distilled into gasoline. 원유는 증류하여(불순물을 제거하여) 휘발유가 된다.

A leader must be cruel only to be kind. - Machiavelli
지도자가 친절하려면 잔인해야 한다. - 마키아벨리

* 국가적 상황은 전적으로 유덕한 삶을 영위하는 것을 용납하지 않는다. 정치에서는 유덕한 것으로 보이는 일이 파멸을 초래할 수도 있고, 악덕으로 보이는 일이 번영을 가져올 수도 있다. 무질서를 관대하게 방치하여 많은 사람들이 약탈당하거나 죽게 하는 것보다는 폭력적인 소수를 잔인하게 처벌하는 것이 국민에게는 더 자비로운 일이 될 수 있다. 적대 국가의 잔인한 지도자의 환심을 사기 위해 자국민에게 잔인한 지도자는 최악의 인간이다. 지도자가 자비롭기 위해서는 현명한 잔인함이 필요하다.

Fear is the main source of cruelty. To conquer fear is the beginning of wisdom.
- Bertrand Russell

두려움은 잔인함의 근원이다. 두려움을 정복하는 것이 지혜의 시작이다. - 버트런드 러셀

* 권력을 원하는 자들은 대중의 증오심을 불러일으켜 폭력으로 정권을 타도한다. 그러나 새 지도자는 권력을 지키기 위해 또 다른 폭군이 된다. 두려움은 잔인한 폭력을 부르고 폭력은 더 교묘하고 세련된 방식으로 진화된다.

Cruelty is a uniquely human capability. 잔인성은 인간의 고유한 자질(능력)이다.

* 동물은 자연이 구축해 놓은 프로그램(본능)에 종속되고 자유의지가 없다. 동물은 자연의 법칙에서 벗어날 수 없기 때문에 그 행동에 대하여 '잔인하다'는 윤리적 평가를 할 수 없다. 그러나 인간은 본능에 따르지 않을 수 있는 자유로운 존재이기 때문에 그 행동에 대해 '잔인하다'는 윤리적 비난을 받는다. 이렇게 본다면 잔인성은 인간에게 고유한 특질이라고 할 수 있다.

(구문)

- **a crude drawing** 대충 그린 그림
- **crude-mouthed** 입이 거친
- **invest in crude** 원유에 투자하다
- **refine crude oil** 원유를 정제하다
- **crude jokes** 거친(교양 없는) 농담

- **a crude prototype** 조잡한 원형(시제품)
- **cruel remarks** 잔인한 말
- **a cruel blow** 고통스러운 충격
- **deliberate cruelty** 의도적 잔인함
- **cruelty to animals** 동물 학대

affinity 친밀감, 밀접한 관련성, 끌림

* **af**(방향 **ad**) + 라틴어 **finis**(경계, 한계, 영역) → **affinity** 친밀감, 밀접한 관련성

(예문)

I feel an affinity for dogs. 나는 개에게 친밀감을 느낀다.

He has an affinity with the reporter. 그는 그 기자와 밀접한 관련이 있다.

This material has a high affinity with water. 이 물질은 물과 친화력이 높다.

(구문)

- **affinity card**
  어피니티 카드(사용 시마다 자선 단체 같은 곳에 일정 금액이 기부되는 신용카드)

- **affinity fraud** 친분을 미끼로 행하는 사기
- **affinity group** 동호인 단체
- **affinity bias** 호감 편향(비슷한 사람에게 호감을 갖는 경향)

individual, majority, minority

| in(부정) | + | divide(분할하다) | + | ual(접미사) |

individual

*individual 개인, 개인의
*individualism 개인주의

individuality

individualized shirts

*individuality 개성, 특성

*individualize 개별화하다

| *major 중요한, 주된 |
| *minor 중요하지 않은, 작은 |

major league

minor league

majority

minority

individual 개인(의), 1인용의
* in(부정) + dividual(분할할 수 있는) → individual 개인, 개인의
* individualize 개인의 요구에 맞추다, 개별화하다 * individualization 개별화, 차별
* individualism 개인주의 * individualist 개인주의자 * individuality 개성, 특성

(예문)

Our society is overflowing with individualism. 우리 사회에는 개인주의가 팽배해 있다.

Individualism is the core value of liberalism. Every freedom comes with a responsibility.
개인주의는 자유주의의 핵심 가치다. 모든 자유에는 책임이 따른다.
* 개인주의는 자신의 욕망과 이익을 우선시하지만 타인의 욕망과 이익을 존중한다는 점에서 이기주의와 구별된다. 진정한 자유는
공동체의 다른 사람들에 대한 책임과 의무를 동반하는 것이며, 평화와 공존, 상호 발전을 지향하는 것이어야 한다.

(구문)

• the uniqueness of the individual 개인의 고유성
• individual tastes 개인 취향
• individualized training program
  개인 맞춤식 훈련 프로그램
• individualized education 개인의 특성에 맞춘 교육

• individualized strategies 개인별 맞춤 전략
• express one's individuality through one's
  clothes 옷을 통해 개성을 표현하다
• repress individuality 개성을 억압하다
• sink one's individuality 개성을 몰각시키다

majority ① 다수 ② 승자와 패자의 득표 차 ③ 성년
* 라틴어 magnus(큰, 많은, 중요한) → major ① 중요한, 주된 ② 소령 ③ 전공
* minor ① 중요하지 않은, 작은 ② 미성년자 ③부전공
* minority ① 소수(집단) ② 미성년(상태)

(예문)

In matters of conscience, the law of majority has no place. - Mahatma Gandhi
양심에 있어 다수결의 원칙은 설 자리가 없다. - 마하트마 간디
* 대중은 욕망과 쾌락에 이끌리고 이미지와 감정에 따라 그릇된 선택을 하기 쉽다. 대중이 진실이라고 믿는 것은 권력이 만들어 낸
거짓말, 조작된 이미지일 수도 있다. 권력이 언론과 여론조사기관을 장악하여 이것이 다수의 여론이라고 떠들어 대면 착시 현상에
의해 대중은 다수의 논리에 동조하게 된다. 다수의 의견이 옳다든가 진리에 가깝다는 보장은 전혀 없다. 다수결로 결정한다면 주술과
괴담이 과학을 이길 때도 있다. 올바른 의견을 가진 사람들이 소수일 때 진실을 말하는 소수는 억압받고 조롱당하고 고립되기 쉽다.

(구문)

• major changes 주요한 변화
• major issues 주요 쟁점
• a major in the US army 미국 육군 소령
• majority rule 다수결 원칙
• win a majority 과반수를 획득하다
• overwhelming majority 압도적 다수
• be elected by a narrow(slim) majority 근소한 차이로 선출되다

• the majority 다수
• a minor offense(offence) 사소한 위법 행위
• a minor character 비중이 크지 않은 인물
• minor inconveniences 사소한 불편들
• a minor defect 사소한 결함
• minority government 소수여당 정부
• vocal minority 목소리가 큰 소수

bland, blandish. privilege, underprivileged

*bland 특징없는, 단조
로운, 밋밋한
*blandish 아첨하다,
아양떨다

bland taste

oh, handsome
as hell

blandish

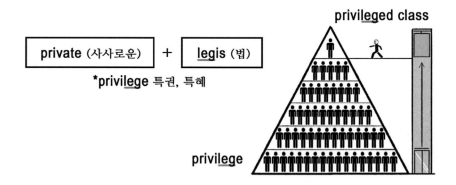

privileged class

private (사사로운) + legis (법)

*privilege 특권, 특혜

privilege

bland ① 틀림없는, 단조로운, 밋밋한, 재미없는
② 자극적이지 않은, 싱거운, 특별한 맛이 안 나는
* 라틴어 **blandus**(아첨하는, 상냥한) → **bland** 자극적이지 않은
* 라틴어 **blandus**(아첨하는, 상냥한) → **blandish** (자극성이 없는 달콤한 말로) 아첨하다, 아양 떨다

(예문)

Add some salt if it is too bland. 너무 싱거우면 소금을 더 넣으세요.

Have your food as bland as possible. 되도록 싱겁게 드세요.

He blandished his friend into buying a new car. 그는 친구에게 알랑거려 새 차를 사게 했다.

(구문)

• **a bland personality** 별 특징 없는 무난한 성격
• **a bland statement** 별 특징 없는 성명
• **bland food** 밋밋한 음식

• **bland diet** 자극적이지 않은 식단
• **blandish A into doing~** A에게 알랑거려 ~하게 하다

--- **ROOT/STEM** ---

privilege ① 특권, 특혜, 특전 ② 특권(특혜, 특전)을 주다
* **private**(사사로운) + 라틴어 **legis**(법) → **privilege** 특권, 특혜
privilege는 사사로이 법에 의한 특권을 주는 것 * **underprivileged** 혜택을 못 받는(사람들)

(예문)

To listen is the privilege of wisdom. 경청은 지혜의 특권이다.

* 말하는 것은 지식의 영역에 속하고 경청하는 것은 지혜의 영역에 속한다.

The corrupt politician is under the protection of parliamentary privilege.

그 부패 정치인은 의원 면책특권의 보호를 받고 있다.

* 지배 계급이 특권을 유지하는 방법

특권을 누리는 사람들은 자신이 누리는 권리가 당연히 누려야 하는 것이며, 능력 또는 노력에 의한 결과라고 생각하는 경향이 있다. 지배 계층은 그 태생으로 인해 또는 행운에 의해 얻은 특권일지라도 그것을 계속 유지하기 위해 신화를 창조하여 차별과 분리를 정당화한다. 특권 계급은 순수한 집단이고, 다른 집단은 오염된 집단으로서 차별되고 격리되어야 한다. 나치스 독일의 아리아 민족, 북한의 백두 혈통은 순수하고 고결한 집단이고 다른 그룹은 오염되고 열등한 집단이다. 권력은 사이비 지식과 결탁하여 차별을 생성하는 담론을 만들어 신분 질서를 정당화하고 충성하는 사람들에게 특권을 나누어 주어 이익 카르텔을 형성하여 특권을 지켜 나간다.

(구문)

• **grant a privilege** 특권을 부여하다
• **deserve privilege** 특권을 누릴 자격이 있다
• **renounce one's privilege**
  특권을 (공식적으로) 포기하다

• **upper-class privilege** 상류층의 특권
• **privileged class** 특권 계급, 특권층
• **feel privileged to~** ~하게 되어 영광이다
• **underprivileged students** 불우한(저소득층) 학생들

tolerance, tolerate, conspire

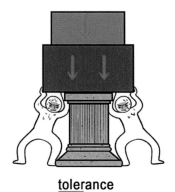

*라틴어 **tolerare**
무게를 견디다,
지탱하다

*toler는 참는것, 견디는 것과
관련이 있다

*tolerate
참다, 용인하다

*tolerant
관대한, 아량있는
내성있는, 잘 견디는

*tolerance
관용, 아량, 용인,
내성, 저항력
허용 하다

tolerance

BE TOLERANT

tolerate

con (함께)

+

라틴어 spirare(숨을 내쉬다)

*conspire 음모를 꾸미다
*conspiracy 음모, 모의

conspire

conspirator

陰謀
음모

conspiracy

ROOT/STEM

tolerance ① 관용, 아량, 용인 ② 내성, 저항력 ③ 허용 오차
* 라틴어 **tolerare**(무게를 견디다, 지탱하다, 참다, 인내하다)
→ **tolerate** ① 참다, 견디다 ② 용인하다, 묵인하다
* **tolerant** ① 관대한, 아량 있는 ② 내성 있는, 잘 견디는

예문

The test of courage comes when we are in the minority.

The test of tolerance comes when we are in the majority. - Ralph W. Sockman
용기를 시험받는 것은 우리가 소수에 속할 때이다. 관용을 시험받는 것은 우리가 다수에 속할때이다. - 랠프 속맨

The world tolerates conceit from those who are successful.
세상은 성공한 사람들의 자만심(자랑)에 관대하다.

The public is wonderfully tolerant to genius 대중은 천재에 대해서 놀랄 만큼 관대하다.

구문

- **religious tolerance** 종교적 관용
- **have no tolerance for jokes** 농담을 용인하지 않음
- **have a high alcohol tolerance** 주량이 세다
- **the limit of tolerance** 인내의 한계
- **tolerate lying** 거짓말을 묵인(용납)하다
- **a tolerance of 1cm** 1센티미터의 허용 오차
- **zero tolerance policy** 불관용 정책

- **have a high alcohol tolerance** 주량이 세다
- **the limit of tolerance** 인내의 한계
- **tolerate his coarse jokes** 그의 거친 농담을 참다
- **tolerate lying** 거짓말을 묵인(용납)하다
- **be tolerant of cold winter** 추운 겨울에 잘 견딘다.
- **the drought tolerant plant** 가뭄에 잘 견디는 식물

ROOT/STEM

conspire 음모를 꾸미다, 모의(공모)하다
* **con**(함께) + 라틴어 **spirare**(숨을 내쉬다, 입김을 불다) → **conspire** 음모를 꾸미다
* **conspiracy** 음모, 모의 * **conspirator** 공모자, 음모 가담자
* **conspiracist** 음모론자

예문

Mr. Moon conspired with North Korean communists to deport North Korean defectors.
문 씨는 탈북자들을 강제 추방 하기 위해 북한 공산주의자들과 공모했다.

구문

- **a conspiracy to overthrow the government**
  정부 전복 음모
- **criminal conspiracy** 범죄 공모
- **conspiracy of silence** 묵살하자(덮어 버리자)는 음모
- **a conspiracy theory** 음모론
- **conspiracy to murder** 살인 모의(공모)

- **a conspiracy against** ~를 방해하려는 음모
- **the toddler-grade conspiracist**
  어린애 수준의 음모론자
- **anti conspiracist** 반음모론자
- **the chief conspirator** 주된 공모자
- **the hidden conspirator** 숨은 공모자(가담자)

stun, astonish, astound, opportunity, choke

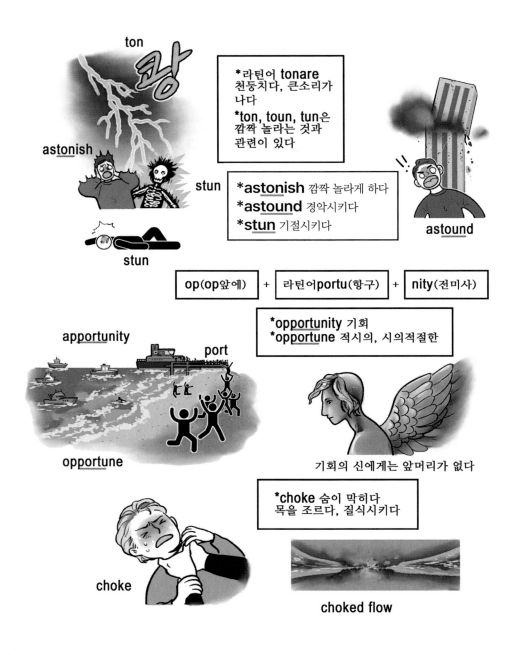

ton

astonish

stun

stun

*라틴어 **tonare**
천둥치다, 큰소리가
나다
*ton, toun, tun은
깜짝 놀라는 것과
관련이 있다

***astonish** 깜짝 놀라게 하다
***astound** 경악시키다
***stun** 기절시키다

astound

op(op앞에) + 라틴어**portu**(항구) + nity(전미사)

***opportunity** 기회
***opportune** 적시의, 시의적절한

apportunity

port

opportune

기회의 신에게는 앞머리가 없다

***choke** 숨이 막히다
목을 조르다, 질식시키다

choke

choked flow

ROOT/STEM

stun ① 기절(실신)시키다. 망연자실하게 하다 ② 큰 감동을 주다
* **stunning** ① 깜짝 놀랄 만한, 눈부시게 멋진 ② 뜻밖의, 충격적인
astonish 깜짝 놀라게 하다 * **astound** 경악시키다, 충격을 주다
* **as**(밖으로 **es**) + 라틴어 **tonare**(천둥 치다, 큰 소리가 나다) → **astonish, astound, stun**

(예문)

I was stunned when I heard the news. 나는 그 소식을 듣고 기가 막혔다(망연자실했다).

He delivered a stunning victory to us. 그는 우리에게 멋진 승리를 안겨 주었다.

He sometimes astonish the whole world by his eccentricity.
그는 가끔 기이한(별난) 행동으로 전 세계를 깜짝 놀라게 한다.

She continues to astound us 그 여자는 계속해서 우리를 놀라게 한다.

(구문)

• **stunned face** 놀란 표정
• **a stun gun** 전기 충격기
• **stunning landscape** 멋진 풍경
• **a stunning defeat** 뜻밖의(충격적인) 패배
• **her stunning beauty** 그녀의 눈부신 미모
• **astound the world** 세계를 놀라게 하다

ROOT/STEM

opportunity 기회
op(앞에) + 라틴어 **portu**(항구, 안전한 곳) + **nity**(접미사)
→ **opportunity** 기회 * **opportune** 시의적절한, 적시의

(예문)

Opportunity does not send letters of introduction. 기회는 자기소개서를 보내지 않는다.

Aging is no lost youth but a new stage of opportunity.
나이 든 것은 잃어버린 청춘이 아니라 기회의 새로운 단계이다.

(구문)

• **once in a lifetime opportunity**
  평생에 한 번밖에 없는 기회
• **at the opportune moment**
  적절한(절호의) 시기에
• **an opportune alternative**
  적절한 대안

ROOT/STEM

choke ① 숨이 막히다, 질식할 지경이다 ② 목을 조르다, 질식시키다

(예문)

The gas choked people. 가스가 사람들을 질식시켰다.

Sand is choking the river. 모래가 하천을 막게 하고 있다.

Fish sometimes eat plastic bag and choke to death. 물고기들은 가끔 비닐 봉투를 삼키고 질식해 죽는다.

(구문)

• **choke one's throat** 목을 조르다
• **be choked with smoke** 연기로 숨이 막히다
• **choke on one's food** 음식에 목이 막히다
• **in choked voice** 잠긴 목소리로
• **the pond choked with leaves** 나뭇잎으로 메워진 연못
• **the chimney choked with soot** 검댕으로 막힌 굴뚝

comply, complete, compliment, praise, dichotomy

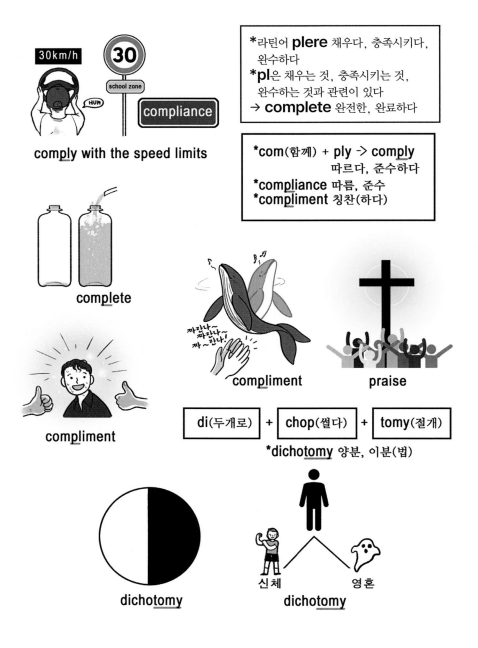

30km/h

30 school zone

compliance

comply with the speed limits

*라틴어 **plere** 채우다, 충족시키다, 완수하다
*pl은 채우는 것, 충족시키는 것, 완수하는 것과 관련이 있다
→ **complete** 완전한, 완료하다

*com(함께) + ply -> comply 따르다, 준수하다
*compliance 따름, 준수
*compliment 칭찬(하다)

complete

compliment

praise

compliment

di(두개로) + chop(썰다) + tomy(절개)

*dichotomy 양분, 이분(법)

dichotomy

신체   영혼
dichotomy

--- **ROOT/STEM** ---

comply 따르다, 준수하다

* com(함께) + 라틴어 plere(채우다, 충족시키다, 완수하다) → comply 따르다, 준수하다
* compliance 따름, 준수
* complete ① 완벽한, 완전한 ② 완료하다, 끝마치다 ③ 빠짐없이 기입(작성)하다
* compliment ① 칭찬의 말, 찬사 ② 칭찬하다 * complimentary 무료의, 칭찬하는
* 칭찬은 돈이 안 드니 '무료'라는 뜻도 있다.
* praise ① 칭찬, 찬사, 칭찬하다 ② 찬양, 찬송, 찬미
* praise는 문어체, 종교적 느낌, 일상적 칭찬의 의미보다 강한 뉘앙스가 있다.

(예문)

Russia refused to comply with the UN resolution. 러시아는 유엔결의사항 준수를 거부했다.

Nobody takes offense at a compliment. 칭찬 듣고 화낼 사람은 없다.

I meant it as a compliment. 나는 칭찬하는 뜻에서 그랬어.

A praise makes a whale dance. 칭찬은 고래를 춤추게 한다.

* 인간은 사회적 동물이고 인생은 타인으로부터 나의 가치를 인정받기 위한 치열한 투쟁이다. 운동선수는 응원 소리에 힘을 내고 무사는 자신을 알아주는 사람을 위해 목숨을 바친다. 책망, 비판은 반발심, 수치심, 모욕감을 주어 몸의 부정적 반응을 일으키는 면이 있기 때문에 잘못을 고치고 사기를 높이기 위해서는 비판뿐 아니라 잘한 일에 대한 칭찬이 반드시 필요하다.

(구문)

* comply with the precedent 선례를 따르다
* comply with the request 요청을 수락하다
* comply with the rule 규칙을 준수하다
* non-compliance 규정등의 불이행, 준수하지 않음
* pressure A into compliance
  A에게 압력을 넣어 준수하도록 하다
* take it as a compliment 그것을 칭찬으로 받아들이다
* the hollow compliment 빈말로 하는 칭찬
* a backhanded compliment 비꼬는 칭찬
* a left-handed compliment 악의에 찬 칭찬
* fishing for a compliment 엎드려 절받기
* a complimentary breakfast 무료 아침 식사
* complimentary words 칭찬의 말
* a complimentary ticket 무료 티켓(초대권)
* a praise singer 찬양 가수
* spare with one's praise 칭찬에 인색하다
* lavish in his praise for ~에 대하여 칭찬이 후하다

--- **ROOT/STEM** ---

dichotomy 양분, 이분(법)

* di(두 개로) + chop(썰다) + tomy(절개) → dichotomy 양분, 이분(법)
* dichotomize 둘로 나누다(나뉘다) * dichotomic 둘로 갈리는, 양분되는

(예문)

Many people look upon the world as a dichotomy between good and evil.
많은 사람들은 선과 악이라는 이분법으로 세상을 바라본다.

(구문)

* a dichotomy between center and periphery
  중심과 주변의 이분법
* dischotomous way of thinking
  이분법적 사고방식(all or nothing thinking)

context, texture, exploit, explicate

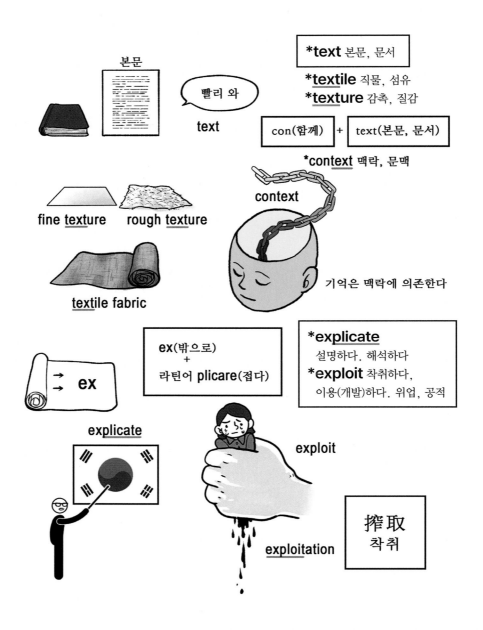

본문

text

빨리 와

*text 본문, 문서

*textile 직물, 섬유
*texture 감촉, 질감

con(함께) + text(본문, 문서)

*context 맥락, 문맥

context

fine texture   rough texture

textile fabric

기억은 맥락에 의존한다

ex(밖으로)
+
라틴어 plicare(접다)

ex

explicate

*explicate
  설명하다. 해석하다
*exploit 착취하다,
  이용(개발)하다. 위업, 공적

exploit

exploitation

搾取
착취

context 맥락, 문맥, 전후 사정
* 라틴어 **texere**(짜다, 엮다) → **text** 본문, 문서 * **textile** 직물, 옷감, 섬유
* **texture** 감촉, 질감
* **con**(함께) + **text**(본문, 문서) → **context** 맥락, 문맥
* **contextual** 문맥상의, 맥락과 관련된 * **contextually** 문맥상으로, 전후 관계로

예문

Memory is selective and fallible because it is heavily context-dependent.
기억이 선별적이고 틀릴 수도 있는 이유는 그것이 맥락에 의존하기 때문이다.

Bangladesh is famous for its textile industry. 방글라데시는 섬유산업으로 유명하다.

Rubber has a completely different texture to wood. 고무는 나무와 전혀 다른 질감을 가지고 있다.

구문

- **infer from the context** 맥락에서 추론하다
- **guess the meaning of the word from the context**
  문맥을 통해 단어의 의미를 짐작하다
- **understand in the same context**
  같은 맥락에서 이해하다
- **contextual matches** 문맥상의 일치
- **contextual actions** 상황에 맞는 조치(행동)
- **contextually different** 문맥상으로 다르다

- **text a message** 문자를 보내다
- **text editor** 문서 편집자(프로그램)
- **original text** 원본 텍스트
- **textile products** 섬유 제품
- **raw textile** 원단
- **a cotton-like texture** 면 같은 질감
- **improve skin texture** 피부 결을 좋게 하다

exploit ① 착취하다, 등쳐 먹다 ② 이용(활용)하다, 개발하다 ③ 위업, 공적, 공훈
* **ex**(밖으로) + 라틴어 **plicare**(접다, 말다) → 라틴어 **explicare**(펴다, 펼치다, 전개하다)
→ 영어 **explicate** (사상, 문학 작품 등을) 설명(해석)하다, 분명(명백)하게 하다(격식적 표현)
→ **exploit** 착취(이용)하다, 이용(활용)하다, 개발하다
* **exploitation** 착취, 이용, 개발 * **exploitative** 착취하는, 착취의

예문

He expoited labor by giving laborers little or no pay for their work.
그는 노동자들에게 일한 대가를 거의 또는 전혀 주지 않으면서 노동을 착취했다.

They have been working hard to explicate Bible. 그들은 성서를 해석하기 위해 노력해 왔다.

구문

- **exploit a colony** 식민지를 착취하다
- **exploit underground resources**
  지하자원을 개발(이용)하다
- **his exploit** 그의 공적
- **commercial exploitation** 상업적 이용-(개발)
- **labor exploitation** 노동 착취

- **the exploitation of the air** 항공 개발
- **sexual exploitation** 성적 착취
- **child exploitation** 아동 착취
- **explicate the lyrics** 노래 가사를 해석하다
- **explicate the theory** 그 이론을 설명(해석)하다

rite, ritual, ceremony

*라틴어 **ritus**
종교의식, 관습, 관례

→

***rite** 의식, 의례
***ritual** 의식절차, 의식적(의례적)인 일
의식상의, 의례적인

rite of spring

通過儀禮
통과의례

rite of passage

religious ritual

catholic ritual

ancestral rite

rite 의식, 의례

* 라틴어 **ritus**(종교의식, 관습, 관례) → **rite** 의식, 의례
* **ritual** ① 의식 절차, 의례, 의식적(의례적)인 일 ② 의식상의, 의례적인
  ritual은 **rite**보다 격식적, 조직적, 집합적이다
* **ceremony**(의식, 양식, 격식)는 종교적인 것 이외에 사회적, 국가적으로 엄숙한 의식을 포함한다.

(예문) ────────────────────────────────

Coming-of-age ceremony is a rite of passage that one has to undergo in order to become an adult. 성인식은 성인이 되기 위해 거쳐야 하는 하나의 통과 의례다.

Many people participated in the Roman Catholic ritual of mass.
많은 사람들이 카톨릭 미사의식에 참여했다.

* 의례의 마술적 효과

의례는 추상적인 것을 구체화하고 허구적인 것을 실제처럼 믿게 하는 효과가 있다. 의식과 의례는 별것 아닌 것 같은 형식적 행동과 물건에도 깊은 의미를 부여하는데, 이러한 행위를 통해 신앙심, 충성심, 효성이 깊어지고 연대감이 강화된다. 카톨릭 미사에서 사용하는 빵과 포도주는 예수의 살과 피로 여겨져 그리스도의 교감하는 것으로 느껴지고 의식은 신, 국가, 민족 등 눈에 보이지 않는 실제 또는 허구를 믿게 함으로써 사회 구성원들이 일체감, 연대감을 갖고 서로 협력하게 한다. 의례, 의식은 사회의 질서와 조화를 가져와 사회 안정에 크게 기여한다. 현인들이 의례와 의식을 중시한 것은 인간 본성에 대한 깊은 통찰의 산물이다.

Please don't stand on ceremony with me. 저에게는 너무 격식 차리지 마세요.

(구문) ────────────────────────────────

• **perform the ancestral rite** 제사(차례)를 지내다
• **royal ancestral rite** 왕실제례
• **rite of passage** 통과 의례
• **rite of spring** 봄의 제전
• **perform the marriage rite** 결혼식을 거행하다
• **set the table for the ancestral rite** 차례상을 지내다
• **a burial ritual** 매장의식
• **the confucian(Catholic) ritual** 유교(카톨릭) 의식
• **ritual expression** 의례적 표현
• **ritual garments** 의식에서 입는 옷
• **an outdated ritual** 시대에 뒤떨어진 의식
• **the exorcism ritual** 퇴마의식
• **tea ceremony** 다도
• **stand on ceremony** 격식을 차리다
• **attend the ceremony** 의식에 참석하다
• **goal(winning) ceremony** 골(우승) 세리머니

communism. commune, common, dumbfound

com(함께) + 라틴어 munis(의무를 다하는)

*라틴어 communis 공동의, 공통의, 공공의
*mun, muni는 의무, 직무와 관련이 있다

*commune 공동체
*communal 공동체의, 공동(공용)의
*communism 공산주의
*communist 공산주의자
*community 주민, 지역사회, 공동체
*communicate 의사소통을 하다

주민센터

community center

communal labour

communal kitchen

communism

communicate

communist

*dumb 벙어리의, 말을 못하는
*dumbfound 말문이 막히는

왕 찜찜

dumbfound

communism 공산주의, 공산주의 체제

* com(함께)+라틴어 munis(의무·직무를 다하는) → 라틴어 communis(공동의, 공통의, 공공의)

→ common ① 흔한, 보통의 ② 공동(공통)의, 공유지, 공원

* commune 공동체 * communal 공동의, 공동체의, 공용의

* community 주민, 지역사회, 공동체(의식) * communist 공산주의자

* communicate 의사소통을 하다, 연락을 주고받다 * commuication 의사소통, 연락

(예문)

「Animal Farm」 satirized Soviet communism through a fable about animals.
「동물농장(조지 오웰, 1945)」은 동물들에 대한 이야기를 통해 소련 공산주의를 풍자하였다.

Religion is excellent stuff for keeping common people quiet. - Napoléon Bonaparte
종교는 평민을 조용하게 하는 뛰어난 소재이다. - 나폴레옹 보나파르트

Common sense is the best sense. 상식은 최고의 지식이다.

The best ideas are common property. - Seneca 최고의 아이디어는 공동의 자산이다. - 세네카

Food is our common ground, a universal experience. 음식은 우리의 공동기반이고 보편적 경험이다.

Friends have all thing in common. - Platon 친구는 모든 것을 나눈다. - 플라톤

A city is a large community where people are lonesome together.
도시는 사람들이 함께 외로운 공동체이다.

Think like a wise man but communicate in the language of the people. - William Butler Yeats
생각은 현자처럼 하되 민중의 언어로 소통하라. -윌리엄 버틀러 예이츠

(구문)

• **the fall of communism** 공산주의의 몰락
• **common law** 관습법(보통법)
• **be thoroughly indoctrinated in communism**
  공산주의에 철저히 세뇌당하다
• **break all links with the communist party**
  공산당과의 모든 관계를 끊다
• **communist revolution** 공산혁명

• **a hippy commune** 히피 공동체
• **a communal kitchen** 공동 부엌
• **local community** 지역 사회(주민)
• **community center** 주민센터
• **be assimilated into community** 공동체에 동화되다
• **poor communication** 원활치 못한 의사소통

---

dumbfound (너무 놀라서) 말을 못 하게 만들다, 말문이 막히게 하다

* dumb(벙어리의, 말을 못 하는, 멍청한) + found(설립하다, 세우다) → dumbfound

* dumbfounded 너무 놀라서 말이 안 나오는, 말문이 막히는, 어안이 벙벙한

(예문)

His answer dumbfounded me(= I was dumfounded by his answer).
나는 그의 대답에 어이가 없어 말이 안 나왔다.

(구문)

• **be dumbfounded at the ridiculousness of the rumor** 소문이 황당해서 어이가 없다

procrastinate, instigate, stimulus, stimulate

*라틴어 **cras** 내일
*라틴어 **crastinus** 내일의, 내일 할

pro (앞으로)	+	**crastin** (내일의)	+	**ate** (접미사)

*procrastinate 미루다, 질질 끌다

chopsticks

sticker

procrastinate

stingray

*sti는 뾰족한 것, 찌르는 것 자극하는 것과 관련이 있다

*stick 찌르다, 붙이다, 막대기
*sting 쏘다, 찌르다, 힘, 가시
*stimulus 자극, 자극제
*stimulate 자극하다, 흥분시키다

in (안으로)	+	**stig** (찌르다)	+	**ate** (접미사)

*instigate 부추기다, 선동하다

Poke!

stimulate

stimulant drink

instigate

instigation

procrastinate 미루다, 질질 끌다, 꾸물거리다.

* 라틴어 **cras**(내일), 라틴어 **crastinus**(내일의, 내일 할)
* **pro**(앞으로) + 라틴어 **crastinus**(내일의, 내일 할) + **ate**(접미사)
→ **procrastinate** 미루다(적당한 때가 될 때까지 미루는 것이 아니라 하기 싫어서 미루는 것)
* **procrastination** 꾸물거림, 미루는 버릇, 지연, 연기

(예문)

Don't procrastinate. Take care of things on time. 미루지 말고 일을 제때 처리해.

Procrastination is the father of failure. 지체는 실패의 아버지.

I won't procrastinate. 나는 늑장 부리지 않을 거야.

* 중요한 일을 뒤로 미루는 사람들의 성향

가장 중요한 일, 먼저 해야 할 일을 제때 하지 않고 별로 중요하지도 않은 TV 시청, 게임을 먼저 하는 사람들은 게으르고 현재에 비해 미래의 가치를 낮게 평가하는 사람들이다. 이들에게는 술, 담배, 알코올, 코카인, 게임, 도박, 섹스, 채팅 등 눈앞의 즐거움이라는 단기 이익이 장기 이익보다 커 보인다. 이들은 인상, 느낌에 의해 즉흥적으로 판단하는 경향이 있고, 게으름 때문에 뇌의 숙고 체계(계산, 평가, 신중하게 숙고하는 체계)를 작동시키지 않는다. 이들은 정치적 판단에 있어서도 누가 국가에 유익한 일을 하였는가를 기준으로 판단하지 않고 이미지로 판단하기 때문에 중요한 것을 제대로 판단하지 못하고 이미지 조작과 선전·선동에 쉽게 현혹되어 잘못된 의사 결정을 내리기 쉽다. 만족스러운 삶을 위해서는 어떤 것이 더 중요하고 장기적으로 이익이 될 것인지 한 번 더 생각하고 중요한 일부터 우선순위를 정해서 하는 습관을 들여야 한다.

---

instigate 부추기다, 선동하다, 실시(착수)하게 하다 * **instigation** 선동, 교사
* **in**(안으로) + **stig**(찌르다) + **ate**(접미사) → **instigate** 부추기다, 선동하다
* **sti**는 뾰족한 것, 찌르는 것, 자극하는 것과 관련이 있다.
* **stick** ① 찌르다, 붙이다 ② 나뭇가지, 막대기 * **sting** ① 쏘다, 찌르다 ② 침, 가시
* **stimulus** 자극, 자극제 * **stimulant** 흥분제, 자극이 되는 일
* **stimulate** 자극(격려)하다, 흥분시키다, 활성화시키다

(예문)

Union leaders instigated workers to go on strike.
노동조합 지도자들은 노동자들을 선동하여 파업을 하도록 했다.

It was done at his instigation. 이것은 그의 사주(선동)에 의한 것이다.

Candlelight rallies against the US beef imports broke out at the instigation of the left wing group. 미국산 소고기 수입에 반대하는 촛불시위는 좌파단체의 선동으로 발생했다.

* 미국산 소고기를 먹으면 광우병에 걸려 '뇌 송송 구멍 탁(뇌에 구멍이 송송 뚫리고 탁 쓰러짐)'이 되어 죽는다는 좌파시민단체의 사기 선동은 놀랍게도 큰 위력을 발휘하여 한국 정부에 대한 신뢰도를 급격히 떨어뜨렸다. 신중하게 생각하지 않고 인상, 느낌에 의해 즉흥적으로 판단하게 되면 선동가들에게 정치권력을 맡기게 되고 민중은 그들에게 이용당하고 조종당하는 가축과 같은 신세가 된다.

(구문)

• **instigate violence** 폭력을 조장하다
• **at the instigation of him** 그의 사주(선동, 사주)로
• **instigate gender discrimination** 성차별을 조장하다

identify, identity, unidentified, modest

*라틴어 identitas(동일성)
*identi는 동일성, 신분, 신원과 관련이 있다

*identity 신원, 신분, 독자성
*identify 신원을 확인하다, 알아보다

*identical 동일한
*unidentified 신원 미상(정체불명)의

identical twins

identity

unidentified

modest girl

*라틴어 moderate
절도를 지키다, 알맞게하다
*라틴어 modestus
적절한, 알맞은, 중용의
*modes는 적절한 것, 중용,
보통, 겸손과 관련이 있다

modesty

*modest 그리 대단치 않음, 보통의, 겸손한
*modesty 겸손, 얌전한, 단정한, 보통정도인

identity ① 신원, 신분, 정체 ② 독자성 ③ 유사성, 동질감
* 라틴어 **idem**(같은, 동일한), 라틴어 **identitas**(동일성) → **identity** 신원, 신분, 독자성
* **identical** ① 동일한 ② 바로 그 * **identical twins** 일란성 쌍둥이
* **identify** ① 신원(신분)을 확인하다, 알아보다 ② 찾다, 발견하다
* **identifiable** 인식(식별) 가능한, 알아볼 수 있는(↔ **unidentifiable**)
* **indentification** ① 신원 확인, 신분증명(서) ② 식별, 인지
* **unidentified** 신원미상의, 정체불명의

예문

To love someone is to identify with them. - Aristoteles
누군가를 사랑한다는 것은 자신을 그들과 동일시하는 것이다. - 아리스토텔레스

He has dissociative identity disorder. 그는 해리성 인격장애(다중인격장애)가 있다.
*해리성 인격장애는 자신이 낯설게 느껴지거나 분리된 느낌을 갖게 되는 정신 장애를 말한다.

This is the identical room I stayed in last year. 이 방은 작년에 내가 묵었던 바로 그 방이다.

The victim was able to identify his attacker. 그 피해자는 자신을 공격한 범인을 알아볼 수 있었다.

You should not identify wealth with happiness. 부(富)를 행복과 동일시해서는 안 된다.

Let me see your identification card 신분증을 보여 주시오.

구문

· an indentity crisis 정체성 위기
· identify the fingerprints 지문을 확인하다
· divulge the identity of the suspect
　용의자의 신원을 알려 주다(누설하다)

· be used for identification 신원 확인용으로 사용되다
· easily identifiable 쉽게 알아볼 수 있다
· unidentified flying object 미확인 비행물체(UFO)

modest ① 그리 대단하지 않은, 보통의 ② 겸손한 ③ 수수한, 얌전한
* 라틴어 **moderare**(절도를 지키다, 중용을 지키다, 알맞게 하다, 억제하다)
→ 라틴어 **modestus**(적절한, 알맞은, 중용의, 단정한, 얌전한)
→ **modest** 그리 대단하지 않은, 보통의, 겸손한
* **modesty** ① 겸손 ② 얌전함, 단정함 ③ 대단하지 않음, 보통 정도임
* **humility** (겸손)은 스스로 낮게 평가하고 비하하는 부정적 뉘앙스, **modesty**(겸손)는 자신을 과대평가하지
않고 스스로 한계를 인정한다는 긍정적 뉘앙스가 있으나 가식적인 의미도 있다. **humility**는 스스로 부족하다고
생각하는 내면적 관점, **modesty**는 다른 사람들이 바라보는 관점을 나타내기도 한다.

예문

Modesty is the citadel of beauty. 겸손은 아름다움의 요새다.
*아름다운 사람은 시기, 질투를 받으나 겸손으로 그것을 막아낼 수 있다.

Modesty is the highest elegance. 겸손은 최고의 우아함이다.

Modesty is a learned affection. 겸손은 학습된 꾸밈이다.
* 겉과 속이 다르다는 것은 반드시 나쁜 것이 아니라 체면과 예의를 지킬 줄 안다는 것이므로 그만큼 성숙하고 문화의 세계로
　진입했음을 나타낸다. 겸손에 위선적인 면이 있다 해도 그것은 인간관계를 조화롭게 하는 긍정적인 역할을 한다.

Excessive modesty lapses into servility. 겸손이 지나치면 비굴이 된다.

구문

· false modesty 겸손한 척하는 것

· a relatively modest fee 비교적 비싸지 않은 수수료

altar, character, uncharacteristic

* altar 제단
*victim 희생물, 제물

*victimize 희생시키다, 제물로 삼다
*victimless 희생자(피해자) 없는

victim on the altar

human sacrifice

victim

altar

*character
① 성격, 특성, 개성
② 글자, 문자

*characteristic 특징, 특유의, 특성
*characterize 특징짓다, 특징을 나타내다
*characterless 특징없는

*uncharacteristic ~답지않은, 평소답지 않은

character

characterize korea

발리! 발리!

altar 제단

* 라틴어 **altare**(높게 만들다, 올리다, 제단) → **altar** 제단

victim ① 제물, 희생물 ② 피해자, 희생자

* 라틴어 **victima**(희생, 희생물, 제물) → **victim** 제물, 희생자

* **victimize** 희생시키다, 제물로 삼다, 부당하게 괴롭히다 * **victimless** 희생자(피해자) 없는

(예문)

The pilgrims prostrated themselves before the alter. 순례자들은 제단 앞에 몸을 엎드렸다.

He was victimized by a con man. 그는 사기꾼에게 피해를 당했다.

(구문)

• **burn incense in front of the altar** 제단 앞에 향을 피우다
• **defile the altar** 제단을 더럽히다
• **the altar of fame** 명예의 제단
• **a rape victim** 강간 피해자
• **victim support** 범죄 피해자 지원 서비스
• **a victim of racism** 인종 차별의 희생자

• **a sacrificial victim** 희생 제물
• **victimize all minorities** 모든 소수 집단들을 희생시키다
• **victimize soldiers** 병사들을 희생시키다
• **be victimized by press** 언론에 의해 희생되다
• **a victimless crime** 피해자 없는 범죄
• **a victimless joke** 피해자 없는 농담

---

character ① 성격, 기질, 특징, 개성 ② 문자

* **characteristic** 특징, 특질, 특유의

* **characterize** 특징짓다, ~의 특징이 되다, 특징을 나타내다

* **characterless** 특징 없는 * **uncharacteristic** ~답지 않은, 평소답지 않은

(예문)

If you want to test a man's character, give him power.
한 사람의 인격을 시험해 보려면 그에게 권력을 주어 보라.

Pride sullies the noblest character. 자만심은 가장 고귀한 인격을 망친다.

*pride가 지나치면 자만, 교만, 오만이 되어 인격을 망치게 된다. *sully 가치를 훼손하다, 더럽히다

A man's character is his fate. 인격은 그 사람의 운명이다.

* 인간 사회에서 벌어지는 모든 비인간적, 비윤리적 문제는 인성에서 비롯된다. 좋은 인성을 가진 사람은 올바른 가치관을 가지고
  스스로 책임을 지며 인간다운 삶을 살아가는 반면, 사악한 인성을 가진 사람들은 항상 남을 탓하며 세상에 저주와 증오를
  퍼뜨리고 위선적이고 허망한 삶을 살게 된다.

(구문)

• **a character actor** 성격파 배우
• **main characters** 주요 등장 인물
• **a flaw in the character** 성격상의 결함
• **a cartoon character** 만화 캐릭터
• **characteristic modesty** 특유의 겸손한 태도

• **human characteristic** 인간의 특성
• **characterize a nation** 한 나라의 특징을 묘사하다
• **a characterless face** 특징 없는 얼굴
• **characterize his paintings** 그의 작품의 특징을 나타내다
• **uncharacteristic act** 평소답지 않은 행동

deliberate, algorithm, arithmetic

*라틴어 **libra** 천칭저울
*라틴어 **deliberare**
　심사숙고하다
*liber 저울과 관련이 있다

*deliberate 고의의, 의도적인,
　　　　　　신중한, 숙고하다
*deliberately 고의로, 의도적으로
*deliberation 심사숙고, 신중함

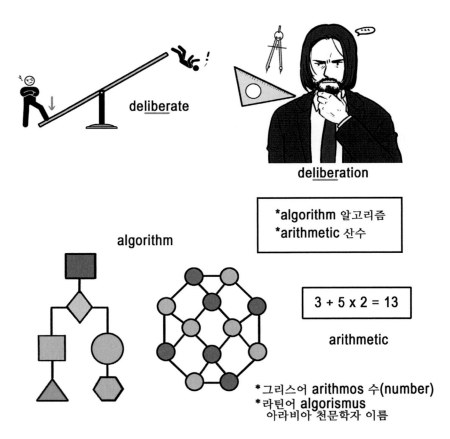

deliberate

deliberation

algorithm

*algorithm 알고리즘
*arithmetic 산수

$3 + 5 \times 2 = 13$

arithmetic

*그리스어 arithmos 수(number)
*라틴어 algorismus
　아라비아 천문학자 이름

deliberate ① 고의의, 의도적인, 계획적인 ② 신중한 ③ 숙고하다, 신중히 생각하다

* **de**(아래로)+라틴어 **libra**(천칭저울, 수평, 균형) → 라틴어 **deliberare** 마음에 무게가 실리다.

→ 영어 **deliberate** 고의의, 의도적인, 신중한, 심사숙고하다 ***deliberation** 심사숙고, 신중함

(예문)

He is deliberate decision maker. 그는 의사 결정을 신중하게 하는 사람이다.

The bill was passed after 5 days of deliberation. 그 법안은 5일 동안의 숙의(심의)를 거친 후 통과되었다.

* 숙고 체계deliberate system: 진화는 우리에게 상이한 두 사고 체계를 남겨 주었다. 반사 체계reflexive system와 숙고 체계deliberate system가 그것이다. 틀에 박힌 일을 처리할 때, 위험한 상황에서 신속한 판단이 필요한 경우에는 반사 체계가 유용하고 복잡한 계산, 노력이 필요한 정신 활동, 주의를 집중하고 생각을 정돈해서 하는 일, 처음 대하는 일, 틀에서 벗어나 생각해야 할 때는 숙고 체계가 유용하다. 인간의 뇌는 게으름 때문에 숙고 체계를 잘 작동시키지 않고 반사 체계로 처리하는 경우가 많은데, 이 때문에 인간은 인상, 느낌에 의해 속단하는 경향이 있고 판단을 그르치는 경우가 많다. 사회주의자들은 인간의 이런 약점을 잘 이용한다. 권력을 노리는 선동가들이 사회 정의 또는 약자를 위한다는 명분을 내세우면 쓸 만한 지식인 바보들이 달려들어 지지를 보내고 문화예술인들이 달려와 시를 낭송하고 노래를 불러 주기도 한다. 게으른 뇌는 선동에 취약하다. 중요한 일은 인상, 느낌에 의해 속단하지 말고 팩트를 기초로 숙고해서 신중하게 판단해야 한다. 특히 정치적 의사 결정은 국익을 기준으로 판단하는 것이 좋고 개인적 호불호, 인상, 느낌으로 판단하지 않는 것이 바람직하다.

(구문)

• **a deliberate foul** 고의적 반칙

• **speak in deliberate way** 신중한 태도로 말하다

• **a deliberate act of vandalism** 고의적 공공 기물 파손 행위

• **after a deliberate evaluation**

   심사숙고해서(신중하게) 심사(평가)한 후

• **be under deliberation** 심의 중이다

• **after much deliberation** 많은 궁리(숙의)를 한 후

• **speak with deliberation** 신중하게 말하다

• **the time for deliberation** 심사숙고할 시간

• **lie deliberately** 고의로 거짓말하다

algorithm 알고리즘(어떤 문제를 논리적으로 해결하기 위한 절차, 방법, 명령어 등을 모아 놓은 것)

***al-khuwarizmi** (알 콰리즈미, 페르시아 수학자, 천문학자) → 라틴어 **algorismus**

→ 영어 **algorithm** 알고리즘 ***arithmetic** 산수

* 탐색 알고리즘searching algorithm: 기억 공간에 저장된 데이터에서 어떤 조건이나 성질을 만족시키는 데이터를 찾는 알고리즘을 말한다. 책을 구입할 때 온라인상에 관련 분야의 다른 책이 나타나는 것은 데이터를 일정한 규칙에 따라 재배열하는 정렬sort 알고리즘이 적용되어 있기 때문이다. 우리는 알게 모르게 알고리즘의 지배를 받는다.

(구문)

• **design the optimum algorithm** 최적의 알고리즘을 설계하다

• **deep learning algorithm** 딥러닝 알고리즘(컴퓨터가 사람처럼 생각하고 배울 수 있도록 하는 기술이 적용된 알고리즘)

• **do arithmetic drills** 계산 연습을 하다

• **my mark in arithmetic** 나의 산수 점수

110

pursue, pursuit, prosecute, intuit, intuition

*pro(앞으로) *per 끝까지, 완전히
*라틴어 sequi 따르다, 추격하다

*prosecute 기소하다, 고발하다
*persecute 박해하다, 핍박하다

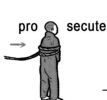
pro secute

*pursue 추구하다, 뒤쫓다
*pursuit 추구, 추격 추적
*pursuer 뒤쫓는 사람, 추격자

persecute

pursue

in tuit

pursuit

*라틴어 intueri (들여다 보다, 응시하다)

intuition

*intuit 직감하다, 직관하다
*intuitive 직감(직관)에 대한, 직감하는
*intuitively 직감적으로
*intuition 직감, 직관력

pursue 추구하다, 뒤쫓다, 추적하다 * **pursuit** 추구, 추적, 추격

* **pursuer** 뒤쫓는 사람, 추격자

* **pro**(앞으로) + 라틴어 **sequi**(따라가다) → **prosecute** 기소하다, 고발하다

* **prosecution** 기소, 고발, 소추

* 라틴어 **persequi**(끈덕지게 뒤쫓다, 추격하다) → **pursue** 추구(추적)하다

* **persecute** 박해(핍박)하다 * **persecution** 박해, 핍박

예문

The constitution only guarantees you the right to pursue happiness.

헌법은 당신에게 행복을 추구할 권리를 보장할 뿐이다.

* 인간은 적응력이 뛰어나기 때문에 어떤 것에도 영원히 만족할 수는 없다. 행복은 우리 곁에 머물러 있지 않는다. 행복은 추구할 수 있을 뿐 소유할 수 없기 때문에 헌법이 행복 그 자체를 보장할 수는 없다.

An object in possession seldom retains the same charm that it had in pursuit.

소유하고 있는 대상은 그것을 추구할 때와 동일한 매력을 유지하는 경우가 거의 없다.

* 갖고 싶은 것을 가졌을 때의 만족감은 오래가지 않는다. 그 후에는 다시 다른 것을 찾아 나서야 한다. 새로운 욕망이 없으면 인생은 권태롭다. 인생은 하나의 욕망을 또 다른 욕망으로 바꿔 나가는 과정이며 행복을 추구해 나가는 여정이다.

구문

• **pursue a prey** 먹이를 쫓다
• **pursue a fugitive** 도망자를 쫓다
• **pursue one's career** 경력을 쌓다
• **the pursuit of power(pleasure)** 권력(쾌락) 추구
• **a hound in pursuit of rabbits** 토끼를 쫓는 사냥개

• **pursuit line** 추월선
• **prosecute criminal offenses** 범죄 행위를 기소하다
• **be immune from prosecution** 기소를 면제받다
• **persecute homosexuals** 동성애자들을 박해하다
• **religious persecution** 종교적 박해

---

intuit 직감하다, 직관하다

* **in**(안으로) + 라틴어 **tuere**(관찰하다, 주시하다) → **intuit** 직감하다, 직관하다

* **intuitive** 직감(직관)에 의한, 직감하는 * **intuitively** 직감적으로 * **intuition** 직감, 직관력

예문

The couple intuit each other's feelings. 부부는 서로의 감정을 직감한다.

She has an intuitive sense of what the customer wants. 그 여자는 고객이 원하는 것을 직감으로 안다.

My intuition tells me that he is telling a lie. 내 직감으로는 그가 거짓말을 하고 있다.

Intuition is very helpful and practical. 직관은 매우 도움이 되고 실질적이다.

* 논리적으로 추론하거나 고민함이 없이 인상, 느낌, 직관에 의해 즉흥적으로 전달하는 것은 수많은 위험을 겪으면서 살아온 선조들로부터 물려받은 오래된 능력이다. 이것은 덜 정교하고 근시안적이지만 대체로 정확도가 높고 초기 대응이 빠르기 때문에 신속한 전달을 필요로 하는 위험한 상황에서 큰 효과를 발휘한다.

구문

• **counter-intuitive** 직감에 반대되는
• **an intuitive idea** 직관적 사고
• **intuitively sense** 직감적으로 알아채다

• **feel intuitively that** ~라고 직감하다
• **in accord with my intuition** 내 직감과 일치하여(조화되어)

adapt , aptitude, serene, serenity

ad(방향) + apt(적절한)

⇓

adapt 맞추다, 적응시키다

apt to forget

*adaptation 적응, 각색
*adaptable 적응할 수 있는
*adapter 어댑터, 개작자, 번안가

adapter

*serene 고요한, 평온한
*serenity 고요함, 평온함
*serenade 세레나데

serene

serenade

(예문)

A large organization can be slow to adapt to change. 큰 조직체는 변화에 대한 적응이 느릴 수 있다.

The deep-sea fish have anatomical adaptations to help cope with compression due to the enormous pressures of the deep water.
심해어류는 깊은 물의 거대한 압력 때문에 생기는 압박에 대처할 수 있는 해부학적 적응력을 가지고 있다.

(구문)

- **apt to be exposed to** ~에 노출되기 쉬운
- **apt to corrode** 부식되기 쉬운
- **apt to misunderstand** ~를 오해하기 쉬운
- **be apt to think ill of others**
  남을 나쁘게 생각하는 경향이 있다
- **an aptitude test** 적성 검사
- **a natural aptitude** 천부적 소질

- **an aptitude for music** 음악에 대한 소질(적성)
- **adapt to the new system** 새로운 제도에 적응하다
- **be highly adaptable to change**
  변화에 대한 적응력이 높다
- **hedonic adaptation** 쾌락 적응
- **a screen adaptation** 각색한 영화 시나리오

(예문)

The village seemed serene from the outside. 그 마을은 겉보기에는 평온해 보였다.

We offers a haven of peace and serenity away from the bustle of the city.
저희는 도시의 북적거림(부산함)에서 벗어나 평화롭고 고요한 안식처를 제공해 드립니다.

The discovery of penicillin is one of serendipity.
페니실린의 발견은 뜻밖의 행운에 의한 발견 중의 하나이다.

* 플레밍은 상처를 감염시키는 포도상 구균을 배양하다가 실수로 공기에 노출되어 푸른곰팡이에 오염되었는데 곰팡이가 주변의 포도상 구균이 죽은 것을 보고 그것이 항균 효과가 있음을 알게 되었다. 이 물질이 페니실린인데, 그것은 상처 감염, 디프테리아, 수막염 등 많은 질병 치료에 쓰였다.

(구문)

- **All serene!** 이상 없음!
- **meet one's death with serene composure** 태연한 자세로 죽음을 맞이하다
- **a strange serenity** 야릇한 정적(평온함)

- **a serene surroundings** 조용한 분위기

112

deceive, deceit, deception, solidarity, unity, union

*decei, dece는 속이는 것과 관련이 있다.

*deceive 속이다, 현혹시키다
*deceit(deception) 속임수, 사기, 기만
*deceitful(deceptive) 기만적인

deceive

solid

liquid

gas

self-deception

unity

*solid 단단한, 고체의
*solidarity 연대, 결속
*solidity 견고한, 확실한
*solidify 굳히다, 굳어지다

*unite 연합하다, 통합시키다
*unity 통합, 단결
*union 조합, 엽합

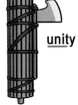
U.K

united kingdom

solidarity

England
Scotland
Wales
Northern Ireland

deceive 속이다, 기만하다, 현혹하다

* 라틴어 **decipere** 속이다, 현혹시키다 → **deceive, deceit, deception**
* **deceive**(속이다) → **deceit** 속임수, 사기, 기만(= **deception**)
* **deceitful** 기만적인(= **deceptive**)

(예문)

You may be deceived if you trust too much. 지나치게 믿으면 기만당할 수도 있다.

Youth is easily deceived because it is quick to hope. - Aristoteles
젊음은 희망을 빨리 갖기 때문에 그만큼 쉽게 현혹된다. - 아리스토텔레스

Trust is the mother of deceit. 믿는 도끼에 발등 찍힌다.

Appreances(Looks) can often be deceptive(deceitful). 외양은 종종 기만적이다.

(구문)

- **deceive credulous clients**
  쉽게 믿는 고객들을 속이다
- **play the hypocrite to deceive**
  ~를 속이려고 위선을 떨다(착한 척하다)

- **be accused of deceit** 속임수를 썼다는 비판을 받다
- **see through his deceit** 그의 속임수를 간파하다
- **self-deceit(deception)** 자기 기만
- **a deceptive advertisement** 기만적인 광고

solidarity 연대, 결속

* **solid**(단단한, 고체의) → **solidarity** 연대, 결속
* **solidity** 견고함, 확실함 * **solidify** 굳히다, 굳어지다
* **unite**(연합하다, 통합시키다) → **unity** 통합, 단결 * **union** 조합, 연합

(예문)

The ground was frozen solid. 땅이 꽁꽁 얼어서 굳어 있었다.

United we stand, divided we fall. 뭉치면 일어서고 갈라지면 쓰러진다.

Divide and rule, unite and lead. 분열시켜 지배하라, 단결시켜 이끌어라.

*사회주의자들은 대중을 분열시켜 서로 싸우게 만들고 자신이 다수의 편, 약자 대중의 편이라고 속여서 지지를 얻어 권력을 획득한 후 대중을 지배한다. 좋은 지도자는 국민을 단합시켜 긍정적 에너지를 모아 나라를 부강하게 한다.

The union leaders appealed for workers' solidarity. 노동조합 지도자들은 노동자들의 연대를 호소했다.

(구문)

- **solid rock** 단단한 바위
- **solid gold** 순금(↔ **gold plating** 도금)
- **the solidity of their support** 그들의 지원의 견고함
- **a sense of solidity** 견고한 느낌

- **solidify the alliance** 동맹을 견고하게 하다
- **lack unity** 통일성이 부족하다
- **a plea for unity within the party** 당내 단합을 호소함

impetus, procede, precedence, unprecedented

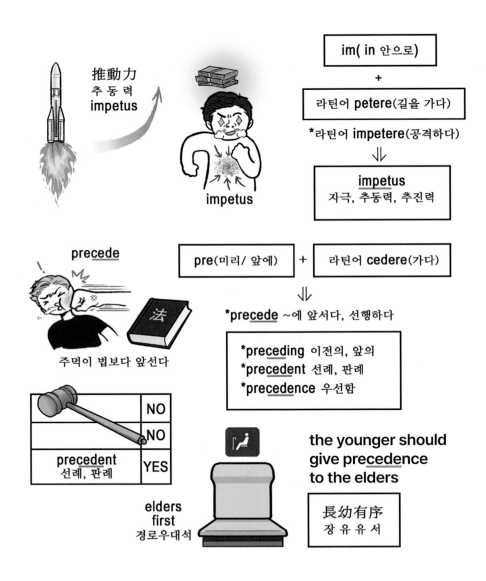

推動力
추 동 력
impetus

impetus

im(in 안으로)

+

라틴어 petere(길을 가다)

*라틴어 impetere(공격하다)

⇓

impetus
자극, 추동력, 추진력

precede

pre(미리/ 앞에) + 라틴어 cedere(가다)

⇓

*precede ~에 앞서다, 선행하다

*preceding 이전의, 앞의
*precedent 선례, 판례
*precedence 우선함

주먹이 법보다 앞선다

	NO
	NO
precedent 선례, 판례	YES

elders
first
경로우대석

the younger should
give precedence
to the elders

長幼有序
장 유 유 서

ROOT/STEM

impetus 자극, 추동력, 추진력

*im(안으로 in) + 라틴어 **petere**(길을 가다) → 라틴어 **impetere**(공격하다, 습격하다)

→ **impetus** 자극, 추동력, 추진력

예문

Death provides us an impetus to our life. 죽음은 우리의 삶에 추동력을 제공한다.

* 죽음이 있기 때문에 우리는 매 순간을 소중히 여기며 인생을 가치 있게 살아가고자 한다. 삶의 유한성에 대한 자각은 인간을 끊임없이 변화하도록 만드는 계기가 되며, 죽음마저 초월하고자 하는 강력한 삶의 추동력이 된다. 죽음은 삶의 의미를 단절시키는 사건이 아니라 삶을 보완해 주고 완전하게 하는 것이다.

구문

• lose its initial impetus 초반의 추동력을 상실하다   • give a fresh impetus to ~에 신선한 자극을 주다

ROOT/STEM

precede ~에 앞서다, 선행하다

*pre(미리, 앞에) + 라틴어 **cedere**(가다) → **precede** ~에 앞서다, 선행하다

*preceding 이전의, 앞의 *precedent 선례, 전례

*precedence 우선함 *unprecedented 전례없는, 전대미문의, 미증유의

예문

Your wishes do not take precedence over other people's needs.
당신의 바람이 다른 사람들의 필요에 우선하는 것은 아니다.

A flash of lightning preceded the thunder. 번갯불이 천둥에 앞서 번쩍였다.

Existence precedes essence. 실존은 본질에 앞선다.

* 인간은 정신적·윤리적 존재로서 무한한 가능성을 지니고 있으며 그 본질이 고정되어 있지 않다. 인간은 끊임없이 자기계발과 노력에 의해 자기의 본질을 구축해 나가야 한다. 그러나 인간은 육체적 존재로서 우선 자신의 몸을 먹이고 입히고 재우는 등 스스로의 생존 문제를 해결해야 한다. 실존을 돌보지 않고 본질만 추구하는 것은 순간을 소홀히 하고 영원을 잡겠다는 것처럼 공허한 일이다.

My family should take precedence. 내 가족이 당연히 우선이다.

Don't let money over your health. 돈을 건강보다 우선시하지 마라.

구문

• the preceding chapter 앞장
• preceding generations 앞선 세대
• the preceding year 지난해
• set a precedent 선례를 만들다
• a similar precedent 비슷한 선례

• take precedence 우선권을 얻다
• give precedence to the elder 연장자에게 양보하다
• unprecedented depreciation of the dollar
  전례없는 달러 가치의 하락

defer, postpone, sophist, sophisticate

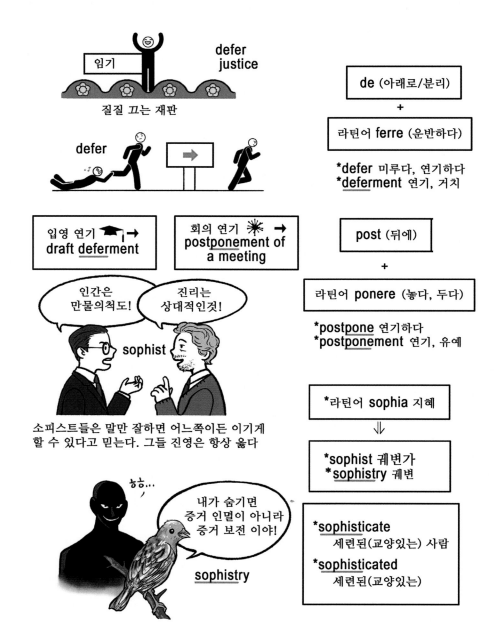

임기

defer justice

질질 끄는 재판

defer

de (아래로/분리)

+

라틴어 ferre (운반하다)

*defer 미루다, 연기하다
*deferment 연기, 거치

입영 연기 🎓→
draft deferment

회의 연기 ☀ →
postponement of a meeting

post (뒤에)

+

라틴어 ponere (놓다, 두다)

*postpone 연기하다
*postponement 연기, 유예

인간은 만물의척도!

진리는 상대적인겄!

sophist

소피스트들은 말만 잘하면 어느쪽이든 이기게 할 수 있다고 믿는다. 그들 진영은 항상 옳다

*라틴어 sophia 지혜

⇓

*sophist 궤변가
*sophistry 궤변

흐흐...

내가 숨기면 증거 인멸이 아니라 증거 보전 이야!

sophistry

*sophisticate
　세련된(교양있는) 사람
*sophisticated
　세련된(교양있는)

ROOT/STEM

defer 미루다, 연기하다(= put off)

* de(아래로, 분리) + 라틴어 ferre(운반하다) → defer 미루다, 연기하다
* deferment 연기, 지연, 거치
* post(뒤에) + 라틴어 ponere(놓다, 두다) → postpone 미루다, 연기하다
* postponement 연기, 지연, 유예
* put off는 귀찮아서, 피하고 싶어서 무언가를 미룬다는 뉘앙스의 일상적 표현, hold off는 자신의 이익을 위해 최대한 지연시킨다는 뉘앙스, postpone은 일정 조정을 위해서 또는 더 나은 계획을 위해 전략적으로 연기한다는 뉘앙스의 격식적 표현이다.
* delay는 악천후, 교통 정체 등 뜻하지 않은 일로 지연될 때 쓰이는 표현
* defer는 put off와 마찬가지로 내 의지로 무언가를 미루는 것인데 put off의 격식적 표현에 해당한다. defer는 어떤 결정, 안건, 대금 지불, 재판 등을 미룰 때 주로 쓰인다.

(예문)

Comedy is nothing more than tragedy deferred. 희극은 유예된 비극에 지나지 않는다.

Tragedy is nothing more than comedy deferred. 비극은 유예된 희극에 지나지 않는다.

* 즐거움이 다하면 괴로움이 오고 괴로움이 다하면 즐거움이 온다. 인생사는 변화무쌍한 것이니 일희일비할 필요가 없다. 만족할 때 주위를 둘러보고 편안할 때 위기를 생각하며 항상 깨어 있는 자세, 준비된 자세로 살아가야 굴곡이 적은 안정된 삶을 살아갈 수 있다.

Don't put off today's work until tomorrow. 오늘 할 일을 내일로 미루지 마라.

When justice is delayed, justice is denied. 정의가 지연될 때 정의는 부인된다.

(= Justice deferred is justice denied. 지연된 정의는 정의가 부인된 것이다.)

Although prepared for martyrdom, I preferred that it be postponed. -Winston Churchill
나는 순교할 준비가 되어 있으나 그게 미뤄졌으면 좋겠다. -윈스턴 처칠

* 순교는 능력 없이 유명해질 수 있는 유일한 방법이다(조지 버나드쇼). 순교하는 것보다는 주어진 생명을 최대한 활용하여 옳은 일을 하는 데 쓰는 것이 더 나을 수도 있다.

(구문)

* defer his military service 군복무를 연기하다
* defer the payment 지불을 늦추다
* defer enlistment 입영을 연기하다
* defer departure 출발을 연기하다
* put off their wedding 결혼을 미루다
* put off one's work 일을 미루다
* postpone the meeting 회의를 연기하다
* postpone a visit 방문을 연기하다

ROOT/STEM

sophist 궤변가

* 라틴어 sophia(지혜) → sophist 궤변가 * sophistry 궤변
* sophisticate 세련된 사람, 교양 있는 사람 * sophisticated 세련된, 교양 있는

(예문)

It's purely a sophistry to justify his misdeed. 그의 악행을 정당화하는 것은 순전한 궤변이다.

(구문)

* sophisticate one's style 스타일을 세련되게 하다
* a sophisticated woman 세련된 여성

tort, torture, tortuous, skeptical

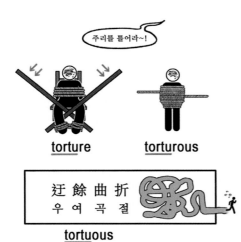

*라틴어 **tortura**
비틀기, 고문

*tort 불법행위

***touture**
고문, 고문하다
***torturous**
고문의, 고통스러운

***tortuous**
우여곡절이 많은

torture

torturous

迂 餘 曲 折
우 여 곡 절

tortuous

*skeptic 회의론자
*skeptical 의심많은, 회의적인
*skepticism 회의론

skeptical

skepticism

* 라틴어 **torture**(비틀기, 고문) → **tort, torture, torturous, tortuous**
* **tort** 불법 행위 * **torture** 고문, 고문하다
* **torturous** 고문의, 고통스러운 * **tortuous** 우여곡절이 많은

예문

His confessions were made under torture. 그의 자백은 고문에 의한 것이었다.

The slow business is torturous for me. 장사가 안돼 죽을 맛이다.

She has been through a tortuous life 그 여자는 굴곡이 많은 삶을 살아왔다.

구문

• **the tort of negligence** 위법적 태만 행위
• **commit a tort** 불법 행위를 하다
• **the matter of tort** 불법 행위에 관한 사항
• **suffer torture** 고문을 당하다
• **touchless torture** 물리력을 행사하지 않는 고문
• **confessions extracted by torture** 고문으로 얻어 낸 자백
• **the torturous routine** 고통스러운 훈련 과정
• **the tortuous process** 우여곡절이 많은 과정
• **tortuous language** 길고 복잡한 말

ROOT/STEM

skeptical 의심 많은, 회의적인
* **skeptic** 회의론자 → **skeptical** 의심 많은, 회의적인 * **skepticism** 회의론

예문

He is a skeptic about the future of Tuvalu.
그는 투발루의 미래에 대해 회의적인 시각을 가지고 있는 사람이다.

I am skeptical about the effectiveness of the plan.
나는 그 계획의 실효성에 대해 회의적이다.

구문

• **a die-hard skeptic** 완고한 회의론자
• **a skeptical look** 회의적 시각
• **appear skeptical about** ~에 회의적인 것 같다
• **meet with skepticism** 회의론에 직면하다
• **express skepticism** 회의적 입장을 표명하다
• **continued skepticism** 지속적인(계속된) 회의론

novate, innovate, excel, excellent, celebrate, celebrity

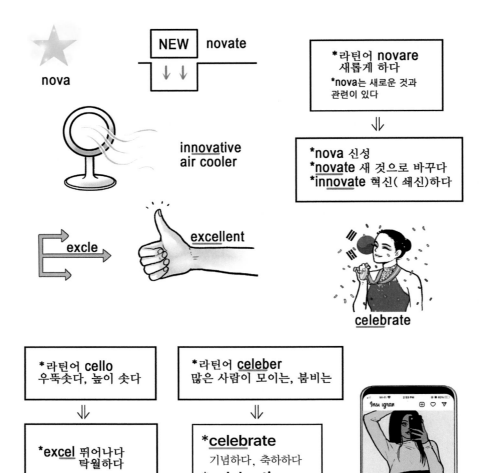

nova

NEW novate
↓ ↓

*라틴어 novare
새롭게 하다
*nova는 새로운 것과
관련이 있다

⇓

*nova 신성
*novate 새 것으로 바꾸다
*innovate 혁신(쇄신)하다

innovative
air cooler

excle → excellent

celebrate

*라틴어 cello
우뚝솟다, 높이 솟다

⇓

*excel 뛰어나다
탁월하다
*excellent 훌륭한
탁월한
*excellence 뛰어남
탁월함
*Excellency 각하

*라틴어 celeber
많은 사람이 모이는, 붐비는

⇓

*celebrate
기념하다, 축하하다
*celebration
기념행사, 기념
*celebrated
유명한
*celebrity
유명 인사, 연예인

Insu gram
좋아요 12,345
luv u guys

celebrity

ROOT/STEM

* 라틴어 **novare** → **nova** 신성(新星) * **supernova** 초신성
* **nova**(신성) + **ate**(동사형 접미사) → **novate** 새로운 것으로 바꾸다
* **in**(안으로) + **novate**(새로운 것으로 바꾸다) → **innovate** 혁신(쇄신)하다
* **innovative** 획기적인 * **innovation** 혁신, 쇄신, 획기적인 것

예문

If we don't innovate, we will loose our edge. 우리가 혁신하지 않는다면 무디어지게(경쟁력을 잃게) 될 것이다.

Innovation distinguishes between a leader and a follower. - Steve Jobs
혁신은 리더와 추종자를 구분하는 기준이 된다. - 스티브 잡스

구문

• **a supernova explosion** 초신성 폭발
• **technological innovation** 기술 혁신
• **an innovative design** 획기적 디자인
• **innovative technology** 혁신적인 기술

ROOT/STEM

excel 뛰어나다, 탁월하다
* **ex**(밖으로) + 라틴어 **cello**(우뚝 솟다, 높이 솟다) → **excel** 뛰어나다, 탁월하다
* **excellent** 훌륭한, 탁월한
* **excellence** 뛰어남, 탁월함 * **excellency** 각하
* 라틴어 **celleber**(많은 사람이 모이는) → **celebrate** 기념하다, 축하하다
* **celebration** 기념행사, 기념 * **celebrated** 유명한
* **celebrity** 유명 인사, 명사, 명성 * **a political celebrity** 정계의 명사

예문

Men of genius do not excel in any profession because they labor in it, but they labor in it because they excel. - William Hazlitt
천재는 노력하기 때문에 어떤 분야에서 뛰어난 것이 아니라 뛰어나기 때문에 그 분야에서 노력한다. -윌리엄 해즐릿 ((1778-1830), 영국 수필가, 비평가)
* 최고의 재능은 노력하는 재능이다.

Strive for excellence, not perfection. 완벽함이 아니라 탁월함을 위해서 애써라.

It takes a long time to bring excellence to maturity. 탁월함을 완성하는 데는 오랜 시간이 걸린다.

The word 'professional' has connotations of skill and excellence.
프로페셔널이라는 단어는 기교와 탁월함이라는 의미를 함축하고 있다.

It's fine to celebrate success but it is more important to heed the lessons of failure. - Bill Gates
성공을 자축하는 것은 좋은 일이지만 실패를 통해 얻은 교훈에 주의를 기울이는 것이 더 중요하다. - 빌 게이츠

구문

• **excel at running** 달리기에서 뛰어나다
• **excel in the workplace** 직장에서 뛰어나다
• **excel in academic fields** 학업 분야에서 뛰어나다
• **excel in school** 학교에서 뛰어나다
• **excel in sales** 판매에서 뛰어나다
• **an excellent record** 뛰어난 기록
• **a celebrated writer** 저명한 작가
• **the best dressed celebrity** 옷을 제일 잘 입는 유명인

defile, foul, agony, anguish

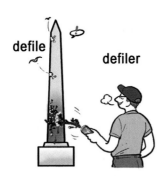

defile   defiler

*de (아래로) + foul(더러운)

⇩

- ***defile**
  더럽히다, 훼손하다
- ***defiler** 더럽히는 사람
- ***defilement**
  더럽힘, 모독, 오염

*라틴어 **agonia** 극심한 고통

⇩

- ***agony** 고통, 고뇌
- ***agonize** 고민(고뇌)하다

agonize

agony

ROOT/STEM

defile 더럽히다, 훼손하다 * **defilement** 더럽힘, 모독, 오염

* **foul** ① 더러운, 악취 나는 ② 파울(을 범하다)

* **Old French 「defouler**(발로 짓밟다)**」→ defile, defilement**

예문

It is a foolish bird that defiles its own nest. 어리석은 새가 자기 둥지를 더럽힌다.

He who touches pitch shall be defiled therewith. 기름 찌꺼기를 만지면 그것과 함께 더러워진다.

He has a foul temper. 그는 성질이 더럽다.

구문

- **defile his reputation** 그의 명예를 더럽히다
- **defile the church** 교회를 모독하다
- **defile the monument** 기념비를 훼손하다
- **defile a holy place** 성소를 더럽히다
- **remove the defilement** 오염을 제거하다
- **a state of defilement** 오염 상태

- **a foul-mouthed** 입이 더러운
- **a foul odor** 더러운 냄새
- **foul up the system** 시스템을 망치다
- **hit a foul** 파울 볼을 치다
- **whistle for a foul** 파울 휘슬을 불다
- **foul play** 파울 플레이

ROOT/STEM

agony 극심한 고통(괴로움) * **anguish** (격식적 표현) 극심한 고통, 비통

* 라틴어 **agonia**(극심한 고통) → **agony** 고통, 고뇌 * **agonize** 고민(고뇌)하다

예문

Only in the agony of parting do we look into the depth of love.
이별의 고통 속에서 사랑의 깊이를 들여다보게 된다.

He who will not economize will have to agonize. 절약하지 않는 자는 고통받게 될 것이다.

He groaned in anguish. 그는 몹시 괴로워하며 신음 소리를 냈다.

Every composer knows the anguish by forgetting ideas which one had no time to write down. 모든 작곡가들은 시간이 없어 기록하지 못한 아이디어를 잊어버리는 데서 생기는 고뇌를 알고 있다.

구문

- **agony aunt** 고민 상담가(여자)
- **agony uncle** 고민 상담가(남자)
- **the agony of unrequited love** 짝사랑의 고통(괴로움)
- **the agony of cancer** 암의 고통(통증)
- **the agony of the poor** 빈민들의 고통
- **agonized cries** 고통스러운 비명
- **agonize over(about)** ~에 대해 고심하다

- **hide agonized look** 고통스러운 표정을 감추다
- **agonize for days** 여러 날 고민하다
- **tears of anguish** 비통의 눈물
- **mental anguish** 정신적 고통
- **cry out in anguish** 괴로워 소리를 지르다
- **be filled with anguish** 고뇌에 가득 차 있다

118

convex, concave, stage, static

vex

convex

convex

*vex 성가시게 하다
*convex 가운데가
볼록한

*cave 동굴
*concave 가운데가
오목한

cave

concave

*sta는 서 있는 것, 고정된 것과
관련이 있다

⇓

*stand 서다
*state 상태
*stage 무대, 단계, 개최하다,
상영하다
*static 고정된, 정지 상태의

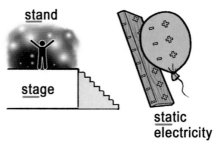

stand

stage

static
electricity

static hair

convex 가운데가 볼록한

concave 가운데가 오목한

* vex 성가시게 하다, 짜증 나게 하다
* con(함께) + vex(성가시게 하다) → convex (성가시도록) 가운데가 볼록한
* con(함께, 집중) + cave(동굴) → concave 가운데가 오목한

(예문)

Convex mirrors are mostly used for reflecting the blind spots.
볼록거울은 사각지대를 비추는 데 주로 쓰인다.

A concave lens will refract light inwards and create a smaller image.
오목 렌즈는 빛을 안으로 굴절시켜 더 작은 이미지로 만든다.

Concave lenses are used to correct nearsightedness 오목 렌즈는 근시 교정에 쓰인다.

(구문)

• vex my mind 내 마음을 괴롭히다
• vex her 그 여자를 성가시게 하다
• a convex roof 볼록한 지붕

• a convex lens 볼록 렌즈
• a concave lens 오목 렌즈
• a concave structure 가운데가 오목한 구조

sta가 들어 있는 단어

* sta는 서 있는 것, 고정된 것과 관련이 있다 → stand, state, stage, static
* stage ① 무대 ② 단계 ③ 개최하다, 상영하다 * staged 연출된, 일부러 꾸민
* static 고정된, 정지 상태의 * state ① 상태 ② 국가, 나라

(예문)

He has a stage fright. 그는 무대 공포증이 있다.

The demonstrators staged a rally by taking over the highway.
시위대가 고속도로를 점거해 농성을 벌였다.

The BOK is attempting to keep interest rates static this year.
한국은행은 올해 금리를 동결시키려고 하고 있다.

There is too much static on the line. 전화기에 잡음이 너무 많아.

Your phone has lots of static. 네 전화기는 잡음이 많아.

(구문)

• stage whisper 남들이 다 듣게 속삭이는 것
• come on stage 무대로 나오다
• A is in its early stage A는 아직 초기 단계다
• stage a protest 항의 시위를 벌이다

• stage a recovery 회복세를 보이다
• static hair 정전기가 난 머리카락
• a static caravan 정박식 카라반
• static electricity 정전기

conduce, conduct, convection, radiate

conduce

conduct

*라틴어 **ducere**
이끌다, 인도하다
*duct 관, 도관

*conduce 이끌어내다
*conduct 행하다, 지휘하다
*conduction (전기, 열의)전도

convection

*라틴어 **vectio** 운반, 전염

convection 대류

radiate   **convection**

*radi는 광선,빛과
관련이 있다

*radio 라디오, 무선의
*radius 반지름, 반경
*radiate 내뿜다, 방출하다
*radiation 방사선,
(열, 에너지의)복사

conduce ① 좋은 결과로 이끌다 ② 공헌하다, 이바지 하다

* 라틴어 **ducere**(이끌다, 인도하다) → **duct** 관, 도관
* **con**(함께) + **duce**(이끌다, 인도하다) → **conduce** 이끌다, 공헌하다, 이바지하다
* **conduct** ① 행하다, 지휘하다 ② 행동, 수행, 처리 * **conduction** (전기, 열의) 전도
* **conductive**(열, 전기 등을) 전도하는, 전도성의 * **conductor** ① 안내문 ② (열, 전기)도체

(예문)

The exercises conduces to health. 운동은 건강에 좋다.

The state reception was conducted with all due ceremonial.
국민예우는 모든 적정한 의식 절차에 따라 행해졌다.

Rubber is a poor conductor. 고무는 전도가 잘 안 된다.

(구문)

* **an air duct** 공기 통풍구, 환풍구
* **a heating duct** 난방 배관
* **a ventilation duct** 통풍관
* **a duct tape** 접착테이프
* **conduce to peace** 평화에 이바지하다
* **conduce to development** 발전에 도움이 되다
* **unprofessional conduct** 전문가답지 못한 행동
* **conduct an interview** 인터뷰를 진행하다

* **a code of conduct** 행동 수칙(강령)
* **conduct an orchestra** 오케스트라를 지휘하다
* **a bad conduct** 비행(非行)
* **conduct of war** 전쟁 수행
* **conduct heat** 열을 전달하다
* **conduct electricity** 전기를 전도하다
* **heat conduction** 열전도
* **a conductive metal** 전도성이 있는 금속

convection (기체나 액체에 의한 열의) 대류(對流)

* **con**(함께) + 라틴어 **vectio**(운반, 전염) → **convection** 대류
* **radiate** 내뿜다, 방출하다
* 라틴어 **radiare**(빛을 발하다), 라틴어 **radius**(빛) → **ray** 광선, 빛
* **radio** 라디오, 광선의 * **radius** 반지름, 반경
* **radiate** 내뿜다, 방출하다 * **radiation** 방사선, (열, 에너지의) 복사

(예문)

Thermal radiaton is generated by convection of air. 열복사는 공기의 대류에 의해 발생한다.

Light and heat radiate from the sun. 빛과 열은 태양으로부터 방출된다.

Roads radiate from the city in every direction. 도로가 시에서 사방팔방으로 뻗어 있다.

You are radiating today. 너 오늘 광난다.

The sun's radiation penetrates the skin. 태양의 방사선은 피부를 뚫고 들어간다.

(구문)

* **natural convection** 자연 대류
* **forced convection** 강제 대류
* **radiate heat(light)** 열(빛)을 발산하다
* **radiation poisoning** 방사능 중독

* **radiation fallout** 방사능 낙진
* **ultraviolet radiation** 자외선
* **the radius of this wheel** 이 바퀴의 반경
* **radius of action** 행동반경

apparent, appear, transparent, repel, repellent

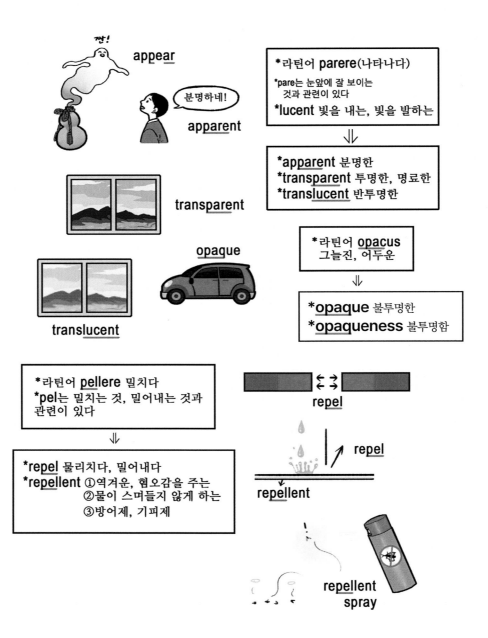

appear

분명하네!

apparent

transparent

opaque

translucent

*라틴어 **parere**(나타나다)
*pare는 눈앞에 잘 보이는
 것과 관련이 있다
*lucent 빛을 내는, 빛을 발하는

⇓

*apparent 분명한
*transparent 투명한, 명료한
*translucent 반투명한

*라틴어 **opacus**
 그늘진, 어두운

⇓

*opaque 불투명한
*opaqueness 불투명함

*라틴어 **pellere** 밀치다
*pel는 밀치는 것, 밀어내는 것과
 관련이 있다

⇓

*repel 물리치다, 밀어내다
*repellent ①역겨운, 혐오감을 주는
 ②물이 스며들지 않게 하는
 ③방어제, 기피제

repel

repel

repellent

repellent
spray

apparent 분명한, 누가 봐도 알 수 있는
* **ap**(방향 ad) + 라틴어 **parere**(눈앞에 나타나다) + **ent**(접미사) → **apparent** 분명한
* **apparently** 듣자 하니, 보아하니
* **appear** ① ~인 것 같다 ② 나타나다, 생기다 * **appearance** ① 모습, 외모 ② 나타남, 출현
* **trans**(이동, 횡단) + 라틴어 **lucere**(빛을 내는, 빛이 통과하는) → **translucent** 반투명의
* **trans**(이동, 횡단) + **apparent**(분명한) → **transparent** 투명한, 속이 들여다보이는
* 라틴어 **opaqus**(불투명한) → **opaque** 불투명한 * **opaqueness** 불투명함, 흐릿함, 광택 없음

예문

My response to her behavior was an apparent blunder.
그녀의 행동에 대해 내가 보인 반응은 명백한 실수였다.

The way to gain a good reputation is to endeavor to be what you desire to appear. - Socrates
훌륭한 평판을 받는 방법은 자신이 드러내고자 하는 모습이 되도록 노력하는 것이다. - 소크라테스

Those who wish to appear wise among fools, among the wise seem foolish.
바보들 사이에 현명해 보이려는 사람들은 현명한 사람들 사이에서는 어리석어 보인다.

Appearances are often deceptive. 외양은 종종 기만적이다.

The future is an opaque mirror. 미래는 탁한 거울이다.

구문

• an apparent contradiction 명백한 모순
• for no apparent reason 뚜렷한 이유 없이
• appear in court 법정에 출두하다
• appear on the earth 지구상에 출현하다
• a translucent glass 반투명 유리

• transparent compliments 속이 빤히 보이는 칭찬
• a man of transparent honesty
  투명한 정직성을 지닌 남자
• an opaque glass 불투명 유리

repel 물리치다, 밀어내다
* **re**(뒤로) + 라틴어 **pellere**(밀치다) → **repel** 물리치다, 밀어내다
* **repellent** ① 역겨운, 혐오감을 주는 ② 물이 스며들지 않게 하는 ③ 방충제, 방수제

예문

The same poles of magnets repel each other. 자석의 같은 극끼리는 서로 밀어낸다.

구문

• repel a suggestion 제안을 거절하다
• repel the assailants 습격자들을 격퇴하다
• repel the invaders 침략자들을 물리치다
• repel water 방수하다
• repel insects 벌레를 퇴치하다

• repel mosquitoes 모기를 퇴치하다
• water repellent 방수제
• insect repellent 방충제
• be repellent to ~에게 혐오감을 주다

121

enormous, normal, anomaly, complicate

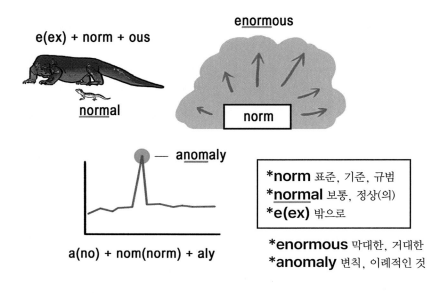

e(ex) + norm + ous

normal

enormous

norm

— anomaly

a(no) + nom(norm) + aly

***norm** 표준, 기준, 규범
***normal** 보통, 정상(의)
***e(ex)** 밖으로

***enormous** 막대한, 거대한
***anomaly** 변칙, 이례적인 것

***com** 함께
*라틴어 **plicare**(접다)

***complicate** 복잡하게 만들다
***complication**
복잡하게 만드는 문제, 합병증

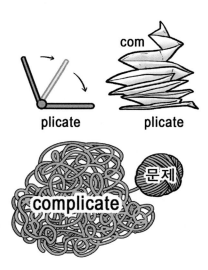

com

plicate

plicate

complicate

문제

enormous 막대한, 거대한

* **e**(ex 밖으로) + **norm**(표준, 기준, 규범) + **ous**(형용사형 접미사)

→ **enormous** 막대한, 거대한 * **enormity** ① 엄청남, 막대함, 심각함 ② 극악무도한 범죄 행위

* **norm** 표준, 기준, 규범 → **normal** ① 보통의, 정상적인 ② 보통, 평균, 정상

* **a**(no) + **nomal**(보통의, 정상적인) → **anomaly** 변칙, 기형, 이례적인 것

(예문)

He felt enormous pressure on the stage. 그는 무대 위에서 엄청난 압박감을 느꼈다.

It is an enormous difference. 그건 엄청난 차이다.

We need to recognize the enormity of the crime. 우리는 그 범죄의 심각성을 인식할 필요가 있다.

It's time to get back to that daily routine of living we like to call normal.
이제 우리가 정상적이라고 부르는 일상의 삶으로 돌아갈 시간이다.

(구문)

- **the norm of reciprocity** 호혜성 규범
- **become the norm** 대세(일반적인 일)가 되다
- **diverge from the norm** 규범을 벗어나다
- **get away from the norm** 일상에서 벗어나다
- **have normal vision** 정상 시력이다
- **return to normal** 정상으로 돌아오다
- **normal working hours** 통상적인 업무 시간

- **enormous power** 막대한 권력
- **enormous demands on** ~에 대한 엄청난 요구
- **an enormous capacity** 엄청난 능력
- **the enormity of the problem** 그 문제의 심각함
- **the enormity of the task** 그 과제의 막중함
- **anomaly climate** 이상 기후
- **explore the anomaly** 이례적인 것을 탐구하다

complicate 복잡하게 만들다 → **complicated** 복잡한, 뒤얽힌

* **com**(함께) + 라틴어 **plicare**(접다, 포개다, 말다) → **complicate** 복잡하게 만들다

* **complication** 복잡하게 만드는 문제, 합병증

(예문)

His lies complicated matters. 그의 거짓말이 문제를 복잡하게 만들었다.

Things are getting more complicated. 문제가 더 복잡해지고 있다.

Don't complicate the problem any further. 그 문제를 더 이상 복잡하게 만들지 마.

A further complication arose. 더 복잡한 문제가 생겼다.

I went through a lot of complications. 나는 우여곡절이 되게 많았어.

(구문)

- **complicate a stuation** 상황을 복잡하게 만들다
- **complicate one's cold** 감기를 악화시키다
- **complicated machine** 복잡한 기계
- **complicated relationship** 복잡한 관계

- **complicated puzzle** 풀기 어려운 퍼즐
- **complicated question** 어려운 질문
- **complicate matters further** 사태를 더 복잡하게 만들다

racy, race, discipline, disciple

racy

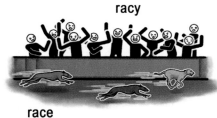

race

*race 경주, 시합, 인종

*racy 흥분되는, 짜릿한
*racial 인종의, 인종간의

race

*라틴어 disci
원반, 접시

*disciple 제자
*discipline 교육, 훈육
*disciplinary 징계의

disci

discipline

disciplinary

racy 흥분되는, 짜릿한, 야한
* **race** ① 경주, 시합, 경쟁(하다) ② 인종 → **racy** 흥분되는, 짜릿한, 야한

(예문)

It's a little racy. 그건 좀 야해.

She is wearing raciest outfit. 그 여자는 노출이 심한 옷을 입고 있다.

Love is a snowmobile racing across the tundra. 사랑은 툰드라지대를 가로질러 달리는 스노모빌이다.

* 스노모빌이 갑자기 뒤집어지면 그 밑에 꼼짝없이 깔리게 되고, 밤에 야생동물의 공격을 받을 수도 있다. 사랑도 마찬가지다.

(구문)

• **a racy ad** 선정적 광고
• **a racy humour** 아슬아슬한(야한) 유머
• **racy outfit** 야한(맵시 있는) 옷
• **racy style** 발랄한 스타일
• **racy metaphor** 생기 넘치는 은유

• **a racy novel** 짜릿한 소설
• **runoff race** 결선 투표 경쟁
• **the human race** 인류
• **racial strife** 인종 간의 다툼
• **racial tension** 인종 간의 갈등

discipline ① 규율, 훈육 ② 수련(훈련)법 ③ 훈육하다 ④ 징계하다
* 라틴어 **disci**는 discus(원반, 접시)의 복수형
  → **disc** 원반(원반던지기는 훈련, 훈육, 제자가 필요하다)
* 라틴어 **discipulus**(학생, 제자) → 영어 **disciple** 제자
* 라틴어 **disciplina**(가르침, 교육, 훈련) → 영어 **discipline** 훈육(하다)
* **disciplined** 잘 교육(훈련)받은, 기강이 있는 * **disciplinary** 징계의
* **undisciplined** 기강(규율)이 안 잡힌, 버릇없는

(예문)

Taekwondo is a good discipline. 태권도는 좋은 수련법이다.

He was disciplined for using racist language. 그는 인종 차별적 발언으로 징계를 받았다.

Disciplinary action was taken against him. 그에게 징계 처분이 내려졌다.

He faced a disciplinary hearing on Monday. 그는 월요일에 징계청문회에 참석해야 할 상황에 직면했다.

(구문)

• **strict discipline** 엄격한 규율
• **military discipline** 군대 훈련, 군대 규율(기강)
• **discipline A in adversity** A를 역경에서 단련시키다
• **parental discipline** 부모의 훈육
• **dance with discipline** 딱딱 잘 맞추어(절도 있게) 춤추다
• **disciplined troops** 잘 훈련된(기강이 있는) 부대
• **undisciplined behavior** 버릇없는(규율이 안 잡힌) 행동

• **undisciplined children** 버릇없는 아이들
• **an undisciplined mob** 오합지중
• **take disciplinary action(punishment)**
  징계 조치를 취하다
• **start a disciplinary committee** 징계위원회를 열다
• **a disciplinary tribunal** 징계 심사위원회

reign, rein, reinforce, thrift, thrive

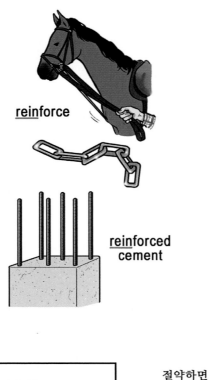

reinforce

reinforced
cement

*rein 고삐, 통솔권
*force 힘, 강제

*reign 통치기간, 통치하다
*reinforce
　강화하다, 증원(보강)하다
*reinforcement
　강화, 증강병력

*thrift 절약, 검약

*thrive 번성(번창)하다
*thriftless 절약하지 않는
*thrive on ~을 잘 해내다, 즐기다

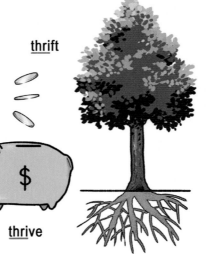

thrift

절약하면
번성한다

thrive

reign ① 통치 기간, 치세 ② 다스리다, 통치하다

* 라틴어 **rex**(왕), 라틴어 **regnum**(왕권, 최고 권한) → **reign** 통치 기간, 통치하다

* **rein** 고삐, 통솔권

* **rein**(고삐) + **force**(힘) → **reinforce** 강화하다, 증강(증원, 보강)하다

* **reinforcement** 강화, 증강 병력

(예문) ──────────────────────

Better to reign in hell than serve in heaven. 천국에서 봉사하느니 지옥에서 군림하는 게 낫다.

The Government needs to rein back public spending.
정부는 공공 비용 지출에 고삐를 죌 필요가 있다.

We agreed to reinforce our mutual cooperation 우리는 상호 협력 관계를 강화해 나가기로 합의했다.

(구문) ──────────────────────

• the reign of king Sejong 세종대왕 재위 기간
• reigning champion 현 챔피언
• reign over reople 국민을 통치하다(국민 위에 군림하다)
• reigning beauty of the day 당대 제일의 미모
• reinforce a supply 공급을 늘리다
• reinforce a garrison 수비대를 증강하다

• reinforce a wall 벽을 보강하다
• reinforce the joint 이음새를 보강하다
• reinforce racial stereotypes
  인종에 대한 고정 관념을 강화하다
• reinforce troops 병력을 증강하다
• military reinforcement 군사력 증강

thrift 절약, 검약 * **thrifty** 절약(검약)하는 * **thriftless** 돈을 헤프게 쓰는, 낭비하는

* **thrift** 절약, 검약 → **thrive** 번성하다, 번창하다, 잘 자라다

* **thrive on** (남들이 별로 좋아하지 않는 일 등을) 잘 해내다, 즐기다

(예문) ──────────────────────

Thrift is a great revenue. 절약은 큰 수입이다.

He made a lot of money by living a thrifty life. 그는 검소한 생활로 돈을 많이 벌었다.

Good men thrive and the evil ones perish. 선인은 흥하고 악인은 망한다.

Jellyfish thrive in a bad environment. 해파리는 나쁜 환경에서도 번성한다.

They thrive on potatoes. 그들은 감자를 먹고도 잘 살고 있다.

(구문) ──────────────────────

• put a great value on thrift 검약을 중요하게 여기다
• thrift shop 중고 할인 판매점
• thrift and saving 근검절약
• a thrifty habit 절약하는 습관
• a thrifty wife 절약하는 아내

• thrifty shoppers 검소한 구매자들
• a thriftless person 돈을 헤프게 쓰는 사람
• thrive all year round 1년 내내 번성하다
• the business thrive 그 사업이 번창하다
• thrive on hard work 힘든 일을 잘 해내다

124

condemn, damn. extinguish

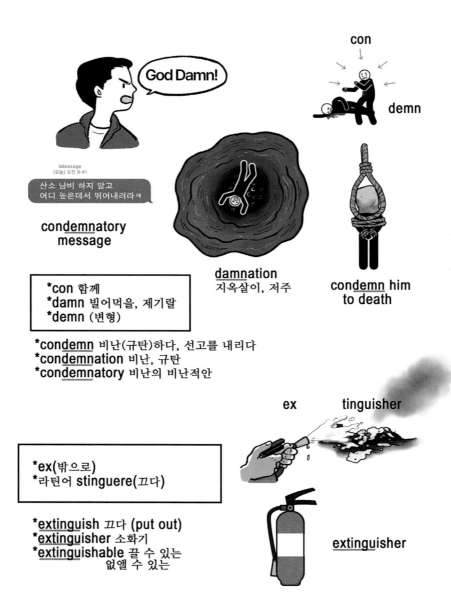

God Damn!

con

demn

iMessage
(오늘) 오전 9:41

산소 낭비 하지 말고
어디 높은데서 뛰어내려라ㅋ

**condemnatory
message**

damnation
지옥살이, 저주

**condemn him
to death**

*con 함께
*damn 빌어먹을, 제기랄
*demn (변형)

*condemn 비난(규탄)하다, 선고를 내리다
*condemnation 비난, 규탄
*condemnatory 비난의 비난적안

ex   tinguisher

*ex(밖으로)
*라틴어 stinguere(끄다)

*extinguish 끄다 (put out)
*extinguisher 소화기
*extinguishable 끌 수 있는
　　　　　　　없앨 수 있는

extinguisher

ROOT/STEM

condemn ① 비난(규탄)하다 ② 선고를 내리다

* 라틴어 **damnare**(비난하다, 유죄 판결을 내리다) → **damn** 빌어먹을, 제기랄, 젠장
* **damnation** 지옥살이, 천벌, 저주
* **con**(함께) + **damn**(빌어먹을) → **condemn** 비난(규탄)하다
* **condemnation** 비난, 규탄 * **condemnatory** 비난의, 비난조의, 유죄 선고의

(예문)

The government issued a statement condemning Japan's improper remark.
정부는 일본의 망언을 규탄하는 성명을 발표했다.

Those who cannot remember the past are condemned to repeat it.
과거를 기억하지 못하는 사람들은 과거를 반복해야 하는 처지에 놓이게 된다.

There was widespread condemnation of the Russian invasion of Ukraine.
러시아의 우크라이나 침략에 대해서는 도처에서 비난이 일었다.

Where is that damn guy? 그 빌어먹을 놈은 대체 어디 있는 거야?

(구문)

* god damn you! 이 빌어먹을 놈아
* No god damn way! 말도 안 되는 소리!
* a damn nuisance 빌어먹을 성가신 존재
* suffer damnation 천벌을 받다
* eternal damnation 영원한 지옥살이
* condemn one's fault ~의 잘못을 비난하다
* condemn him to death 그에게 사형을 선고하다
* condemn him to the gallows 그를 교수형에 처하다
* a condemned building 부적격 판정을 받은 건물
* be condemned to poverty 가난하게 살 운명이다
* condemn violence 폭력을 비난하다
* a condemnatory message 비난의 메시지

ROOT/STEM

extinguish ① 끄다(**put out**) ② 끝내다, 없애다

* **ex**(밖으로) + 라틴어 **stinguere**(끄다, 없애다) → **extinguish** 끄다, 없애다
* **extinguisher** 소화기, 불 끄는 사람 * **extinguishable** 끌 수 있는, 절멸시킬 수 있는

(예문)

Don't extinguish the fire with gasoline. 기름으로 불을 끄지 마라.

Aspirations for unification is never extinguished. 통일에 대한 열망은 꺼지지 않는다.

Blaze with the fire that is never extinguished! 꺼지지 않는 불길로 타올라라!

(구문)

* extinguish the flames 불길을 잡다
* extinguish a race 인종을 말살시키다
* extinguish a debt 빚을 갚다
* extinguish a mortgage 저당권을 소멸시키다
* hold a fire extinguisher 소화기를 들고 있다

initial, initiate, initiative, assert

Initial

入門 / 開始

initiation

seize the initiative

> *라틴어 **inire**
> 들어가다, 시작하다
> *ini는 처음, 시작하는
> 것과 관련이 있다

*initial 처음의, 첫글자
*initiative 주도권, 진취성
*initiation 가입, 입회, 시작

assert   assertive

> *as(ad ~쪽으로)
> *라틴어 **serere** (잠그다)
> *ser은 잠그는 것과 관련이
> 있다

*assert 주장하다, 확고히 하다
*assertion 주장, 권리행사
*assertive 확신에 찬, 적극적인

passive

assertive

initial ① 처음의 , 초기의 ② 이름 첫 글자, 머리 글자
* 라틴어 **inire**(들어가다, 시작하다) + **tial**(접미사) → **initial** 처음의, 첫 글자
* 라틴어 **initio**(시작하다, 착수하다) → **initiate** 개시되게(착수하게) 하다
* **initiator** 개시인, 발기인 ***initiation** ① 가입, 입회, 입문 ② 시작, 개시
* **initiative** ① 주도권, 주도 ② 진취성, 결단력, 자주성 ③ 발의안, 계획

(예문)

A final smile is better than an initial laugh. 처음의 큰 웃음보다 마지막 미소가 좋다.

You take the initiative in the negotiation. 협상의 주도권은 네가 쥐고 있어.

He initiated legal proceedings against the company. 그는 그 회사를 상대로 법적 절차를 개시했다.

(구문)

• initial investment 초기 투자
• middle initial 중간 이름 첫 글자
• initial letter 첫 글자
• the initiation into skiing 스키 입문
• the initiation of legal proceedings
  법적(소송) 절차의 개시

• on his own initiative 그 자신의 결단에 따라
• seize the initiative 주도권을 장악하다
• use one's initiative 진취성을 발휘하다
• a new initiative 새로운 발의안
• take the initiative
  솔선수범(기선 제압)하다, 선수를 치다

--- ROOT / STEM ---

assert ① (강하게) 주장하다 ② (권리, 권위 등을) 확고히 하다
as(방향 ad) + 라틴어 **serere**(잠그다, 자물쇠를 채우다) → **assert** 강하게 주장하다
* **assertion** ① (사실임을) 주장 ② (권리 등의) 행사 * **assertive** 확신에 찬, 적극적인

(예문)

Justice will assert itself. 정의는 반드시 밝혀지는 법이다(사필귀정 事必歸正).

He asserted his innocence. 그는 자신의 결백을 주장했다.

You must bring forth evidence to support your assertion. 너는 주장을 뒷받침할 증거를 제시해야 한다.

You need to work on being more assertive. 너는 좀 더 적극적인(단호한) 자세로 일해야 해.

(구문)

• assert it to be true 그것이 사실이라고 주장하다
• assert an absurdity 황당한 주장을 하다
• assert one's stand against ~에 대한 반대 입장을 천명하다
• a questionable assertion 의심스러운 주장
• the assertion of his authority 그의 권위를 확고하게 함

• an assertive explorer 적극적인 탐험가
• a self-assertive type
  자기주장을 많이 하는 스타일
• an assertive nature
  자기주장이 강한(당당하고 적극적인) 성격

illusion, disillusion, excavate, cave in

illusory

illusion

disillusion

disillusionment

*dis 반대, 부정
*illusion 환상, 착각

*illusory 환상에 불과한
*disillusion 환멸

*ex 밖으로
*라틴어 cavare
  속을 파내다

*excavate
  발굴하다, 굴착하다
*excavation 발굴, 굴착
*cave 동굴
*cave-in 붕괴, 함몰
*cave in 함몰되다,
      굴복하다
*concave 오목한

cave

cave in

發 掘
excavation

excavate

excavate

illusion 환상, 착각

disillusion 환상을 깨뜨리다, 환멸을 느끼게 하다

* **dis**(반대, 부정) + **illusion**(환상, 착각) → **disillusion** * **disillusionment** 환멸
* **il**(나쁜) + 라틴어 **ludere**(놀다) → 라틴어 **illudere** 가지고 놀다, 장난하다
* 라틴어 **illudere**(가지고 놀다, 장난하다) → 영어 **illusion** 환상, 착각, 환각
* **illusory** 환상에 불과한, 환상에 지나지 않는

(예문)

Love at first sight is an illusion. 첫눈에 반한다는 것은 환상이다.

The idea of free will is an illusion. 자유 의지라는 발상은 환상이다.

I am sorry to disillusion you, but Santa Claus is nonexistent.
환상을 깨뜨려서 미안하지만 산타클로스는 존재하지 않아.

Illusory superiority is from a sense of inferiority. 환상에 지나지 않는 우월감은 열등감에서 비롯된다.

(구문)

- **distinguish between illusion and reality**
  착각과 현실을 구분하다
- **cognitive illusion** 인지적 착각
- **be awakened from illusion** 착각(환상)에서 깨어나다

- **disillusion the child** 동심을 상하게 하다
- **a sense of disillusionment** 환멸감
- **disillusionment with politics** 정치에 대한 환멸
- **the illusory world** 환상의 세계

excavate 발굴하다(**dig up**), 파헤치다, 굴착하다

*ex(밖으로) + 라틴어**cavare**(속을 파내다, 움푹하게 하다)

→ **excavate, excavation** 발굴, 굴착

* 라틴어 **cavare**(속을 파내다, 움푹하게 하다) → **cave** 동굴 *concave 오목한

*cave in 함몰되다, 무너지다, 굴복하다, 응하다 *cave-in 붕괴, 함몰

(예문)

Archeological site of Troy was excavated by German archeologists.
트로이 고고학 유적지는 독일 고고학자들에 의해 발견되었다.

The tunnel caved in on the cars. 터널이 자동차 위로 무너져 내렸다.

(구문)

- **excavate a tunnel** 터널을 굴착하다
- **excavate a wall painting in a cave**
  동굴 벽화 한 점을 발굴하다
- **excavate for the building foundation**
  건물 토대를 다지기 위해 터파기 작업을 하다
- **excavation work** 굴착 공사
- **bed excavation** 터파기

- **the excavation site** 발굴 현장
- **underwater excavation** 수중 발굴
- **the road caved in** 도로가 함몰되었다
- **cave in to pressure from** ~의 압력에 굴복하다
- **cave in to demands for resignation**
  사퇴 요구에 굴복하다

127

lavish, variation, variety, variant, variable

lavish gifts

lavish

> * 라틴어 **lavare** 씻다, 세탁하다
> ***lavasse** 폭우(Old French)
> ***lav**는 물처럼 쏟아지는 것과
>   관련이 있다

***lavish** 풍성한, 호화로운,
　　　　 아끼지 않는

various shapes

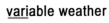

variety show

> * 라틴어 **variare**
> 각양각색으로 변하게 하다
> 다르게 하다
> ***vari**는 변화와 관련이 있다

***vary** 다르다, 달라지다
***various** 다양한
***variety** 다양성
***variant** 변종, 이형
***variance** 변화, 변동(량)
***variable** 변동이 심한, 변수
***invariable** 변함 없는

variable weather

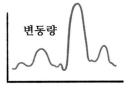

변동량

variant

variance

lavish ① 풍성한, 호화로운, 아주 후한 ② 아끼지 않다

* 라틴어 **lavare**(씻다, 세탁하다, 목욕하다) → **Old French** 「lavasse(폭우)」 → **lavish**

(예문)

He is lavish in spending money. 그는 돈을 아끼지 않고 쓴다.

A liar is always lavish of oaths. 거짓말쟁이는 맹세를 아끼지 않는다.

Miserly savings and lavish spending. 개같이 벌어서 정승같이 쓴다.

He was lavish in his gift for her. 그는 그 여자에게 후하게 선물을 했다.

(구문)

• **be lavish praise on him** 그에 대한 칭찬을 아끼지 않다
• **lavish money** 돈을 아낌없이 쓰다(be lavish of money)
• **be lavish in his praise for** ~에 대한 그의 칭찬이 후하다
• **lavish fortune** 재산을 낭비하다
• **live a lavish life** 풍족한(호화로운) 삶을 살다
• **a lavish reception** 호화로운 접대
• **lavish gifts** 풍성한 선물
• **lavish kindness** 친절을 베풀다
• **lavish expenditure** 낭비

variation 변화, 변형, 변주곡

* 라틴어 **variare**(각양각색으로 변하게 하다, 다르게 하다) → **various** 다양한
* **vary** 각기 다르다, 달라지다 * **varied** 다양한, 다채로운
* **variety** 여러 가지, 다양성 * **variant** 변종, 이형 * **variance** 변화, 변동(량)
* **variable** 변동이 심한, 가변적인, 변수 * **invariable** 변함없는

(예문)

Grain prices are always subject to variation. 곡물 가격은 항상 변화가 있기 마련이다.

Cafeteria food can vary from day to day. 구내식당 음식은 그날그날(매일매일) 달라질 수 있다.

Ceramics come in various shapes and sizes. 도자기들은 각양각색의 모양과 크기로 나온다.

(구문)

• **a wide variation** 큰 폭의 변화(차이)
• **variation in health** 건강 상태의 변화
• **prices vary according to** ~에 따라 가격이 다르다
• **vary in color** 색깔이 다양하다
• **lead a varied life** 다채로운 삶을 살다
• **varied selection of wines** 다양한 와인 모음
• **variety of marine life** 다양한 해양생물
• **for a variety of reasons** 여러 가지 이유로
• **a variant of the COVID-19 virus**
  코로나19 바이러스의 변종(변이종)
• **variance in temperature** 온도 변화
• **the variable weather** 변덕스러운 날씨
• **unexpected variables** 예상치 못한 (돌발) 변수

128

weird, weirdo, slash

uhg, Weirdo

weird

*weird 이상한, 기묘한

*weirdo 괴짜, 별난사람

*door 문
*stepping 발을 옮김

*doorstepping 호별방문
*door-stepping 약식회견

door- stepping

slash prices

doorstepping

*slash 긋다. 베다

slash-and-burn
화전식의, 마구 해를
입히는

slash the tire

slash-and-burn

weird 이상한, 기묘한, 기괴한 * **weirdo** 괴짜, 별난 사람

예문

Weird things happened. 이상한 일들이 일어났다.

Sometimes he is weird. 그는 가끔 이상한 구석이 있다.

He is a weirdo. 그는 괴짜야.

구문

- **weird costume** 이상한 복장
- **weird dream** 괴상한 꿈
- **make weird sounds** 기괴한 소리를 내다
- **weird ideas** 기이한 생각

ROOT/STEM

doorstepping 호별 방문, 남의 집 현관문 앞에서 기다리는 것
* **door**(문, 문간) + **stepping**(발을 옮김) → **doorstepping** 호별 방문
* **doorstep** 문간 * **door-stepping** 약식 회견

예문

Doorstepping is a routine practice for many journalists.
남의 집 문 앞에서 기다리는 것(뻗치기 하는 것)은 기자들의 일상적인 관행이다.

Crowds of reporters camped out on her doorstep. 많은 취재진이 그녀의 집 문간에 진을 치고 있었다.

구문

- **turn up on his doorstep** 그의 집 문간에 나타나다
- **left the package on her doorstep** 포장물을 현관문 앞에 두고 갔다

ROOT/STEM

slash ① 긋다, 베다 ② 긋기, 베기 ③ 대폭 줄이다
slash-and-burn 화전식의, 마구 해를 입히는

예문

The area was slashed and burned to grow crops. 그 지역은 농작물 재배를 위해 화전으로 일구어졌다.

He tried to kill himself by slashing his wrists. 그는 손목을 그어 자살하려고 했다.

구문

- **slash one's way with a stick** 막대기로 길을 헤쳐 나가다
- **slash prices** 가격을 대폭 낮추다
- **slash fares** 요금을 대폭 낮추다
- **slash and burn field** 화전
- **a slash of red paint** 빨간 페인트를 그어 놓은 것
- **slashing of expenses** 비용 삭감
- **be slashed by half** 절반으로 대폭 줄어들다
- **slash the tyre** 타이어를 긋다

muscle, mussel, masculine, vest, vested

muscular man

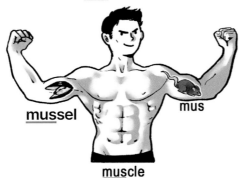

mussel

mus

muscle

masculine face

*muscle 근육
*mussel 홍합
*muscular 근육질의
*masculine 남자다운

*라틴어 mus 쥐
*라틴어 mas 남성

조끼 입은
기득권자

vested

vest

vested right

*vest 속옷, 조끼, 부여하다

*vested 확립된, 기득의
*vested right 기득권

muscle 근육, 근력

* 라틴어 **mus**(쥐) → **muscle** 근육 *mussel 홍합
* 라틴어 **mas**(남성, 수컷) → **masculine** 남자다운, 남자 같은, 선이 굵은
* **muscle** 근육 → **muscular** 근육질의, 근육이 발달한

(예문)

All we actually have is our body and its muscles that allow us to be under our own power.
사실 우리가 가진 것이라곤 마음대로 움직일 수 있는 몸과 근육뿐이다.

He is strong and masculine. 그는 힘이 세고 남자답다.

(구문)

- **a calf muscle** 종아리 근육
- **do not move a muscle** 미동도 하지 않다
- **a muscular body** 근육질의 몸
- **muscular aches** 근육통
- **muscular atrophy** 근육 위축
- **muscular disease** 근육 질환
- **a masculine pronoun** 남성대명사
- **transmasculine** 남성으로 성전환한 여성
- **a female with a masculine identity**
  남성의 정체성을 가진 여성
- **masculine attire** 남장
- **masculine pride** 남자로서의 자존심

vest ① 속옷, 조끼 ② 부여하다 ③ 귀속시키다

* 라틴어 **vestis**(옷, 의복) 라틴어 **vestire**(옷을 입다, 옷을 입히다)
→ **vest** 속옷, 조끼, 부여하다 * **vested** ① 소유가 확정된, 기득의 ② 보호받는

(예문)

He wears a life vest and protective headgear. 그는 구명조끼와 헬멧을 착용하고 있다.

We have vested too much authority in the judge. 우리는 판사에게 너무 많은 권한을 부여했다.

* 판사는 최종 단계에서 광범위한 재량권을 가지기 때문에 재량권 남용을 막는 것이 매우 어렵다.

He is vested with full powers. 그는 전권을 가지고 있다.

Vested rights often block innovation. 기득권은 종종 혁신을 가로막는다.

* **qwerty** 키보드는 많이 쓰는 글자를 왼편에 배치하여 타자 속도가 느리고 비능률적인데도 이미 자리 잡은 타자수, 타자 교사, 컴퓨터 제조업자 등의 기득권 때문에 계속 그대로 사용되고 있다. 영국 마차 관련 종사업자들의 기득권은 영국 자동차 산업이 독일, 미국에 뒤처지게 하는 결과를 초래했다.

(구문)

- **a bullet-proof vest** 방탄조끼
- **break vested rights** 기득권을 깨다
- **have a vested interest** 기득권을 갖고 있다
- **be vested in the government** 국가에 귀속되다
- **vest me with authority** 나에게 권한을 주다

marital, extramarital, marriageable, applaud, plausible

marital status

status	
single	☐
marital	☑
widowed	☐
divorced	☐

marital
harmony

marital
discord

---

*라틴어 **maritare**
결혼시키다

*<u>marital</u> 결혼의
*<u>extramarital</u> 혼외의
*<u>marri</u>ageable 결혼적령기의

---

*ap(ad~쪽으로)
*라틴어 plaudere(손뼉치다)
 -> applaud

applaud

applauder

*applaud 박수를 치다
*<u>applaudable</u> 칭찬할만한
*<u>applause</u> 박수, 갈채

拍手 박수
喝采 갈채

applause

marital 결혼의, 부부(생활)의

* 라틴어 **maritare**(결혼시키다) → **marital** 결혼의 * **marry** 결혼하다
* **extramarital** 혼외의 * **remarry** 재혼하다
* **marriage** 결혼(생활) * **marriageable** 결혼 적령기의

(예문)

Marry in haste, and repent at leisure. 서둘러 결혼하고 두고두고 후회한다.

Their marital harmony is good. 그들은 궁합이 좋다.

He is past marriageable age. 그는 혼인 적령기가 지났다.

(구문)

- **marital harmony** 궁합
- **a marital home** 부부의 보금자리
- **marital status** 혼인 여부
- **marital vows** 부부 간의 맹세
- **marital infidelity** 배우자에 대한 부정
- **marital discord** 부부 사이의 불화(가정불화)

- **a child from an extramarital affair(sex)**
  혼외정사로 얻은 아이
- **marriage breakdown** 파경
- **marriage bureau** 결혼정보회사(혼인상담소)
- **reach marrigeable age** 혼인 적령기에 이르다
- **a special dispensation to remarry** (종교) 재혼 특별 허가

applaud 박수를 치다, 갈채를 보내다

* **ap**(방향 ad) + 라틴어 **plaudere**(박수 치다) → **applaud** 박수를 치다, 갈채를 보내다
* **applaudable** 칭찬할(받을) 만한 * **applauder** 성원하는 사람
* **applause** 박수 * **applausive** 박수갈채의, 칭찬의
* 라틴어 **plaudere**(박수 치다) → **plausible** 그럴듯한, 이치에 맞는

(예문)

He is a good friend who applauds me behind. 뒤에서 나를 칭찬하는 친구가 좋은 친구다.

We rose to applaud his performance. 우리는 그의 공연에 기립 박수를 보냈다.

The applause of a single human being is of great consequence 단 한 사람의 칭찬도 매우 중요하다.

(구문)

- **applaud the past and lament the present**
  과거에 갈채를 보내면서 현재를 한탄하다
- **applaud his courage** 그의 용기에 박수를 보내다
- **please applaud** 박수 쳐 주세요
- **deafening applause** 귀가 터질 듯한 박수갈채
- **a spatter of applause** 짝짝 박수 소리

- **tepid applause** 미지근한(열의 없는) 박수
- **polite applause** 의례적인 박수
- **amid tremendous applause**
  엄청난 박수가 쏟아지는 가운데
- **thunderous applause** 우레와 같은 박수
- **a plausible lie** 그럴듯한 거짓말

mystery, mystical, preserve, preservatives

mystery

*라틴어 mysterium
신비, 불가사의
*myst는 신비스러운,
불가사의한 것과 관련이 있다

*mystery 수수께끼
*mystical 신비한
*mysticism 신비주의

mysticism

mystical

*pre 미리
*라틴어 servare
지키다, 보존하다

*preserve 지키다, 보존하다
*preservation 보존, 보호, 유지
*preserver 보호자, 수호자
*preservatives 보존료, 방부제

preserve
food

preservation of
historic sites

방부제 없음

NO
Preservatives

* 라틴어 **mysterium**(신비, 불가사의) → **mystery** 수수께끼, 불가사의, 신비스러운 것
* **mysterious** 이해하기 힘든, 불가사의한, 비밀스러운
* **mystical(mystic)** 신비한, 신령스러운, 신비주의의 * **mysticism** 신비주의

예문

The most beautiful and profound motion we can experience is the sensation of the mystical. It is the source of all true art and science.

우리가 경험할 수 있는 가장 아름답고 심오한 마음의 움직임은 신비감이다. 그것은 모든 진정한 예술과 과학의 원천이다.

구문

• **a mystical experience** 신비한(신령스러운) 체험
• **mystical forces** 신비스러운 힘
• **a mystic** 신비주의자
• **mystical theology** 신비 신학
• **a shroud of mystery** 수수께끼의 장막

• **be shrouded in mystery** 수수께끼에 덮여 있다
• **remain a mystery** 수수께끼로 남아 있다
• **a murder mystery** 살인 미스테리극
• **a mysterious area** 신비의 영역
• **mysterious magnetism** 사람을 끄는 신비한 매력

ROOT/STEM

preserve 지키다, 보호(보존)하다
* **pre**(미리) + 라틴어 **servare**(지키다, 보호하다, 보존하다) → **preserve** 지키다, 보호(보존)하다
* **preservation** 보존, 보호, 유지 * **preserver** 보호자, 수호자, 목재 방부제
* **preservatives** 보존료, 방부제

예문

Mature love is a union under the condition of preserving one's integrity, one's individuality.

성숙한 사랑은 개인의 온전함과 개성을 유지하는 상태에서의 합일이다.

구문

• **preserve one's sanity** 온전한 정신 상태를 유지하다
• **preserve wetlands** 습지를 보호하다
• **preserve endangered species** 멸종 위기에 처한 종들을 보호하다
• **preserve one's reputation** 평판(명성)을 지키다
• **preservation of peace** 평화의 수호
• **preservation of historic sites** 사적지 보존
• **preservation of evidence** 증거 보호

• **preservation of food** 식품 저장
• **the creator, the preserver and destroyer** 창조자(브라흐마), 유지자(비슈누), 파괴자(시바)
• **add preservatives** 보존제(방부제)를 첨가하다
• **No preservatives** 방부제 없음
• **preservatives of metals** 금속 부식 방지제
• **artificial preservatives** 인공 방부제

*com 함께
*라틴어 pellere
 치다, 때리다
*pel, pul은 강제적인 것과
 관련이 있다

*compel 강요하다
*compelling
눈을 뗄 수 없는,
흥미 진진한, 강력한
*compulsive
강박적인, 통제하기 힘든
*compulsory
강제적인, 의무적인

compel

compelling

compulsive game addiction

필수 과목

| 국어 |
| 영어 |
| 수학 |

compulsory
subjects

inner compulsion

*regal 제왕의, 위풍당당한

*crook 사기꾼, 구부리다

*regality 왕위, 왕권

*crooked 구부러진, 부정직한

regal

regality

Crook

crooked noze

ROOT/STEM

compel 강요하다, ~하게 만들다
* com(함께) + 라틴어 pellere(치다, 때리다) → compel 강요하다
* compelling 눈을 뗄 수 없는, 흥미진진한, 설득력 있는, 강력한
* compulsive 강박적인, 통제(조절)하기 어려운 * compulsively 강박적(충동적)으로
* compulsory 강제적인, 의무적인, 필수의 * compulsion 강요, 충동

예문

Don't compel me to do that. 나에게 그걸 하라고 강요하지 마.

The law can compel fathers to pay child support for their children.
법은 아버지가 자녀를 위해 양육비를 지급하도록 강제할 수 있다.

You must avoid compulsive buying 너는 충동구매를 피해야 한다.

She is a compulsive liar. 그 여자는 상습적인 거짓말쟁이다.

Military service is compulsory. 군 복무는 의무적이다.

He watched her compulsively. 그는 눈을 떼지 못하고 그녀를 지켜보았다.

구문

• compelling reason 설득력 있는 이유
• compelling speech 청중을 빨아들이는 연설
• a compulsive smoker 골초
• a compulsive gambler 강박적(상습적) 도박꾼
• a compulsory course 필수 과정

• a compulsory subject 필수 과목
• feel a great compulsion to tell ~
  ~를 말해 버리고 싶은 강한 충동
• under compulsion 강요하에(어쩔 수 없이)
• inner compulsion 내적 충동

ROOT/STEM

regal 제왕의, 위풍당당한(장엄한), 왕다운
* 라틴어 rex(왕, 군주), 라틴어 regalis(왕의, 왕다운, 장엄한) → regal 제왕의
* regality 왕위, 왕권, 왕국

예문

He sat with such regal dignity. 그는 제왕의 위엄을 갖추고 앉아 있다.

구문

• an air of regal majesty 제왕의 위엄
• regal power 왕의 권력

• regal government 왕정
• regal entrance 위풍당당한 입장

ROOT/STEM

crook ① 사기꾼 ② 팔꿈치 안쪽 ③ (손가락, 팔을) 구부리다

예문

I will do it by hook or crook. 나는 무슨 일이 있어도 그것을 하겠다.

He acquired exam papers on the crook. 그는 부정한 수단으로 시험지를 획득했다.

He is a crooked businessman 그는 부정한 사업가다.

구문

• crooked wire 구부러진 철사
• crooked smile 뒤틀린 미소
• on the crook 부정한 수단으로

• by hook or crook 수단과 방법을 가리지 않고
• crooked lawyer 부정한 변호사
• crookback 곱추

classify, declassify, victim, victimize

class

*class 등급, 계급

*classify
분류하다
*declassify
기밀 리스트에서
제외하다

기밀문서

de classify

*victim 희생자, 피해자

*victimize 희생시키다

crime victim

victimize

victim of bullying

ROOT/STEM

classify 분류하다

* **class** (① 등급, 계급 ② 학급, 수업) → **classify** 분류하다
* **classified** 주제별로 분류된, 기밀의 * **classification** 분류, 유형, 범주
* **classifiable** 분류 가능한, 따로 분류해야 하는
* **de**(분리, 삭감) + **classify**(분류하다) → **declassify** 기밀 리스트에서 제외하다

[예문]

Please classify the document by date. 서류를 날짜별로 분류해 주세요.

Please declassify the document. 그 문서를 기밀 리스트에서 제외해 주세요.

[구문]

- **be classified as pure art** 순수 예술로 분류되다
- **be classified top secret** 일급 비밀로 분류되다
- **be classified into five categories** 다섯 범주로 분류되다
- **classify the books by genre** 책을 장르별로 구분하다
- **classify the praying mantis as a carnivore** 사마귀를 육식 동물로 분류하다
- **classified military information** 군사 기밀 정보
- **easily classifiable** 쉽게 분류할 수 있는
- **classification system** 분류 체계
- **defy easy classification** 쉽게 분류할 수 없다
- **declassify such information** 그 정보를 기밀 리스트에서 제외하다

ROOT/STEM

victim 희생자, 피해자

* 라틴어 **victima** 희생물, 제물 → **victim** 희생자, 피해자
* **victim**(희생자, 피해자) → **victimize** 희생시키다, 부당하게 괴롭히다

[예문]

He was the innocent victim of the shooting rampage.
그는 그 총기 난사 사건의 무고한 희생자였다.

The whistle blower often has been victimized by co-workers.
내부 고발자는 종종 직장 동료들로부터 괴롭힘을 당한다.

[구문]

- **victim support** 범죄 피해자 지원 서비스
- **a rape victim** 강간 피해자
- **a victim of racism** 인종 차별의 희생자
- **the victim of a hate crime** 증오 범죄의 피해자

- **victimized area** 피해 지역
- **victimize peasants** 농민들을 희생시키다
- **victimize minorities** 소수자들을 희생시키다

osmosis, dwindle, verdict

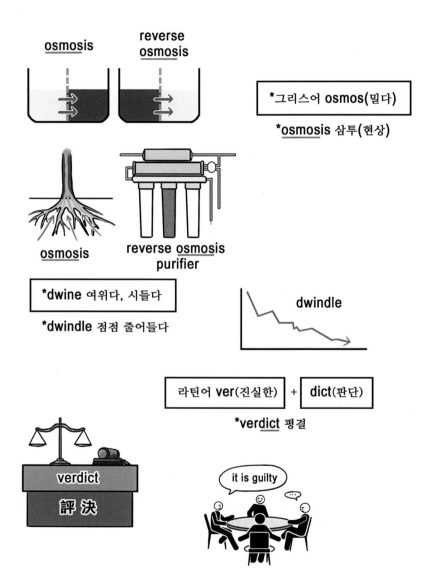

osmosis

reverse osmosis

*그리스어 osmos(밀다)

*osmosis 삼투(현상)

osmosis

reverse osmosis purifier

*dwine 여위다, 시들다

*dwindle 점점 줄어들다

dwindle

라틴어 ver(진실한) + dict(판단)

*verdict 평결

verdict

評決

it is guilty

osmosis 삼투(현상), 조금씩 흡수함, 서서히 터득함

* 그리스어 osmos(밀다) → osmosis 삼투(현상)

(예문)

Water passes into the roots of a plant by osmosis. 물은 삼투 현상에 의해 식물의 뿌리 속으로 들어간다.

* 농도가 다른 두 액체가 있을 때 액체는 농도가 낮은 쪽에서 높은 쪽으로 이동한다. 이것을 삼투 현상이라고 한다.

* 역삼투reverse osmosis는 농도가 높은 쪽에서 낮은 쪽으로 액체가 이동하는 현상을 말한다. 농도가 진한 용액의 위쪽에 높은 압력을 가하면 역삼투 현상이 일어난다. 바닷물 정수에는 역삼투 원리가 이용된다.

(구문)

• the osmosis of water 물의 삼투 현상   • absorb by osmosis 삼투에 의해 흡수하다

--- ROOT/STEM ---

dwindle 점점 줄어들다.

* 고어 dwine(수척해 지다, 여위다, 시들다, 쇠하다) → dwindle 점점 줄어들다

(예문)

Support for the ruling party is dwindling rapidly. 집권당에 대한 지지가 급속히 줄어들고 있다.

The rural population is dwindling. 농촌 인구가 점점 줄고 있다.

His influence has dwindled. 그의 영향력이 줄어들었다.

(구문)

• dwindle away into nothing 점점 줄어들어 없어지다   • start to dwindle 줄어들기 시작하다

--- ROOT/STEM ---

verdict 평결, 숙고한 뒤 내린 결정

* ver(진실한) + dict(구술, 판단) → verdict 평결

(예문)

The jury reached a verdict. 배심원단이 평결을 내렸다.

The jury's verdict went against him. 배심원들의 평결은 그에게 불리했다.

(구문)

• a verdict of acquittal 무죄 평결   • bring in a verdict of guilty 유죄 평결을 내리다
• the final verdict 최종 평결(판결)   • a verdict of not guilty 무죄 평결

delight

delicate

delicious

> *deli, delic은 기쁘게 하는 것,
> 부드러운 것과 관련이 있다

*delight
큰 기쁨, 아주 즐겁게 하다
*delightful 아주 기분 좋은
*delicate 섬세한, 여린
*delicious 아주 맛있는

delicate

> *sect는 절단(분할) 된 것과
> 관련이 있다

*sect 종파, 분파, 파벌
*sector 부분, 분할
*dissect 해부하다, 절개하다

minor sector

major sector

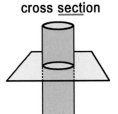

cross section

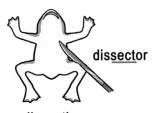

dissector

dissection

ROOT/STEM

delic, deli가 포함된 단어
* 라틴어 delicatus(맛좋은, 부드러운, 섬세한), 라틴어 delectare(기쁘게 하다, 즐겁게 하다)
→ delic, deli는 기쁘게 하는 것, 부드러운 것, 섬세한 것, 맛있는 것과 관련이 있다.
* delight 큰 기쁨(즐거움), 아주 즐겁게 하다   * delightful 아주 기분 좋은, 마음에 드는
* delicate 섬세한, 여린, 연약한   * delicacy 여림, 연약함, 섬세함
* delicious 아주 맛있는, 아주 기분 좋은

예문

I was delighted to hear the news. 나는 그 소식을 듣고 아주 기뻤다.

Never find your delight from others' misfortune. 남의 불행에서 기쁨을 찾지 마라.

He takes a perverted delight in watching the sufferings of others.
그는 다른 사람들의 고통을 지켜보는 데서 도착적인 기쁨을 느낀다.

구문

• grin with delight 기뻐서 활짝 웃다
• exclaim in delight 기뻐서 소리를 지르다
• a delightful face 기분 좋은(유쾌한) 표정
• have a delightful time 유쾌한 시간을 보내다
• delicate skin 어린 피부

• delicate mechanism 정교한 장치
• require a delicate touch 섬세한 손길을 필요로 하다
• a matter of some delicacy 좀 미묘한 문제
• delicious smells 맛있는 냄새

ROOT/STEM

sect가 포함된 단어
* 라틴어 secare(절단하다), 라틴어 sectus(절단된, 분할된) → sect 종파, 분파, 파벌
* sect는 자르는 것, 잘린 것과 관련이 있다.
* sect 종파, 분파, 파벌 → sector 부분, 분야, 부채꼴
* section ① 부품, 부문, 구획 ② (의학) 절단(절개)하다
* dis(분리) + sect(자르다) → dissect 해부(절개)하다   * dissection 해부, 절개

예문

Medical students dissect real bodies. 의대생은 진짜 인체를 해부한다.

His pitching motion was dissected by analysts. 그의 투구 동작은 분석가들에 의해 해부당했다.

Dissect the problem and search for the root. 문제를 분석하고 근본 원인을 찾아라.

구문

• public sector 공공 부문
• semiconductor sector 반도체 분야
• cross section 단면도
• the tail section 꼬리 부분

• the christian sector 기독교도 지역
• food delivery sector 배달업계
• animal dissection 동물 해부
• frog dissection 개구리 해부

nounc, nunc가 들어 있는 단어

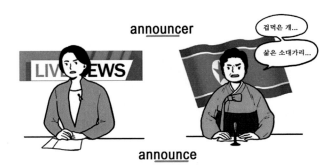

announcer

announce

renounce

pronounce

enunciate

> *nounc, nunc는 알리는 것,
> 발표하는 것과 관련이 있다

*announce 발표하다
*denounce 맹렬히 비난하다,
　　　　　규탄하다
*renounce 포기를 선언하다,
　　　　　절연하다
*pronounce 공개적으로 표명하다,
　　　　　발음하다
*enunciate (생각을) 또렷이 말하다

nounc, nunc가 들어 있는 단어

* 라틴어 **nuntiare**(알리다, 보고하다, 통고하다) → **nounc, nunc** 는 알리는 것과 관련이 있다.
* **an**(방향 ad) + **nounce**(알리다) → **announce** 발표하다, 알리다, 선언(단언)하다
* **announcer** 방송 진행자, 안내 방송인 * **announcement** 발표(행위, 내용)
* **annunciate** 알리다(고어) → **annunciation** 수태고지
* **de**(아래로) + **nounce**(알리다) → **denounce** 맹렬히 비난하다, 규탄하다, 배격하다
* **denouncement** = **denunciation** 맹렬한 비난, 규탄, 배격
* **re**(뒤로) + **nounce**(알리다)
→ **renounce** 포기를 선언하다, (이상, 신념, 원칙을) 버리다, 절연(절교)하다
* **renouncement** ① 포기, 부인, 거절 ② 절연, 절교
* **pro**(앞으로) + **nounce**(알리다) → **pronounce** 발음하다, 공개적으로 표명(선언)하다
* **pronouncement** 공표, 공포, 선언 * **pronoun** 대명사
* **pronunciate** 발음하다 * **pronunciation** 발음
* **e**(밖으로 ex) + **nunciate**(알리다) → **enunciate** 또렷이 말하다, 생각을 명확히 밝히다
* **enunciation** 똑똑한 발음(말투), 언명, 선언

(예문)

They will announce the result of the test tomorrow. 시험 결과는 내일 발표될 것이다.

You shouldn't denounce them wholesale. 그들을 싸잡아 비난해서는 안 된다.

He renounced his nationality to avoid military conscription.
그는 군 징집을 피하기 위해 국적을 포기했다.

The minister will pronounce on further measures tomorrow.
장관이 내일 추가 대책을 발표할 것이다.

It is hard to pronunciate. 그건 발음하기 어려워.

You should enunciate to make yourself understood.
남들이 네 말을 알아듣게 하려면 또박또박 말해야 해.

(구문)

* **announce the opening of** ~의 개설(개장)을 발표하다
* **announce the passing away of** ~의 별세를 발표하다
* **an important announcement** 중요한 발표(공지)
* **the result announcement** 결과 발표
* **an announcement about his resignation** 그의 사임 발표
* **denounce distorted reports** 왜곡 보도를 규탄하다
* **renounce principles** 원칙을 버리다
* **renounce the privilege** 특권을 포기하다
* **renounce smoking and drinking** 흡연과 음주를 그만두다
* **renounce violence** 폭력을 포기하다
* **renounce friendship** 절교하다
* **enunciate one's words clearly** 말을 또렷하게 발음하다

mini, minu가 포함된 단어, limp

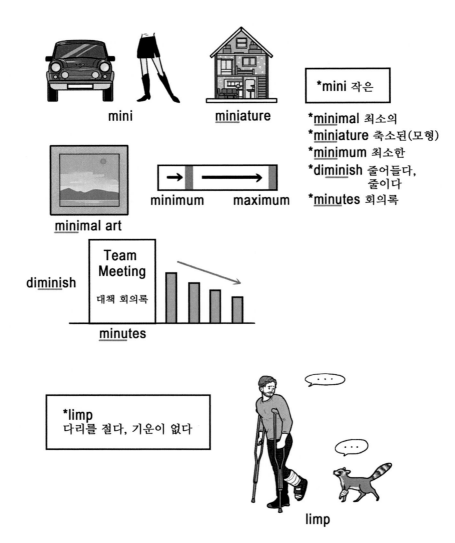

mini

miniature

*mini 작은

*minimal 최소의
*miniature 축소된(모형)
*minimum 최소한
*diminish 줄어들다,
　　　　　줄이다
*minutes 회의록

minimal art

minimum   maximum

diminish

Team
Meeting

대책 회의록

minutes

*limp
다리를 절다, 기운이 없다

limp

mini, minu가 포함된 단어

* 라틴어 **minime**(아주 조금, 가장 적게) → **mini** 작은, 소형의
* **minimal** 아주 적은, 최소의(↔ **maximal**), * **miniature** 아주 작은, 축소된, 축소 모형
* **minimum** 최소한도(의) (↔ **maximum**)
* **di**(분리) + **minish**(고어, 작게 만들다) → **diminish** ① 줄이다, 약화시키다, 깎아 내다
* 라틴어 **minuere**(작게 하다, 줄이다) → **minus** ~을 뺀(제외한), 빼기 부호
* **minutes** 회의록

예문

His threats have diminished. 그의 위협이 줄어들었다.

Job opportunities are diminishing. 취업 기회가 줄어들고 있다.

His very existence diminishes batters. 그의 존재 자체가 타자를 위축시킨다.

He won the championship with the minimum of effort. 그는 최소의 노력으로 우승을 금지했다.

구문

• **at minimal cost** 최소의 비용으로
• **a minimal amount of** 아주 적은 양의
• **straightforward minimalism**
  꾸밈없는 미니멀리즘(최소 표현주의)
• **minimum wage** 최저 임금
• **an irreducible minimum** 더 이상 줄일 수 없는 최소한
• **a miniature version of** ~의 축소판
• **a miniature helicopter** 소형 헬리콥터
• **keep ~to a minimum** ~을 최소(최저)로 해 두다

• **diminish his achievements**
  그의 업적을 깎아내리다(폄하하다)
• **diminish disease** 질병을 줄이다
• **diminish the chance of** ~의 가능성을 감소시키다
• **diminish the fatigue** 피로를 감소시키다
• **boundaries diminish** 경계가 약화되다
• **keep(write up) the minutes of a meeting**
  회의록을 작성하다

limp ① 다리를 절다, 절뚝거리다 ② 기운이 없는, 축 처진, 흐물흐물한

예문

He limps slightly after falling down. 그는 넘어진 후 약간 절뚝거린다.

She limped down the hill. 그 여자는 절뚝거리며 언덕을 내려왔다.

The roses look limp in hot weather. 더위에 장미가 축 늘어져 있는 것처럼 보인다.

He that lives with cripples learns to limp. 절름발이와 사는 사람은 절뚝거림을 배운다.

구문

• **walk with a limp** 절뚝거리며 걷다
• **become limp** 축 늘어지다(축 처지다, 흐물흐물해지다)
• **have a limp from having had polio** 소아마비를 앓아서 다리를 절뚝거린다

backward, backdown, backpedal, canvass

backward   forward

backfire

*back 등, 뒤쪽의

*backward 뒤의, 낙후된
*backwards 뒤로
*backfire 역효과를 낳다
*back down 퇴각하다
*backdown 퇴각, 철회
*backpedal 슬그머니 후퇴하다

back down

backpedal

*canvass
유세를 하다

canvas

canvass

ROOT/STEM

backward 뒤의, 퇴보하는, 낙후된, 후진적인 * **backwards** 뒤로, 거꾸로, 퇴보하는 방향으로
backfire 역효과를 낳다, 부메랑 효과를 가져오다
back down 퇴각하다, 후퇴하다, 철수하다, 물러서다 ***backdown** 후퇴, 철회, 단념
backpedal 페달을 거꾸로 밟다, 슬그머니 후퇴하다

(예문)

He got off straight without a backward glance. 그는 뒤도 한번 안 돌아보고 바로 떠났다.

A hasty decision is feared to backfire. 성급한 결정은 역효과를 낼 우려가 있다.

Wouldn't it backfire? 그럼 더 시끄럽지(역효과가 나지) 않을까요?

He refused to back down on a point of principle. 그는 원칙 문제에 관해서는 물러서지 않았다.

There would be no backdown. 입장 철회는(물러서는 일은) 없을 것이다.

He is under criticism for backpedaling his election promises.
그는 선거 공약을 철회하고 있다는 비난을 받고 있다.

(구문)

• **a backward step** 퇴보
• **backward classes** 하층민 계층
• **be backward in** ~함에 있어 소심하다(소극적이다)
• **a backward region** 낙후된 지역
• **backfire against them** 그들에게 불리한 효과를 가져오다
• **backpedal on a pledge to reform** 개혁하겠다는 약속에서 입장을 바꾸다

ROOT/STEM

canvass ① (지지를 호소하기 위해) 유세를 하다, 지지를 구하다 ② (여론·의견을) 조사하다

(예문)

He will canvass the constituency tomorrow.
그는 그 선거구를 돌아다니며 지지를 호소(유세)할 것이다.
*constituency 선거구, 선거구민, 지지층, 고객층

We don't need to canvass the uncommitted voters.
우리는 비지지층 유권자들에게는 선거운동을 할 필요가 없다.

(구문)

• **canvass for the candidate** 그 후보자를 위해 유세를 하다
• **canvass a district for votes** 표를 얻기 위해 선거구에서 유세를 하다

project, inject, reject

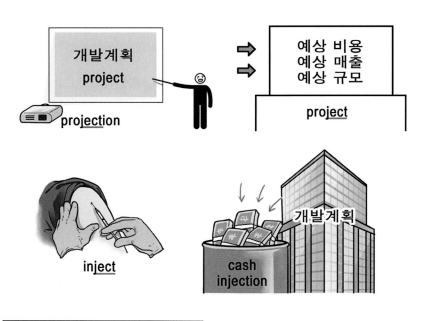

개발계획
project

projection

예상 비용
예상 매출
예상 규모

project

inject

개발계획

cash
injection

*ject는 던지는 것, 발사하는 것,
뛰어나오는 것과 관련이 있다

*project 계획(기획)하다
*inject 주사(주입)하다
*reject 거절(거부)하다

reject

project

NO

REJECTED

project, inject, reject
* **ject**는 던지는 것, 발사하는 것, 튀어나오는 것과 관련이 있다.
* **pro**(앞으로) + **ject**(던지다) → **project** ① 계획(기획)하다 ② 돌출하다 ③ 예상(예측)하다
* **projection** 규모, 비용 등의 예상(추정), 투사, 투영(도)
* **in**(안으로) + **ject**(발사하다) → **inject** 주사하다, 주입(투입)하다
* **injection** 주사, 주입, 투입
* **re**(다시) + **ject**(던지다) → **reject** 거절(거부)하다, 불량품, 불합격품, 거부당한 사람
* **rejection** 거절, 부결, 불합격

(예문)

Images are projected onto the retina. 영상들이 망막에 비친다.

God is a projection of human need. 신은 인간 욕구의 투영이다.

They are refusing to inject any more capital into the declining industry.
그들은 사양산업에 더 이상의 자본을 투입하는 것은 거부하고 있다.

I couldn't directly reject it. 나는 딱 잘라 거절할 수가 없었어.

(구문)

• **a research project** 연구 조사 계획
• **project an image onto a screen** 스크린에 상을 투사하다
• **a projecting rock** 돌출된 바위
• **projected window** 돌출된 창문
• **projected investment** 계획 투자
• **projected lines** 계획선
• **projected sales** 예상 매출
• **the projected cost** 예상 비용
• **tiny projections on the cell** 세포 위의 미세한 돌기들
• **a projection show** 영사 쇼
• **the projection of images** 이미지의 영상(투영)
• **projection room** 영사실
• **laser projections** 레이저 투사(투영)
• **growth projection of 5%** 5퍼센트 성장 예상치
• **exceed my projection** 나의 예상을 초과하다
• **inject him with antibiotics** 그에게 항생 물질을 주사하다
• **inject venom** 독을 주입하다
• **get an injection** 주사를 맞다
• **an urgent cash injection** 긴급 자금 투입
• **reject transplanted organs** 이식된 장기에 거부 반응을 보이다
• **reject him** 그를 불합격 처리하다
• **reject the proposal** 그 제안을 거부하다
• **the feeling of rejection** 거절당하는 느낌
• **a firm rejection** 단호한 거절
• **get over one's fear of rejection** 거절당할 거라는 두려움을 극복하다

penetrate, pierce, animate

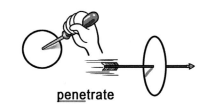

penetrate

penetration

piercing

> *라틴어 **penetrare**
> 뚫고 들어가다, 침투하다
> *라틴어 **pertundere**
> 꿰뚫다, 관통하다
> *pene, per, pier은
> 뚫는 것과 관련이 있다

*penetrate 뚫고 들어가다,
관통하다
*pierce 구멍을 뚫다

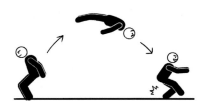

animate

> *라틴어 **anima** 영혼

*animate 생기를 불어넣다
*animation 생기, 만화영화

animation

penetrate 뚫고 들어가다(침투하다), 관통하다

pierce ① 뾰족한 기구로 뚫다 ② 찌르다 ③ (어둠, 적막을) 가르다 ④ 간파하다

* 라틴어 **penetrare**(꿰뚫다, 관통하다) → **penetrate** * **penetration** 침투, 삽입

* **penetrable** 뚫고 들어갈 수 있는, 관통할 수 있는

* **penetrative** 관통(침투)하는, 철두철미한

* 라틴어 **pertundere**(꿰뚫다, 관통하다) → 프랑스어 **percer**(구멍을 뚫다)

→ 영어 **pierce** 뾰족한 기구로 뚫다 * **piercing** 날카로운, 귀를 찌르는 듯한, 피어싱

예문

What can penetrate a rock is consistency. 바위를 뚫을 수 있는 힘은 꾸준함이다.

A bullet pierced his chest. 총알이 그의 가슴을 꿰뚫었다.

A piercing scream split the air. 귀를 찢는 듯한 비명 소리가 허공을 갈랐다.

He sang a song in a piercing voice. 그는 째지는 소리로 노래를 불렀다.

구문

- **penetrate a crowd** 인파 속을 뚫고 나가다
- **penetrate one's mind** ~의 마음을 꿰뚫어보다
- **penetrate into enemy position** 적진을 뚫다
- **penetrate the darkness** 어둠을 뚫다
- **penetrate the main point** 핵심을 파악하다
- **water penetration** 물이 스며듦
- **successful penetration** 성공적인 침투
- **a man of penetration** 통찰력이 있는 사람

- **pierce one's ear** 귀를 뚫다
- **pierce the defense** 수비를 뚫다
- **pierce a hole** 구멍을 뚫다
- **nose piercing** 코뚜레
- **piercing sounds** 날카로운 소리
- **pierce a disguise** 변장한 것을 알아차리다
- **pierce one's secret** 비밀을 간파하다
- **pierce the silence of the night** 밤의 적막을 가르다

---

animate 생기를 불어넣다, 만화 영화로 만들다

* 라틴어 **amina**(영혼) → **animal** 동물 * **animate** 생기를 불어넣다

* **animation** ① 생기, 활기 ② 만화 영화, 동영상 (제작)

예문

The success animated him. 성공이 그를 고무시켰다.

They were animated by the victory. 그들은 승리로 사기가 올랐다.

Disney is an animated film company. 디즈니는 만화 영화 제작 회사다.

구문

- **animated cartoon** 만화 영화
- **an animated portrait** 살아 있는 듯한 초상화
- **be animated by God** 신에 의해 생명이 불어넣어지다

- **animation production** 애니메이션 제작
- **lose animation** 생기를 잃다

consume, consumable, consumption, tremble

consume

*con 함께
*라틴어 sumere 잡다, 가지다
*sum, sume는 손으로 잡고
사용(소비)하는 것과 관련이 있다

*consume 소비하다
*consumable 소비재, 소모품
*consumption 소비, 소모

consumable

consumption

consumption
duty
소비세
25.3%

*라틴어 tremere
떨다, 흔들리다
*trem은 떨리는 것,
흔들리는 것과 관련이
있다

*tremor 떨림, 미진
*tremble 떨다, 떨리다

hand tremor

tremble in breeze

consume ① 소비(소모)하다 ② 섭취하다 ③ 사로잡다, 휩싸다
* **con**(함께) + 라틴어 **sumere**(가지다, 차지하다) → **consume** 소비하다
* **consumable** 소비재(의), 소모품(의) * **consumption** 소비(소모)

예문

Germans consume large quantities of beer. 독일 사람들은 많은 양의 맥주를 소비한다.

If you consume too much calories, you will be end up getting obesity.
너무 많은 칼로리를 섭취하면 비만이 됩니다.

Energy is consumable. 에너지는 쓰면 없어진다.

Rat meat is unfit for human consumption. 쥐고기는 인간이 소비하기에 부적합하다.

구문

- consume protein 단백질을 섭취하다
- consume the calories 칼로리를 소모하다
- consume gasoline 휘발유를 소모하다
- consume fuel 연료를 소비하다
- be consumed with guilt 죄책감에 사로잡히다
- be consumed by fire 불길에 휩싸이다
- consumable food 소비 가능한 음식

- a consumable commodity 소비할 수 있는 상품
- consumables 소모성 품목
- computer consumables 컴퓨터 소모품들
- consumption control 소비 억제
- consumption duty 소비세
- alcohol consumption 알코올 소비(섭취)
- oil consumption 기름 소비

tremble ① 떨다, 떨리다, 가볍게 흔들리다 ② 떨림, 전율
* 라틴어 **tremere**(떨다, 흔들리다) → **tremor** (약간의) 떨림, 미진

예문

Love is trembling happiness. 사랑은 떨리는 행복이다.

The leaves are trembling in the breeze. 나뭇잎이 미풍에 흔들리고 있다.

She was trembling in front of the audience. 그 여자는 청중 앞에서 떨고 있었다.

There was a slight tremor in her voice. 그녀의 목소리에 약간의 떨림이 있었다.

구문

- tremble with fear 공포로 떨다
- tremble with excitement 흥분해서 떨리다
- tremble at the thought of ~를 생각만 해도 떨린다
- hand tremor 손 떨림, 수전증

- the strong tremor 강한 진동
- 3.0 magnitude tremor 3.0 규모의 진동

142

incorporate, corpse, peep, peek

corpse   corporation

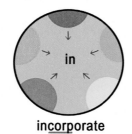

incorporate

*라틴어 **corpus**
몸, 육체

*corpse 시체
*corporation 기업

*in 안으로
*라틴어 **corporare**
형태를 갖추다

*in**corpor**ate
통합하다, 조합하다

peek

*peep 엿보다, 훔쳐보다

*peek 재빨리 훔쳐보다

pee   peep

incorporate ① 통합하다, 포함시키다 ② 법인체를 설립하다
* 라틴어 **corpus**(몸, 육체) → **corpse** 시체
* 라틴어 **corpus**(몸, 육체) → 라틴어 **corporare**(형체를 갖추게 하다)
→ **corporate** 기업의, 법인의, 공동의 ***corporation** 기업, 법인, 조합
*in(안으로) + **corporate**(기업의, 법인의) → **incorporate** 포함하다, 법인을 설립(창립)하다
*incorporation 회사(법인) 설립, 편입, 통합

예문

This law incorporates penalties. 이 법은 처벌 규정을 포함하고 있다.

He incorporated art into the building. 그는 그 건축물에 예술을 접목시켰다.

He incorporated natural food into his diet. 그는 식단에 자연식품을 포함시켰다.

We incorporated our businesses to save tax.
우리는 절세를 위해 사업을 회사 조직으로 만들었다(법인체를 설립했다).

구문

• the corpse burned in the fire 불에 타 버린 시체
• incorporate date 데이터를 통합하다
• incorporate your opinion
  너의 의견을 담다(반영하다)
• incorporate revisions into a text
  개정 사항을 본문에 포함시키다(추가하다)
• incorporate symbols 기호를(상징을) 넣다
• incorporate information 정보를 통합하다
• incorporation procedure 회사 설립 절차

• a certification of incorporation 법인 설립인가
• incorporation of the real-name system
  실명제 도입
• a corporate body 법인체
• the corporate identity 기업 정체성
• a corporate card 법인카드
• corporation tax 법인세
• a multinational corporation 다국적 회사
• a dummy corporation 페이퍼 컴퍼니(모조회사)

peep ① 엿보다, 훔쳐보다 ② (쥐, 새의) 높은 음, 삐악삐악, 짹짹
peek (봐서는 안 될 것을) 재빨리 훔쳐보다, 살짝 보이다

예문

He is peeping through a keyhole. 그가 열쇠 구멍으로 훔쳐보고 있다.

No peeking! 훔쳐보기 없기!

구문

• peep at celeb's private lives
  유명인들의 사생활을 훔쳐보다
• peep at A = take(get) a peep at A
  A를 엿보다(슬쩍 보다)

• peeping Tom 엿보기 좋아하는 사람, 관음증 환자
• peep inside 잠깐 안을 들여다보다
• peek into the files 파일을 엿보다
• take a peek at ~을 슬쩍 보다

cohere, coherent, incoherence, impress

coherent

一貫性
일관성
consistency

*라틴어 sistere
세우다, 지속
(존속)하다

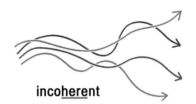

incoherent

*co 함께
*라틴어 haerere
달라붙다

*cohere
일관성이 있다,뭉치다
*coherent 일관성 있는
*coherence 논리적 일관성

*press
누르다, 신문, 언론

*impress
깊은 인상을 주다
*impressive
인상적이다
*impression
인성, 감성, 감동

impressive experience

ROOT/STEM

cohere ① 일관성이 있다, 논리정연하다 ② 뭉치다, 긴밀히 협력하다

* **co**(함께) + 라틴어 **haerere**(달라붙다) → 라틴어 **cohaerere** → **cohere** 일관성이 있다
* **coherent** 일관성 있는, 논리정연하게 말하는 * **coherence** 일관성
* **incoherent** 앞뒤가 안 맞는, 일관성 없는 * **incoherence** 논리가 맞지 않음, 모순된 언행

예문

His view does not cohere with his other beliefs.
그의 견해는 그의 다른 신념들과 일관성이 없다.

Liquids have a great tendency to cohere than gases.
액체는 기체보다 응집력이 강한(잘 뭉치는) 성향이 있다.

We need a coherent policy for housing supply.
우리는 일관성 있는 주택공급정책이 필요하다.

Your logics lack coherence. 너의 논리는 일관성이 부족하다.

구문

* **make the particles cohere** 입자를 뭉치게 하다
* **a sentence that does not cohere** 일관성 없는 문장
* **cohere to the original book** 원작과 일관성이 없다
* **a coherent explanation** 일관성 있는(논리정연한) 설명
* **a coherent policy** 일관성 있는 정책
* **coherence between A and B** A와 B의 일관성
* **an incoherent policy** 일관성 없는 정책

ROOT/STEM

impress 깊은 인상(감명, 감동)을 주다

* **im**(안으로 **in**) + 라틴어 **presso**(누르다, 짜다, 압착하다) → **impress** 깊은 인상을 주다
* **impressive** 인상적인, 인상 깊은 * **impression** 인상, 감명, 감동
* **impressionist** 인상파 화가 * **impressionism** 인상주의, 인상파

예문

None of the candidates impressed us.
후보자들 중 그 누구도 우리에게 깊은 인상을 주지 못했다.

She never fails to impress. 그 여자는 언제나 깊은 인상을 준다.

Your performance was pretty impressive. 너의 공연은 아주 인상적이었어.

구문

* **impress the clients**
  의뢰인들에게 좋은 인상을 주다(감명을 주다)
* **impressive scene** 인상적인 장면
* **a big impression** 큰 감명
* **an overall impression** 전반적인 인상(느낌)
* **a post-impressionist** 후기 인상파 화가
* **an impressionism exhibit** 인상파 전시회

144

mature, immature, premature, snatch, snack, snap

mature

*라틴어 maturus
익은, 성숙한

premature

*mature 성숙한
*immature 미숙한
*premature 시기상조의

immature

*네덜란드어 snacken
깨물다

snack

*snack 간식, 아주 쉬운일
*snap 딱 부러뜨리다, 찰칵
*snatch 잡아채다

snap

snatch a chicken

mature ① 성숙한, 다 자란 ② 어른이 되다, 다 자라다, 성숙해지다

* 라틴어 **maturus**(익은, 성숙한) → **mature** 성숙한, 성숙해지다 * **maturity** 성숙함(원숙)

* **im**(부정 **in**) + **mature**(성숙한) → **immature** 미숙한, 다 자라지 못한

* **immaturity** 미숙, 미성숙, 미숙한 행위, 철없음

* **pre**(미리, 먼저) + **mature**(성숙한, 어른스러운) → **premature** 시기상조의, 조산의

* **prematurity** 시기상조

(예문)

To be mature means to face, and not evade, every fresh crisis that comes.
성숙하다는 것은 다가오는 모든 생생한 위기를 피하지 않고 마주하는 것을 의미한다.

You are so immature. 너는 성숙하지 못해(철 좀 들어라).

It's rather premature to talk about the distribution of profit. 수익분배에 대해 말하는 것은 시기상조다.

It's premature to be optimistic about situation. 사태를 낙관하기에는 이르다.

(구문)

• **be mature for his age** 그의 나이에 비해 어른스럽다
• **a mature attitude** 성숙한 태도
• **reach maturity** 성숙(원숙)한 상태가 되다
• **go to full maturity** 완전히 성숙하다
• **immature behaviour** 미숙한(유치한) 행동
• **political immaturity** 정치적 미숙함

• **be born premature** 미숙아로 태어나다
• **show signs of premature old** 조로현상을 보이다
• **premature baby** 조산아
• **premature delivery**(birth) 조산
• **premature death** 요절
• **premature withdrawal** 성급한 철수, 만기 전 해약

snatch 잡아채다, 낚아채다, 와락 붙잡다, 급히 빼앗아 가다

* 중세 네덜란드어 **snacken**(깨물다) → **snack**, **snap**, **snatch**

* **snack** ① 간단한 식사(간식), 아주 쉬운 일 ② 식사를 간단히 하다, 간식을 먹다

* **snap** ① 딱(툭) 부러뜨리다, 부러지다 ② 찰칵, 째깍(하는 소리) ③ 스냅 사진

(예문)

A kite snatched the chicken and flew away. 솔개가 병아리를 잡아채어 날아가 버렸다.

He snatched at her offer. 그는 그 여자의 제의에 냉큼 응했다.

It is a snack. 그건 아주 쉬워(식은 죽 먹기야).

They held a snap inspection. 그들은 불시에 점검을 했다.

(구문)

• **snatch a dragonfly** 잠자리를 낚아채다
• **purse snatcher** 날치기, 소매치기(pickpocket)
• **snatch at a chance** 기회를 잡아채다
• **snatch a handbag** 핸드백을 날치기하다
• **time for a snack** 간단히 식사할 시간
• **snack on healthy food** 건강에 좋은 음식을 먹다

• **snack bar** 간이음식점(매점)
• **a snap of a twig** 잔가지가 똑 부러지는 소리
• **close it with a snap** 그것을 찰칵하고 닫다
• **snap back** 튀어서 돌아오다, 빨리 회복하다
• **snapback** 갑작스러운 반동, 빠른 회복
• **take a snapshot** 스냅 사진을 찍다

flect가 포함된 단어, complacent

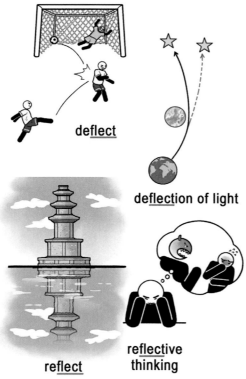

deflect

deflection of light

reflect

reflective thinking

*라틴어 **flectere**
굽히다, 구부리다

***deflect**
방향을 바꾸다, 피하다
***reflect**
비추다, 반영하다

***com** 함께
***라틴어 placere** 기쁘게하다

***complacent**
현실에 안주하는, 안일한

complacent

flect가 포함된 단어(**flect**는 구부리는 것과 관련이 있다)

* 라틴어 **flectere**(굽히다, 구부리다, 꺾이다) → **flect** * **flexion**(**flection**) 구부리기
* **de**(이탈) + **flect**(구부리다) → **deflect** 방향을 바꾸다(바꾸게 하다), 피하다, 모면하다
* **deflective** 빗나가는, 편향적인 * **deflection** 굴절, 꺾임, 편향
* **re**(뒤로) + **flect**(구부리다) → **reflect** 비추다, 반사하다, 반향을 일으키다
* **reflective** ① 반사하는, 반영하는 ② 사색적인 * **reflection** 비친 상(모습), 반사, 반영, 반향

(예문)

The ball deflected off his body. 공이 그의 몸에 맞고 방향이 바뀌었다.

The typhoon deflected to the east. 태풍이 동쪽으로 방향을 바꾸었다.

He deflected questions about his affair. 그는 불륜에 관한 질문을 피했다.

It doesn't reflect. 그건 안 비쳐.

You need to self-reflect. 너는 자기성찰이 필요해.

(구문)

- **deflect the blow** 타격을 피하다(모면하다)
- **deflect criticism** 비판을 모면하다
- **deflect sunlight** 햇빛이 비치지 않게 하다
- **deflect attention from** ~에서 관심을 벗어나게 하다
- **a deflective blogger** 편향적 블로거
- **deflective answer** 삐딱한(회피하는) 대답
- **score with a deflection off the goalkeeper**
  골키퍼 손을 맞고 굴절되어 득점하다
- **got unlucky with the deflection** 굴절되어 안 좋게 되었다
- **reflect on one's conduct** 행동을 되돌아보다(반성하다)
- **time to reflect** 되돌아볼 시간

- **reflect the views of the local community**
  지역 주민들의 견해를 반영하다
- **reflect the rising cost** 늘어나는 비용을 반영하다
- **a reflective mirror** 반사경
- **reflective light** 반사광
- **be reflective of one's personality**
  ~의 인격을 반영한다
- **a reflective man** 사색적인 남자
- **reflection in the mirror** 거울에 비친 상
- **an accurate reflection of** ~에 대한 정확한 묘사(반영)
- **self-reflection** 자아 성찰, 자숙

- **ROOT/STEM** -

complacent 현실에 만족하는, 안일한

* **com**(함께) + 라틴어 **placere**(기쁘게 하다) → 라틴어 **complacere** 매우 기쁘게 하다
→ **complacent** 현실에 안주하는, 안일한 * **complacency** 현 상태에 만족함, 안일함, 안주

(예문)

You are getting a bit complacent. 너는 좀 안일해졌어.

The complacent attitudes can cause a setback. 현실안주적 태도는 차질을 빚을 수 있다.

(구문)

- **a complacent attitude** 현실안주적인 태도
- **a complacent look** 스스로 만족하는 표정

- **self-complacent** 자기만족의, 자기도취의
- **self-complacency** 자기만족, 자아도취

inveterate, veteran, wedlock, caution, precaution

*라틴어 **veterare**
나이를 먹다
*veter는 오래된 것과
관련이 있다

*veteran 베테랑, 전문가
*inveterate 뿌리깊은,
상습적인

inveterate

*wed 결혼하다
*lock 잠그다

*wedlock 결혼, 혼인

caution

precaution

wedlock

*라틴어 **cautio** 주의, 조심

*caution 조심, 경고
*precaution 예방조치, 예방책

ROOT/STEM

inveterate 뿌리 깊은, 상습적인, 고질적인

* 라틴어 **vetus**(오래된), 라틴어 **veterare**(낡게 하다) → **veteran** 베테랑, 전문가, 참전 용사
* **in**(안으로) + 라틴어 **veterare**(낡게 하다) → **inveterate** 뿌리 깊은, 상습적인, 고질적인
* **inveterately** 만성적(상습적)으로, 뿌리 깊게
* **inveteracy** ① 뿌리 깊음 ② 끈덕진 원한, 숙원 ③ 만성, 고질

예문

He died from inveterate disease. 그는 숙환으로 사망했다.

There is an inveterate hostility between two religions. 두 지역 사이에는 뿌리 깊은 적개심이 있다.

구문

* **an inveterate cheat** 상습적 속임수
* **an inveterate enemy** 숙적
* **inveterate questions** 상습 도박
* **inveterate drunk driver** 상습 음주 운전자

ROOT/STEM

wedlock 결혼, 혼인(한 상태)

* **wed** (결혼하다) + **lock**(잠그다, 자물쇠) → **wedlock** 결혼, 혼인(한 상태)

예문

Age and wedlock tame man and beast. 나이와 결혼은 남자와 야수를 길들인다.

People dream in courtship but in wedlock wake. 사람들은 교제를 하면서 꿈을 꾸지만 결혼 생활에서 꿈이 깬다.

구문

* **out-of-wedlock** 혼외의
* **born out of wedlock** 혼외자로 태어난
* **children born in wedlock** 결혼 생활 중 얻은 자녀
* **live a sterile wedlock** 아이 없는 결혼 생활을 하다

ROOT/STEM

caution 조심, 경고(주의), 주의(경고)를 주다 → **cautionary** 충고성의, 경고성의
precaution 예방 조치, 예방책, 피임

* 라틴어 **cautio**(주의, 조심) → **caution** 조심, 주의, 경고 * **cautionary** 충고(경고)성의
* **pre**(미리) + **caution**(조심) → **precaution** 예방 조치, 예방책, 피임

예문

Precaution is better than cure. 예방이 치료보다 낫다.

Precautions are useless after crisis. 위기를 겪은 뒤 예방 조치를 취하는 것은 소용이 없다.

구문

* **safety precaution** 안전 예방 조치
* **take precaution** 주의하다, 대책(예방책)을 마련하다
* **level one precaution** 1단계 예방 조치
* **precaution against danger** 위험에 대한 예방책

encounter, counterattack, counterfeit, layman, lewd

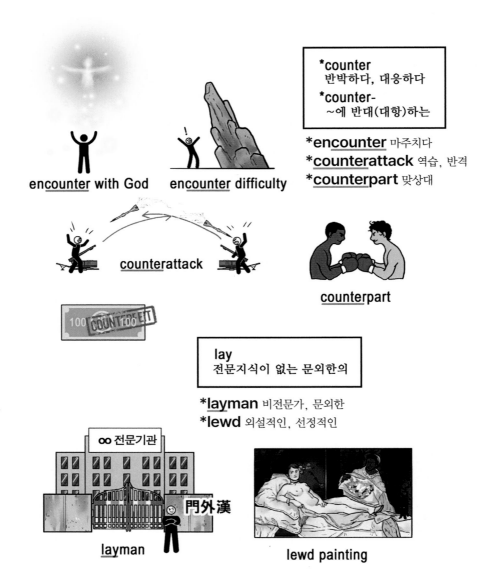

encounter with God   encounter difficulty

*counter
반박하다, 대응하다
*counter-
~에 반대(대항)하는

*encounter 마주치다
*counterattack 역습, 반격
*counterpart 맞상대

counterattack

counterpart

lay
전문지식이 없는 문외한의

*layman 비전문가, 문외한
*lewd 외설적인, 선정적인

∞ 전문기관

門外漢

layman

lewd painting

encounter ① (반갑지 않은 일에) 맞닥뜨리다, 마주치다 ② 만남, 조우
* **counter** 반박하다, 대응하다 * **counter**- 반대의, 대항하는
* **en(make)** + **counter**(반박하다, 대응하다) → **encounter** 맞닥뜨리다, 마주치다
* **counterpart** 상대, 대응 관계에 있는 사람(것) * **counterattack** 역습, 반격(하다)
* **counter**(반대의, 대응하는) + **punch**(주먹으로 치다, 펀치) → **counterpunch** 반격, 결정적 한 방
* **counter**(반대의, 대항하는) + **feit**(만들어 낸 것) → **counterfeit** 위조(모조)의, 위조하다

(예문)

Human love is the encounter of the weaknesses. 인간의 사랑은 두 약점의 만남이다.

There is no man who could not encounter opportunities. It's just that he failed to seize them.
좋은 기회를 만나지 못한 사람은 없다. 다만 그것을 잡지 못했을 뿐이다.

They are looking for a chance to counterattack. 그들은 반격할 기회를 엿보고 있다.

It was proven to be counterfeit. 그것은 위조품(모조품)으로 판명되었다.

(구문)

- **encounter with danger** 위험에 직면하다
- **encounter difficulties** 어려움에 직면하다
- **encounter a storm** 폭풍을 만나다
- **sexual encounter** 성적 접촉
- **the negotiation counterpart** 협상 상대

- **launch counterattack** 반격을 하다, 반격에 나서다
- **counterfeit coins** 위조 동전
- **counterfeit market** 모조품 시장
- **counterfeit bills** 위조지폐
- **throw a counterpunch** 카운터펀치를 날리다

layman 비전문가, 문외한, 평신도(여성은 **laywoman**)
* 라틴어 **laicus**(카톨릭 평신도, 세속적인) → **lay** 전문 지식이 없는, 문외한의, 평신도의
lewd 외설적인, 선정적인(**obscene**)
* Old English 「**laewede**(성직자가 아닌, 아무것도 모르는)」→ **lewd** 외설적인, 선정적인

(예문)

The book is easy for even the layman to understand. 그 책은 비전문가도 쉽게 이해할 수 있을 정도로 쉽다.

His private life is lewd. 그의 사생활은 난잡하다.

(구문)

- **look similar to the layman**
  문외한의 눈에는 비슷해 보인다
- **a pastor and a layman** 목사와 평신도

- **a lewd devil** 음란 마귀
- **lewd jokes** 외설적인(음란한) 농담
- **a lewd video** 음란 비디오

slack ,slackness, vision, envision

slacken

*slack 느슨한, 늘어진

*slacken 늦추다, 느슨하게 하다

slack-jawed

*vision
시력, 시야, 상상

envision
마음속에 그리다

vision
board

envision future

slack ① 느슨한, 늘어진, 부진한, 한산한 ② 느슨한 부분 * **slacks** 바지

* **slacken** 완화하다, 늦추다, 느슨하게 하다 * **slack-jawed** 입을 딱 벌린

* **slackness** 느슨함, 태만 * **cut slack** 다그치다, 몰아붙이다

He is slack in his work. 그는 자기 일에 태만하다.

Don't slack off! 게으름 피우지 마!

There is very little slack in my schedule. 내 일정에는 여유가 거의 없다.

Business is slack. 사업이 부진하다.

I'll cut my family some slack. 나는 내 가족을 너그럽게 대할 것(덜 몰아붙일 것)입니다.

Don't slacken the reins! 고삐를 늦추지 마!

• **give some slack** 기회(여유)를 주다, 덜 몰아붙이다
• **slack off a rope** 밧줄을 늦추다
• **cut A some slack**
  A에게 너그럽게 대하다, A를 덜 몰아붙이다, A에게
  여유(기회)를 주다

• **tighten up the slack** 풀린 곳을 팽팽하게 하다
• **slacken speed** 속도를 늦추다
• **slackness of trade** 불경기
• **the culture of slackness** 느긋함(태만)의 문화

vision ① 시력, 시야, 시각 ② 환상, 상상, (종교적) 환영

* **en(make) + vision**(시각) → **envision** 마음속에 그리다(상상하다), 구상하다

* 라틴어 **videre**(보다) → **video** 비디오, 비디오카메라로 촬영하다

* 라틴어 **visio**(시각, 시야) → **vision** 시력, 시야, 환상, 상상

* **visual** 시각의, 눈으로 보는, 시각 자료

* **visionary** ① 예지력(선견지명) 있는, 선지자 ② 환영(환각)의, 공상적인

Enunciate your vision of the future. 미래에 대해 네가 생각하는 바를 명확히 밝혀라.

They envision a country, free of poverty and crime.
그들은 가난과 범죄가 없는 나라를 마음속에 그린다.

I never envisioned their union ending like this. 나는 그들의 결합이 이런 식으로 끝나리라고는 상상도 못 했다.

• **blurred vision** 흐릿한(희미한) 시야
• **have normal vision** 시력이 정상이다
• **a rose-tinted vision of** ~에 대한 장밋빛 시각
• **the loss of vision** 영상이 안 나옴
• **a constricted vision** 제한된 시각
• **outside my field of vision** 내 시야 밖으로

• **be out of my range of vision** 내 시야를 벗어나 있다
• **a visionary man** 예지력이 있는 사람
• **visionary business strategy** 선구적인 사업 전략
• **a visionary enthusiast** 공상적(몽상적) 열정가
• **envision oasis** 오아시스를 마음속에 그리다

dense, densify, condense, valid, invalid

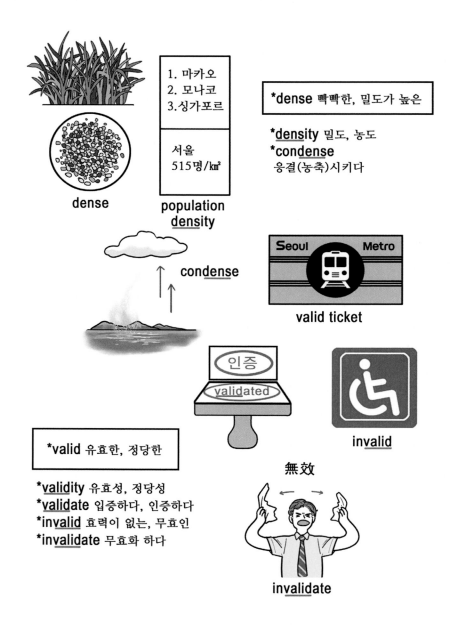

1. 마카오
2. 모나코
3. 싱가포르

서울
515명/㎢

dense

population
density

*dense 빽빽한, 밀도가 높은

*density 밀도, 농도
*condense
응결(농축)시키다

condense

Seoul   Metro

valid ticket

인증
validated

invalid

無效

invalidate

*valid 유효한, 정당한

*validity 유효성, 정당성
*validate 입증하다, 인증하다
*invalid 효력이 없는, 무효인
*invalidate 무효화 하다

dense ① 빽빽한, 밀도가 높은, 짙은, 울창한, 자욱한 ② 멍청한
* 라틴어 densere(농축하다, 진하게 하다), 라틴어 densus(빽빽한, 조밀한)
→ dense 빽빽한, 밀도가 높은 * density 밀도, 농도
* densify 밀도를 높이다, 치밀하게 하다 * densification 치밀화, 고밀도화
* con(함께) + dense(빽빽한, 짙은) → condense 응결(농축)되다(시키다), 압축하다
* condensation 차가운 표면에 생기는 물방울, 응결, 압축(요약)

(예문)

The Amazon is covered in dense jungle. 아마존 유역은 울창한 밀림으로 덮여 있다.

Monaco has a high density of population. 모나코는 인구 밀도가 높다.

Water vapor condenses to form clouds of water particles or ice particles.
수증기는 응결되어 물방울이나 얼음 조각으로 된 구름을 만든다.

Dew is a familiar form of condensation. 이슬은 쉽게 볼 수 있는 응결의 한 형태이다.

(구문)

- dense vegetation 울창한 초목
- dense substances 밀도가 높은 물질
- dense fog 짙은 안개
- the area of dense population 인구 밀집 지역
- population density 인구 밀도
- the density is okay 농도가 알맞다
- condense the soup 수프를 진하게 만들다
- be misted up with condensation 김이 서려 뿌옇게 되다

valid 유효한, 정당한, 타당한
* validity 유효성, 정당성, 타당성 * validate 입증하다, 인증하다, 승인하다
* in(부정) + valid(유효한, 타당한) → invalid ① 효력이 없는, 무효인, 근거 없는 ② 병약자
* invalidity 무효, 거동 불가 * invalidate 틀렸음을 입증하다, 무효화하다

(예문)

Key in the valid verification code. 유효한 인증번호를 입력하시오.

This pass is valid for one year. 이 승차권(통행권)은 1년간 유효하다.

This machine is validated. 이 기계는 성능이 검증되었다.

Every invalid is a physician. 모든 병자는 의사다.

The treaty is invalid because it has not been ratified. 그 조약은 비준이 되지 않아 무효이다.

Scholars from the two counties pronounced the invalidity of Japanese annexation of Korea.
양국 지식인들은 한일 합병이 무효임을 선언했다.

(구문)

- a valid claim to compensation 정당한 보상 요구
- valid reasons 타당한 이유들
- validate a contract 계약을 인증하다
- validate a theory 이론을 입증하다
- the term of validity 유효 기간
- the validity of his argument 그의 주장의 타당성
- invalid number 유효하지 않은 숫자(번호)
- his invalid wife 그의 병약한 아내
- invalid characters 인식 불가능한 문자
- invalidate election 선거를 무효화하다
- invalidate the false result 잘못된 결과를 무효화하다
- invalidity benefit 질병 급여

heredity, heritage, inherit, disherit, edible

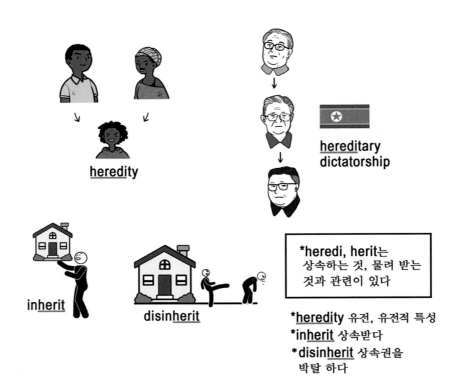

heredity

hereditary
dictatorship

inherit

disinherit

*heredi, herit는
상속하는 것, 물려 받는
것과 관련이 있다

*heredity 유전, 유전적 특성
*inherit 상속받다
*disinherit 상속권을
박탈 하다

*라틴어 edere 먹다

*edible 먹을 수 있는, 식용의

edible insect

heredity 유전, 유전적 특징 * **hereditary** 유전적인, 세습되는
* 라틴어 **hereditare**(상속하다, 물려받다) → **heredity, hereditary**
* **heritage** (국가, 사회의) 유산 * **inherit** 상속하다, 물려받다
* **inheritance** 상속, 유전, 유산 * **inheritor** 후계자, 상속인(**heir**)
* **inheritable** 유전되는, 상속되는
* **dis**(반대, 분리) + **inherit**(상속하다) → **disinherit** 상속권을 박탈하다
* **disinheritance** 상속권 박탈, 호적 삭제(폐적)

예문

Heredity and environment interact with each other. 유전과 환경은 서로 영향을 미친다.

Every man inherits his own past. 모든 사람은 자신의 과거를 상속받는다.

Habits are not inherited. 버릇은 유전되지 않는다.

If you marry her, I will disinherit you. 네가 그 여자와 결혼하면 상속권을 박탈하겠다.

구문

• **hereditary disease** 유전병
• **national heritage** 국가적 유산
• **British Heritage** 영국 역사 유산
• **cultural heritage** 문화유산
• **inherit land** 토지를 물려받다
• **inherit a fortune** 재산을 물려받다

• **inheritance of land** 토지 상속
• **genetic inheritance** 유전적으로 물려받은 것
• **an inheritable trait** 유전되는 형질(특성)
• **inheritable intelligence** 유전적 지능
• **disinherit an heir** 상속인(후계자) 자격을 박탈하다

ROOT/STEM

edible 먹을 수 있는, 식용의 (↔ **inedible**)
* 라틴어 **edere**(먹다, 먹어 치우다) → **edible** 먹을 수 있는

예문

Pine mushroom is edible. 송이버섯은 먹을 수 있다.

The food at the restaurant was barely edible.
그 식당 음식은 간신히 먹을 수 있었다(거의 먹을 수 없었다).

The guests complained of being given food which is inedible.
투숙객들은 먹을 수 없는 음식이 제공된다고 불평했다.

구문

• **edible flower** 식용 꽃
• **edible snails** 식용 달팽이

• **inedible mushroom** 먹을 수 없는 버섯
• **inedible fruits** 먹을 수 없는 열매